"十三五"国家重点出版物出版规划项目

中国工程院重大咨询项目 国家食物安全可持续发展战略研究丛书

# 第 一 卷

# 粮食作物产业可持续发展战略研究

中国工程院"粮食作物产业可持续发展战略研究"课题组

刘 旭 王济民 王秀东 主编

科 学 出 版 社

北 京

# 内 容 简 介

　　本书是中国工程院重大咨询项目"国家食物安全可持续发展战略研究"成果系列丛书的课题卷。全书内容包括课题报告、专题研究报告和分报告三个板块。课题报告对粮食作物产业可持续发展战略研究成果进行了全面提炼和总述，在充分分析我国粮食作物产业发展的基础上，深入研究国内粮食供需平衡状况，结合国际粮食供需和贸易状况，合理研判我国未来粮食供需发展趋势，对未来不同时段粮食供需进行了定量预测和发展趋势的科学推断，系统提出了我国粮食作物安全可持续发展的战略构想，以及确保粮食作物安全可持续发展的重大工程和政策建议。专题研究报告主题鲜明、数据翔实，对国家粮食作物安全可持续发展的各个方面进行了深入探究；分报告分别对水稻、小麦、玉米和大豆产业可持续发展进行了深入研究，提出保障各作物产业可持续发展的重大措施和政策建议。

　　本书适合各级政府管理人员、政策咨询研究人员，以及广大科研从业者和关心国家食物安全战略的人士阅读，同时也适合各类图书馆收藏。

**图书在版编目(CIP)数据**

粮食作物产业可持续发展战略研究/刘旭，王济民，王秀东主编. —北京：科学出版社，2017.7

（国家食物安全可持续发展战略研究丛书：第一卷）

"十三五"国家重点出版物出版规划项目　中国工程院重大咨询项目
ISBN 978-7-03-053532-0

Ⅰ.①粮…　Ⅱ.①刘…　②王…　③王…　Ⅲ.①粮食行业–产业发展–研究报告–中国　Ⅳ.①F326.11

中国版本图书馆 CIP 数据核字(2017)第 135896 号

责任编辑：马　俊　朱　瑾　郝晨扬／责任校对：刘亚琦
责任印制：肖　兴／封面设计：刘新新

**科 学 出 版 社** 出版

北京东黄城根北街 16 号
邮政编码：100717
http://www.sciencep.com

**中国科学院印刷厂** 印刷

科学出版社发行　各地新华书店经销
*
2017 年 7 月第 一 版　　　开本：787×1092　1/16
2017 年 7 月第一次印刷　　印张：14 1/2
字数：335 000

**定价：98.00 元**

（如有印装质量问题，我社负责调换）

# 编委会成员名单

## 顾　问

宋　健　周　济　沈国舫

## 主　编

旭日干

## 副主编

李家洋　刘　旭　盖钧镒　尹伟伦

## 成　员

邓秀新　傅廷栋　李　宁　孙宝国　李文华　罗锡文
范云六　戴景瑞　汪懋华　石玉林　王　浩　孟　伟
方智远　孙九林　唐启升　刘秀梵　陈君石　赵双联
张晓山　李　周　白玉良　贾敬敦　高中琪　王东阳

## 项目办公室

高中琪　王东阳　程广燕　郭燕枝　潘　刚　张文韬
王　波　刘晓龙　王　庆　郑召霞　鞠光伟　宝明涛

# 《粮食作物产业可持续发展战略研究》
# 编委会成员名单

## 顾　问

旭日干　李家洋　盖钧镒　尹伟伦　梅方权

## 主　编

刘　旭

## 副主编

王济民　王秀东

## 成　员

梅旭荣　戴小枫　聂凤英　吴敬学

闫　琰　王燕明　宋莉莉　张　琳

杨东群　胡志全　胡培松　李新海

肖世和　韩天富　严昌荣　贾金龙

# 丛 书 序

"手中有粮，心中不慌"。粮食作为特殊商品，其安全事关国运民生，维系经济发展和社会稳定，是国家安全的重要基础。对于我们这样一个人口大国，解决好十几亿人口的吃饭问题，始终是治国理政的头等大事。习近平总书记反复强调："保障粮食安全对中国来说是永恒的课题，任何时候都不能放松。历史经验告诉我们，一旦发生大饥荒，有钱也没用。解决13亿人吃饭问题，要坚持立足国内。"一国的粮食安全离不开正确的国家粮食安全战略，而正确的粮食安全战略源于对国情的深刻把握和世界发展大势的深刻洞悉。面对经济发展新常态，保障国家粮食安全面临着新挑战。

2013年4月，中国工程院启动了"国家食物安全可持续发展战略研究"重大咨询项目。项目由第九届全国政协副主席、中国工程院原院长宋健院士，中国工程院院长周济院士，中国工程院原副院长沈国舫院士担任顾问，由时任中国工程院副院长旭日干院士担任组长，李家洋、刘旭、盖钧镒、尹伟伦院士担任副组长。项目设置了粮食作物、园艺作物、经济作物、养殖业、农产品加工与食品安全、农业资源与环境、科技支撑、粮食与食物生产方式转变8个课题。

项目在各课题研究成果基础上，系统分析了我国食物生产发展的成就及其基础支撑，深入研究了我国食物安全可持续发展面临的国内外情势，形成了我国食物安全可持续发展的五大基本判断：一是必须全程贯穿大食物观、全产业链和新绿色化三大发展要求，依托粮食主区和种粮大县，充分发挥自然禀赋优势和市场决定性作用，进一步促进资源、环境和现代生产要素的优化配置，加快推进形成人口分布、食物生产布局与资源环境承载能力相适应的耕地空间开发格局；二是必须依靠科技进步，扩大生产经营规模，强化社会化服务，延长产业链条，让种粮者获得更多增值收益；三是必须推进高标准农田建设，以重大工程为抓手，确保食物综合生产能力稳步提升所需的投入要素和资源供给；四是必须采取进村入户的技术扩散应用方式，节水节肥节地、降本增效，控制生产及各环节的不当损耗，持续提高资源利用率和土地产出率，强化农业环境治理；五是必须坚定不移地实施"以我为主、立足国内、确保产能、适度进口、科技支撑"的国家粮食安全新战略，集中科技投入，打造高产稳产粮食生产区，确保口粮绝对安全、粮食基本自给；丘陵山地以收益为导向，调整粮经比例、种养结构，实现农村一、二、三产业融合发展。通过实行分类贸易调节手段，有效利用国外资源和国际市场调剂国内优质食物的供给。

基于以上基本判断，项目组提出了我国食物安全可持续发展战略的构想，即通过充分发挥光、温、水、土资源匹配的禀赋优势，科技置换要素投入的替代优势，农机、农艺专业协作的规模优势，食物后续加工升值的产业优势，资源综合利用和保育的循环优势，国内外两种资源、两个市场的调节优势等路径，推进食物安全可持续发展及农业生产方式转变。提出了八大发展思路，即实施粮食园艺产业布局区域再平衡、经济作物优势区稳健发展、农牧结合科技示范推广、农产品加工业技术提升、农业科技创新分层推进、机械化农业推进发展、农田生态系统恢复与重建、依据消费用途实施差别化贸易等。提出了十大工程建议，即高标准农田建设、中低产田改造、水利设施建设、旱作节水与水肥一体化科技、玉米优先增产、现代农产品加工提质、现代农资建设、农村水域污染治理、农业机械化拓展、农业信息化提升等。提出了7项措施建议：一是严守耕地和农业用水红线，编制粮食生产中长期规划；二是完善支持政策，强化对食物生产的支持和保护；三是创新经营方式，培育新型农业经营主体；四是加快农业科技创新，加大适用技术推广力度；五是加大对农业的财政投入和金融支持，提高资金使用效率；六是转变政府职能，明确公共服务的绩效和职责；七是完善法律法规标准，推进现代农业发展进程。

《国家食物安全可持续发展战略研究》是众多院士和多部门多学科专家教授、企业工程技术人员及政府管理者辛勤劳动和共同努力的结果，在此向他们表示衷心的感谢，特别感谢项目顾问组的指导。

希望本丛书的出版，对深刻认识新常态下我国食物安全形势的新特征，加强粮食生产能力建设，夯实永续保障粮食安全基础，保障农产品质量和食品安全，促进我国食物安全可持续发展战略转型，在农业发展方式转变等方面起到战略性的、积极的推动作用。

"国家食物安全可持续发展战略研究"项目组

2016 年 6 月 12 日

# 前 言

    粮食作为关系国计民生的特殊商品,是国家的战略物资,粮食安全问题既是一个经济问题,更是一个重要的社会问题,事关国民经济发展和社会稳定的大局。21 世纪以来,我国粮食综合生产能力稳步提高,水稻、小麦、玉米等产品结构不断优化,为保障国家粮食安全,支撑经济社会发展提供了有力保障。研究认为:①我国粮食产量不断攀登新的高峰,生产布局改变明显;消费数量呈现平稳上升趋势,不同消费用途变化趋势差异较大;粮食流通体制市场化改革趋势明显,流通格局发生重大改变;粮食储备体系改善,储粮损失问题仍然严峻;粮食供求总体基本平衡,但区域供需失衡加剧。②受我国经济社会的发展阶段、国情特征、农业生产基础、投入水平等的影响,我国粮食生产还面临粮食增产基础脆弱,增产的长期机制还没有完全建立;粮食消费需求超前刚性增长,利用效率不高和浪费现象并存;我国粮食结构性矛盾不断加剧等问题。③我国粮食产业的发展还受到资源短缺、环境恶化;劳动力和土地成本不断提升,种粮比较效益持续偏低;国内粮食价格高于国际市场,粮食安全风险进一步加大等诸多因素影响。④随着市场的开放和国际合作的加深,我国粮食产业发展还受到全球粮食安全状况和国际环境的影响。粮食需求的刚性增加与资源压力的叠加导致世界粮食供求偏紧,全球粮食贸易格局趋于集中,气候变化带来的极端天气事件等使得未来确保粮食安全的形势仍十分严峻。

    此外,本研究对 2020 年和 2030 年我国粮食生产和消费的数量进行了预测。预计到 2020 年,我国谷物生产和消费的数量分别为 5.7 亿 t 和 5.7 亿 t,2030 年我国谷物生产和消费的数量将分别达到 6.4 亿 t 和 6.7 亿 t。按照生产和消费发展趋势预测,2020 年富余 255 万 t,2030 年出现 3153 万 t 的缺口。如果按照我国"谷物基本自给,口粮绝对安全"的战略要求,我国谷物自给率要在 95%以上,口粮的自给率要基本达到 100%,我国 2020 年和 2030 年的口粮和谷物安全都能够完全保障。这表明我国选择以保障谷物安全为支撑的粮食产业可持续发展战略目标具有重要的意义。

    为了保证我国粮食产业可持续发展、粮食供求平衡,本研究提出我国未来粮食安全的战略目标应选择保障谷物安全,以谷物的可持续生产支撑粮食的可持续消费的总体思路。在坚持五位一体、以我为主、提能增效、科技支撑四大原则的基础上，构建了六大发展战略：①综合生产能力提升战略；②区域均衡增长战略；③资源高效利用与环境保护治理战略；④科技创新与支撑战略；⑤新型经营体系创新战略外向型发展战略消费节约与引导战略；⑥品种决策战略。围绕重点建设任务，以最急需、最关键、最薄弱的环节和领域为重点，提出六大重点工程：①高标准农田建设工程；②旱作节水与水肥一体化科技工程；③玉米优先增产工程；④全国农牧结合科技示范工程；⑤农田生态系统恢复与重建工程；⑥粮食重大科技创新工程。

要确保粮食作物产业可持续发展，还必须采取切实可行的措施：第一，加大政策支持力度，提高种粮积极性；第二，加快科技成果转化推广，提高综合生产能力的科技支撑；第三，加强国家财政投入，提升国家粮食安全的条件支撑能力；第四，严守土地红线，确保国家粮食安全的生产基础；第五，科学编制全国粮食生产区域规划，明确界定各区域战略方向；第六，实施创新驱动，整建制大面积均衡增产；第七，加快农业组织和制度创新，着力培育新型农业经营主体；第八，深化体制改革，推进粮食生产服务体系建设；第九，科学引导粮食消费；第十，加深体制改革，建立粮食安全预警预测机制。

# 目 录

# 课 题 报 告

# 专题研究报告

## 专题一　粮食作物产业可持续发展现状及趋势研究

## 专题二　粮食产业可持续发展战略布局调整设想

专题三　粮食作物产业可持续发展对策与措施研究

# 分报告　四大粮食作物产业可持续发展战略研究

## 分报告一　稻谷产业可持续发展战略研究

## 分报告三　玉米产业可持续发展战略研究

### 分报告四　大豆产业可持续发展战略研究

# 摘　　要

　　新中国成立以来，我国粮食产业的发展可以分为 1949~1978 年的起伏波动阶段、1979~1984 年的全面稳定发展阶段、1985~1992 年的生产波动阶段、1993~2003 年的减产阶段和 2004 年以来的恢复增长阶段。在这 65 年的发展中，我国的粮食生产取得了重大成就，产量不断攀登新的高峰。2014 年我国粮食总产达到 60 709.9 万 t，比 2013 年增加 516 万 t，连续两年超过 6 亿 t。稻谷、小麦、玉米等产品结构不断优化，并且形成了以南方-黄淮海-东北为基础的优势区域，粮食产业物质装备条件显著改善，科技支持能力不断增强，产业化、市场化、组织化水平稳步提高。这些成就主要归因于综合生产能力的提高、机械化的推广、农业科技的进步及大量支持政策的不断推出。

　　尽管如此，受我国经济社会的发展阶段、国情特征、农业生产基础、投入水平等的影响，我国粮食生产还面临一些问题。首先，粮食生产基础不牢，持续增产的机制尚未建立，"十一连增"中只有 6 年实现真正的增产，其中 2004~2008 年这 5 年属于恢复性增产，之后 6 年我国粮食产量才出现了新的稳定增长；粮食增产基础脆弱，增产的长期机制还没有完全建立；粮食产量的增加在一定程度上是以经济作物产量的下降为代价的，是一种暂时替代；我国粮食生产仍主要依靠增加物质投入实现增产，具有外延性特征。其次，我国粮食消费需求超前实现刚性增长，利用效率不高和浪费现象并存，人口数量上升、消费升级拉动粮食需求激增，但同时又存在大量的浪费现象。最后，我国粮食结构性矛盾不断加剧，地区供需失衡更加突出。

　　除此之外，我国粮食产业的发展还受到以下因素的制约。第一，我国粮食生产资源的短缺不可逆转，环境恶化进一步加剧。其中，耕地资源不断减少，耕地质量明显下降。由于经济的发展和城镇化的快速推进，一些在改革开放之初拥有优质耕地的省份已丧失了大量的优质耕地。水资源短缺且时空分布不均，粮食主产区用水矛盾愈加突出。我国水资源人均占有量和单位面积国土水资源的拥有量都较低且资源分布错位，影响了水资源的有效利用，存在产粮耕地面临因缺少灌溉而产能难以发挥的问题。另外，工业化的推进和农药化肥的过量投入在一定程度上污染了水资源，工业化和城镇化的加速推进带动了生活、工业生产用水的增加，从而挤占了农业用水的空间。大量的北方水资源"随粮南运"加剧了我国粮食生产可持续发展的风险。我国粮食生产还面临气候变化异常、农业面源污染严重的威胁，粮食生产环境和条件恶化，粮食生产的自然风险不断加大。第二，劳动力和土地成本不断提升，种粮比较效益持续偏低。受劳动力机会成本上升的影响，我国种粮劳动力投入数量严重不足，质量持续降低。而城镇化和工业化对土地的需求增加及种植业内部不同作物的竞争，抬高了土地租金，增加了粮食生产的机会成本，成为制约粮食生产效益提高和影响农户种粮积极性的重要因素。由于农资、土地与劳动力成本不断攀升，我国粮食生产的收益受到挤压，农户种粮积极性受到影响，缩减种植面积和减少种粮投入的情况较为常见。第三，农业支持政策边际效益递减。虽然我国的粮食生产支持政策增加了种粮农民的收益，激发了农民种粮的积极性，对保持粮食生产增长起到了关键作用。但是，一旦政策支持强度减弱，或惠农政策不足以弥补市场波动给农民带来的效益损失时，粮食生产就可能会出现波动。第四，国内粮食价格高于国际市场，粮食安全风险进一步加大。随着国内农产品生产成本的提高和消费者对产品质量要求的提高，传统的以调节供求关系和品种调剂为目的的贸易格局已被打破，进口产品的同质性进一步增强，农产品贸易已开始由互补型向互补与竞争并存型转变。因此，我国粮食产业面临着国际低价粮食产品的冲击，国际市场给我国粮食安全带来风险。

另外，随着市场的开放和国际合作的加深，我国粮食产业发展还受到全球粮食安全状况和国际环境的影响。从整体上看，粮食需求的刚性增加与资源压力的叠加导致世界粮食供求偏紧，全球粮食贸易格局趋于集中，全球粮食市场价格维持高位，气候灾害等导致的区域性短缺甚至会进一步加剧。生物燃料的强劲需求、气候变化带来的极端天气事件及恐慌性的贸易行为等使得未来粮食市场将在高位震荡，确保全球粮食安全的形势仍十分严峻。对于我国来说，粮食进口是利用国际国内两个市场和两种资源解决中国粮食安全问题经济可行的有效措施。而世界其他国家制定确保粮食安全的政策时，都根据本国的条件，粮食供过于求的国家粮食流通市场化程度较高，政府对市场的直接干预少，政府主要通过较为完善的法律手段规范市场秩序，通过大量的政府补贴稳定生产者收益，通过较为灵活的价格手段实行粮食宏观调控。粮食自求平衡或供不应求的国家，政府对粮食直接管理的参与度较高，在微观领域实施市场化改革，在宏观领域如储备粮吞吐、粮食收购流通等仍实行权限集中度较高的集权管理，以确保粮食安全的需要。

基于以上分析，本课题组对 2020 年和 2030 年我国粮食生产和消费的数量进行了预测，预计到 2020 年，我国粮食生产和消费的数量分别为 5.7 亿 t 和 5.7 亿 t，2030 年我国粮食生产和消费的数量将分别达到 6.4 亿 t 和 6.7 亿 t。按照生产和消费发展趋势预测，2020 年粮食富余 255 万 t，2030 年出现 3153 万 t 的缺口。如果按照我国"谷物基本自给，口粮绝对安全"的战略要求，我国谷物自给率要在 95% 以上，口粮的自给率要基本达到 100%，我国 2020 年和 2030 年的口粮和谷物安全都能够得到完全保障。这说明本研究认为我国粮食产业发展能够达到保障国家粮食安全的要求，表明了我国选择以保障谷物安全为支撑的粮食产业可持续发展战略目标具有重要的意义。

因此，为了保证我国粮食产业的可持续发展、粮食供求平衡，本研究提出了以下发展战略。

从总体上看，我国未来粮食安全的战略目标应该选择保障谷物安全，以谷物的可持续生产支撑粮食的可持续消费，坚持以国内生产实现谷物基本自给的目标，未来我国谷物自给率应不低于 95%，净进口量不超过国内消费量的 5%；而从长期来看，应从加快转变粮食生产方式的关键环节入手，以创新作为驱动稳步提升粮食产能，持续增加生产效率，构建五位一体的中国特色粮食安全观——保障数量安全、质量安全、生态安全、产业安全和营养安全。

从品种上看，针对稻谷应着重引导"稳北增南"的原则。着力建设东北平原、长江流域和东南沿海 3 个优势产区。在稳定南方籼稻生产的基础上，努力恢复双季稻，扩大粳稻种植面积，适度推进东北地区"旱改稻"，在江淮适宜区实行"籼改粳"。针对小麦应遵循"稳中调优"的原则。重点在黄淮海、长江中下游、西南、西北、东北 5 个优势区大力发展优质专用小麦种植；针对玉米应遵循"两增一稳"的原则，进一步挖掘玉米增产潜力是实现更大程度的自给水平的重要途径，以东北、黄淮海和西北3个优势区为重点，在东北和黄淮海地区推进结构调整，适当扩大玉米的种植面积；在西北积极发展覆膜种植，提高玉米单产，强化饲料用粮的保障。针对大豆应以"南扩北稳"为原则，以满足国内食用消费为主要目标，应逐步调整东北地区生产布局，保持一定的大豆种植面积，恢复黄淮海大豆生产，扩大南方大豆间套种，以南方间套作增加面积弥补东北地区因扩大玉米种植减少的大豆播种面积，确保大豆面积基本稳定。另外，应种植牧草作为饲用玉米的替代品，合理增加豆科类牧草的种植面积，在农牧交错区打造优质牧草区，满足我国蛋白性饲料需求。

从生产布局上看，应以"北方稳定性增长、南方恢复性增长、西部适度性增长、全国均衡增长"为总体发展思路。北方实行稳定性增长，即努力缓解我国北方水土资源压力，放缓目前较快的谷物增长态势。降低对北方谷物年均增长率的要求，减轻北方地区农业用水和耕地资源的压力。南方实行恢复性增长，即与北方相比，南方更适宜发展谷物生产，应充分发挥南方光热资源丰富、雨热同季的优势，实现谷物产量恢复性增长。因此，南方省份应重视粮食生产，提高粮食生产效率，即使保持现有播种面积不变，仅依照全国平均的单产增速计算，未来南方主产区、主销区的增产能力仍然不容忽视。西部实行适度性增长，即充分利用水资源高效利用这一关键性技术，实现西部谷物大面积增产。

从工程建设上看，要以可持续提升全国粮食综合生产能力为目标，实施高标准农业建设工程，力争到2030年建成10亿亩\*、亩产达500kg以上、使用年限达30年以上的高标准粮田；以膜下滴灌、全膜双垄沟播、农膜回收及梯田建设技术为重点，在西北地区生态稳定恢复的情况下实施旱作节水与水肥一体化科技工程，力争使西北地区成为我国粮食生产的重要基地之一；根据玉米供需长期趋势，在坚持立足国内保障基本供给、充分利用国际市场资源的原则下，以加快培育玉米新品种，大力推广农机农艺融合模式化作业等为重点，实施玉米优先增产工程，抓住粮食持续稳定发展的关键；通过大力推进三元种植结构，优化粮田和畜禽养殖场布局等措施实施农牧结合科技示范工程，力争到2020年使耕地种植的饲料作物（牧草、青贮玉米等）面积增加一倍，有效促进种植业和畜牧业的循环发展；通过采取减量、循环再利用，以及控源、改土、生物修复等技术实施农田生态系统保护与重建工程，促进粮食安全生产和可持续发展；以品种培育、耕作栽培、植物保护、土壤培肥等技术为重点实施粮食重大科技创新工程，提升粮食基础研究的科技创新水平，保障国家粮食安全。

综上所述，我国应采取以下措施进一步推进粮食生产的可持续发展。第一，严守土地红线，确保国家粮食安全的生产基础。建议国务院成立专门领导小组对粮食安全进行统筹管理，明确将播种面积及粮食产量，尤其是单产纳入省长"米袋子"考核指标；在维护生态的基础上，通过盐碱地开发和荒山荒坡治理等途径，适当增加耕地；创新耕地保护机制，积极探索"先补后占、质量相等、谁补谁占"的长效机制，确保耕地生产能

---

　　\* 1 亩 ≈ 666.7m$^2$。

力占补平衡；严格耕地红线制度和土地变性审批制度的督查，将实施高标准农田建设的地块划入永久粮田。第二，科学编制全国粮食生产区域规划，明确界定各区域战略方向。将"北方稳定、南方恢复、西部适度"作为"十三五"时期我国粮食生产的总体战略，整合多部门力量，在对全国各省（区）粮食供需及其增长潜力进行测评的基础上，加快编制全国粮食生产区域规划，进一步明确各省（市、区）粮食生产总体战略和发展方向，强化保障措施，加快制定粮食主产区利益补偿政策，确保主产区和主销区利益平衡，促进全国粮食生产稳定增长。第三，加大政策支持力度，提高种粮积极性。充分认识加强农业和粮食生产的极度重要性，把思想认识统一到中央的决策和部署上，加大政策支持力度，调动和保护农民种粮的积极性，促进农业和粮食生产稳定发展。国家必须持续加大对粮食生产者的补贴力度，使其达到社会平均收入水平，确保种粮有收益；提高粮食调出区的转移支付，形成调入区支持调出区的政策氛围，调动主产区地方政府抓粮和农民种粮的积极性。第四，加强国家财政投入，提升国家粮食安全的条件支撑能力。要像建设高速公路、高速铁路那样实施高标准农田建设规划，形成 10 亿亩左右的高标准农田并将其划为永久农田，作为国家粮食安全最坚实的基础。完善气象灾害、土壤灾害、生物灾害的监测预警能力，保障粮食稳产高产能力；建立健全粮食安全动态监测、风险评估、预警预报和危机防范机制，提升抵御粮食安全市场风险的反应能力；建立粮食战略储备、运输等应急机制，提高抵抗市场风险的应变能力。第五，实施创新驱动，整建制大面积均衡增产。继续加大财政对粮食科技创新的投入，充分调动广大科技人员的创新积极性和主动性，重点在品种培育、耕作栽培、植物保护、土壤培肥、农机作业、生态保护、防灾减灾等领域形成一大批突破性成果。加强技术集成和示范，良种、良田和良法统一，农机、农田和农艺结合，把良种、良田、良法及良防集成为技术规程，最大限度地发挥资源和技术的潜能。第六，加快农业组织和制度创新，着力培育新型农业经营主体。要在坚持和完善农村基本经营制度的基础上，加快农业组织与制度创新，加大政府对新型经营主体的培育，支持粮食大户和家庭农场改善生产设施条件，支持农民合作社兴建加工储藏、冷链运输等服务设施，支持农机、植保、生产资料配送等社会化服务组织的发展壮大，着力构建集约化、专业化、社会化相结合的新型农业经营体系。

# 课题报告

# 一、粮食作物产业发展状况

## （一）粮食生产状况分析

出于对粮食自给水平的重视和我国粮食消费刚性增长的客观现实，我国对粮食生产一直极为重视。因此，我国粮食产量和生产水平不断提升，为我国粮食安全水平的提高奠定了坚实的基础。

### 1. 粮食生产不断跨越新台阶

新中国成立以来，我国粮食生产整体呈现出产量大幅上升、播种面积基本稳定和单产不断提高的趋势（图 1），粮食产量从 1949 年的 11 318 万 t 上升到了 2014 年的 60 709.9 万 t。从生产角度看，新中国成立以来，我国粮食产业发展大致可以分为 5 个阶段。

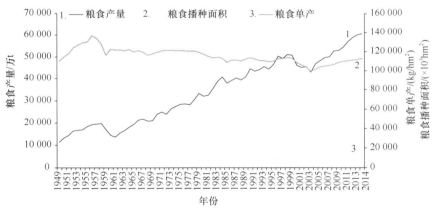

图 1　我国粮食产量、播种面积和单产变动图（1949~2014 年）
根据《新中国六十年统计资料汇编》《中国统计年鉴 2014》资料计算

第一阶段为 1949~1958 年，是我国粮食产量跨越 2 亿 t 的阶段。这一时期粮食增产主要是由于播种面积的增加。在这 10 年间，由于土地改革和战后恢复性生产等，我国粮食的播种面积增加了 16.06%，拉动了我国粮食产量向 2 亿 t 接近。第二阶段为 1958~1977 年，是我国粮食产量跨越 3 亿 t 的阶段。这一时期，我国粮食产量虽然总体呈现增长趋势，但是由于受政治和气候等因素的影响，这一阶段的粮食生产出现了非常明显的波动，增产速度较慢。第三阶段为 1978~1984 年，是我国粮食产量跨越 4 亿 t 的阶段。在这一阶段，得益于家庭联产承包责任制，我国粮食生产能力得到了极大的释放，仅 6 年时间粮食产量就增加 1 亿 t，年均增长率达到 4.95%。第四阶段为 1985~1996 年，是我国粮食产量跨越 5 亿 t 的阶段。这一时期，技术水平的提高拉动了我国粮食单产水平的明显增长，带动了我国粮食产量的增加。第五阶段为 1997 年至今，是我国粮食产量跨越 6 亿 t 的阶段。这一时期，我国粮食产量呈现徘徊上升趋势，单产增长变慢，粮食总产在 5 亿 t 上下波动。其中，1999~2003 年出现了新中国成立以来史无前例的粮食总产"五连跌"，下跌幅度达到 15.28%；在随后的 2004~2008 年，在"五连跌"的教训下，我国开始出台各种政策支持鼓励粮食生产，粮食总产量实现了恢复性增长，2008 年粮食产量达到了下跌前（1998 年）的水平；之后的 2009~2014 年，我国粮食产量才出现了新的稳定增长。

## 2. 播种面积波动中略有上升

从播种面积来看，30 多年来，我国粮食总播种面积波动中有微小的增加（图 2）。从总体上看，播种面积的变化情况可以分为三个阶段，第一个阶段是在 1999 年之前，播种面积相对稳定，基本保持在 10 000 万 hm² 以上，于 1999 年达到最高点 11 316 万 hm²。第二个阶段是 1999~2003 年，粮食播种面积出现了较为明显的下滑，这主要是由于自然灾害的发生、农业种植结构的调整，以及粮食价格低迷引起的其他作物对粮食播种面积的挤占。2003 年，我国粮食播种面积一度跌落到 9941 万 hm²，为历史最低水平。第三个阶段为 2003 年至今，播种面积在经历了 2003 年的最低点后，受粮食生产支持政策、粮食价格升高和需求拉动的刺激，粮食播种面积开始缓慢平稳上升。2014 年，我国粮食播种面积达到 11 273.83 万 hm²。

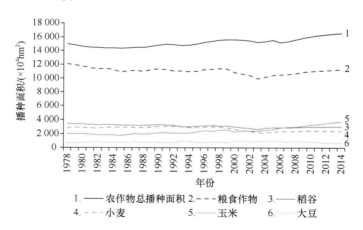

图 2　我国粮食作物播种面积变动图（1978~2013 年）
根据《新中国六十年统计资料汇编》《中国统计年鉴 2014》资料计算

2014 年，我国稻谷播种面积达到 3030.92 万 hm²，基本达到 1996 年的峰值水平（3140.7 万 hm²）。稻谷播种面积占农作物播种面积的比例变动情况与粮食基本一致，即波动中缓慢下降。小麦的播种面积也出现了逐年下降的趋势，从 1978 年的 2918.3 万 hm² 下降到 2014 年的 2406.39 万 hm²，但下降幅度并不明显。三大作物中，只有玉米的播种面积呈现出较为稳定的上升趋势，除了播种面积在 20 世纪初有轻微波动外，我国的玉米播种面积稳步上升，到 2014 年达到 3707.61 万 hm²，比 1978 年增加了 85.74%。我国大豆播种面积的变化并不具有明显的一致趋势，播种面积一直在较低的水平（600 万～1000 万 hm²）上波动。这在很大程度上是由于大豆的食用比例较低，更多的是作为油料或饲料使用，播种面积缺乏稳定机制，由国际和国内市场供求情况决定（图 3）。

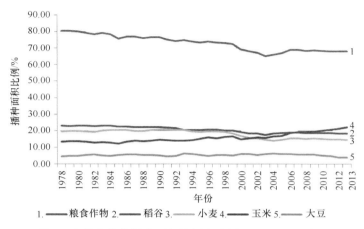

图 3 各粮食作物播种面积比例变动图（1978~2013 年）
资料来源：根据《中国统计年鉴 2014》《中国农村统计年鉴 2014》资料计算

### 3. 粮食单产水平稳步提升

通过以上分析可以看出，我国粮食总产量在播种面积基本稳定的趋势下仍然能保持增长，粮食单产的提高起到的重要作用不容忽视。图 4 和图 5 分别显示了 1978 年以来我国粮食单产和单产变动率的情况，从图中可以得出以下两点。

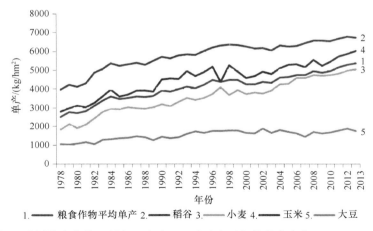

图 4 我国粮食作物、稻谷、小麦、玉米及大豆年均单产变化（1978~2013 年）
资料来源：根据《中国统计年鉴 2014》《中国农村统计年鉴 2014》资料计算

第一，我国粮食的平均单产增长趋势明显，2014 年粮食单产达到 5385kg/hm²，为1978 年的 2.1 倍。这与我国农业科技进步水平的不断提高、农业技术推广体系的完善和农业基础设施的逐步改善是密切相关的。

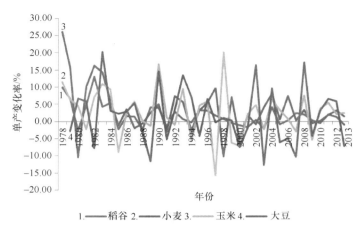

图5 我国稻谷、小麦、玉米和大豆的单产变化率（1978~2013年）

资料来源：根据《中国统计年鉴2014》《中国农村统计年鉴2014》资料计算

第二，我国粮食单产增速放缓，短期内难以出现大幅度的提高。2003~2007年，我国粮食作物、稻谷、小麦、玉米和大豆的年均单产增幅分别为2.3%、1.5%、4.0%和1.8%，而2008~2013年，年均增速分别为1.7%、0.5%、1.2%和1.6%，都呈现下滑趋向。

通过考察不同粮食作物的单产变化趋势得出，稻谷的单产水平最高，远远高于其他三类粮食作物；小麦单产的年均增长速度最快，1978~2013年小麦的年均增长速度达到2.92%，远高于稻谷的1.51%、玉米的2.21%和大豆的1.46%。如果考察不同粮食作物的年度单产变动率（图5），则可以发现，玉米和大豆的单产变动率振幅最大，其次是小麦，稻谷的单产变动率最为平缓。这主要是因为20世纪90年代以来，稻谷和小麦成为我国主要的粮食产品，消费量和生产量都较高，对它们的科技研究也相对普遍，增产技术成果更为丰富，推广应用受到了更多的重视，单产量也更加稳定。由于近年来玉米的饲料用粮和工业用粮的消费需求增加，研究人员对玉米生产技术更加重视，稳定了玉米单产，减弱了玉米单产变动率的振幅。

### 4. 品种结构变动较大

从整体来看，我国各粮食作物的产量和播种面积都有增加，但是，30年间，不同作物产量和播种面积的比例仍出现了明显变化。从图3和图4可以看出，不论是从播种面积还是从产量上看，玉米后来居上，已成为我国第一大作物，而稻谷所占比例则有所降低。另外，从图3和图4还可以看出，不同阶段拉动我国粮食增产的作物品种不同。20世纪90年代，稻谷增产能力较强，是我国粮食增产的主要拉动力。进入21世纪后，玉米播种面积在2002年超过小麦，2007年超过稻谷，总产量在2012年超过稻谷，成为第一大粮食作物，也成为粮食"十连增"和粮食产量成功跨越6亿t的主要动力。从图3中还可以发现，三大谷物占粮食总量的比例很高，直接决定了我国粮食的供给水平。2013年三大谷物播种面积占粮食总播种面积的81.06%，总产量占90.38%，达到历史最高水平。

### 5. 生产布局发生明显改变

根据农业自然资源、生产条件、技术水平和增产潜力等因素，将我国划分为南方、北方和西部三部分*进行考察。整体来看，我国的粮食区域布局在过去的30年间发生了以下两点重要变化。

第一，我国的粮食生产中心逐渐北移，北方省份承担了更多的粮食安全保障责任。在改革开放之初，南方因光热、水土、气候等资源优势，粮食产量占全国总产量的40%以上；而西部由于水土资源相对贫瘠，粮食产量仅占全国总产量的1/4左右。但是，随着南方工业化和城镇化的推进，其土地资源、水资源和人力资源等更多地向二三产业倾斜，因此，南方省份粮食产量在全国粮食产量中所占的比例越来越小，目前已不足30%，而北方各省份则承担了更多的粮食生产任务，粮食生产能力不断提高，在全国粮食产量中所占的比例也不断提高。2013年，北方粮食产量占全国粮食产量的47.18%以上（图6）。

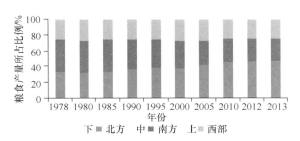

图6　北方、南方和西部粮食产量所占比例变动图（1978~2013年）

资料来源：根据国家统计局资料计算

第二，我国的粮食生产集聚效应更加明显，主产区粮食生产能力越来越强。粮食主产区的粮食产量增长明显，在粮食产量中所占的比例也最大，1978~2013年，我国13个粮食主产区生产了全国70%~75%的粮食。近10年来，我国粮食的增产基本都源于主产区。平衡区粮食产量有所增加，但所占比例变化不大，1978~2013年，平衡区粮食产量翻了一番，但所占比例基本保持在16%~18%。粮食生产区域变化最大的是粮食主销区，其粮食产量降低，在全国粮食产量中所占的比例越来越小。到2013年，主销区粮食生产所占的比例仅为5.4%，与1978年相比下跌了近10个百分点（图7）。

## （二）粮食消费状况分析

### 1. 消费数量呈现平稳上升趋势

作为生活必需品，粮食具有较强的不可替代性，需求弹性很小。粮食消费总量的增加主要来源于人口增加和居民消费结构变化引起的刚性需求增加。

---

*北方是指黑龙江、吉林、辽宁、山东、河北、内蒙古、河南7个粮食主产省（自治区）和北京、天津2个主销区。南方是指湖南、湖北、江西、安徽、江苏5个粮食主产省和上海、广东、浙江、海南、福建5个主销区。西部包括宁夏、甘肃、西藏、新疆、山西、陕西、青海、云南、广西、贵州、重庆11个粮食平衡区和四川1个粮食主产省。

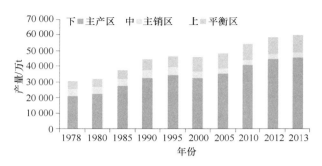

图 7　粮食主产区、主销区和平衡区粮食产量变动图（1978~2013 年）
资料来源：根据国家统计局资料计算

通过考察总消费量可以发现，我国谷物的总消费量波动幅度不大，增长趋势明显，1978~2012 年谷物消费量增长了 95.81%。我国谷物消费量在 1981~1984 年和 1992~1996 年出现过两次速度较快的增长。这两个阶段的平均增长率分别达到了 5.82% 和 3.59%，远远高于 1978~2012 年的平均增长率（1.96%）。对比这两个阶段的人均消费量的变动趋势可以发现，两者具有较为一致的变动趋势（图 8）。可以推测，这两个阶段谷物消费量的突然上升是由人均谷物消费量的上升引起的。通过考察人均消费量可以发现，1978~2012 年，我国粮食的人均消费量增长了 39.20%，远低于总消费量的增长幅度。因此可以判断，我国粮食消费量的整体增长更多地受到了人口增长的影响。

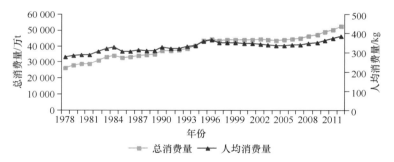

图 8　我国谷物消费总量和人均消费量变动图（1978~2012 年）
资料来源：根据国家统计局、中华粮网及 FAO 数据库资料计算

## 2. 不同消费用途变化趋势差异较大

从用途上看，我国谷物消费主要包括口粮消费、饲料用粮消费、工业用粮消费和加工消费。图 9 显示了 1978~2012 年我国不同消费类型谷物的消费变动情况。整体来看，口粮消费所占比例最大，饲料用粮消费增长速度最快，其他消费类型所占比例较小。

虽然消费量所占比例最大的是口粮，但其近年来有逐渐减少的趋势。具体来看，口粮消费量经历了先增加再减少的过程。1978~1996 年，随着我国粮食供给的增加，口粮的需求完全转化为口粮消费，口粮消费量迅速增加，并于 1996 年达到峰值（21 376.2 万 t）。此后，由于居民生活水平的提高，越来越多地摄入蛋白质性食物，因此我国口粮消费量逐渐减少，在谷物消费中所占的比例也迅速降低。2012 年，我国口粮消费量占谷物总消

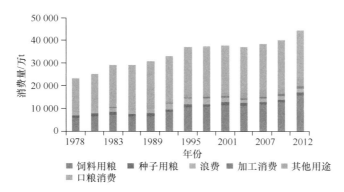

图 9　我国谷物消费用途变动图（1978~2012 年）（彩图请扫描文后末页二维码阅读）
资料来源：根据国家统计局、中华粮网及 FAO 数据库资料计算

费量的 47.51%，比 1985 年的峰值（66.21%）降低了 18.7 个百分点。从图 10 可以看出，稻谷是我国口粮的主要消费品种，其所占比例基本保持在 50% 左右。其次是小麦，在口粮消费中的比例虽然有一定波动，但也基本保持在 40% 左右。另外，口粮消费中还有少量的玉米和其他小杂粮，随着居民生活水平的提高和种植结构的改变，小杂粮的消费比例越来越小。

图 10　各类粮食作物在口粮消费中所占的比例（1978 年、1994 年、2012 年）
（彩图请扫描文后末页二维码阅读）
资料来源：根据国家统计局、中华粮网及 FAO 数据库资料计算

　　消费增长速度最快的是饲料用粮，其消费量呈现出明显的上升趋势。2012 年，我国饲料用粮消费量约为 16 103 万 t，比 1978 年翻了一番。这说明，随着我国居民对动物性食品消费量的增加，作为引致需求的饲料用粮消费量也不断增加。值得注意的是，虽然饲料用粮在谷物消费中所占的比例呈上升的趋势，但是上升幅度并不大，2012 年饲料用粮消费量占谷物消费量的比例（36.10%）比 1978 年（25.48%）上升了约 10 个百分点。

　　另外一个不容忽视的消费途径就是粮食的浪费，其中包括储存浪费、加工浪费和餐桌浪费。其中，由于缺少科学的储存技术和完备的储存设施，我国农户家庭粮食储存平均损失率高达 5%~8%，全国每年因此损失粮食 110 亿~175 亿 kg。餐桌浪费量同样不容忽视，据估计，我国 2007~2008 年仅餐桌浪费的食物蛋白质就达 800 万 t，相当于 2.6 亿人一年的所需；浪费脂肪 300 万 t，相当于 1.3 亿人一年所需。

### 3. 人口增加、工业化和城镇化发展带动粮食消费激增

第一，人口增加带动粮食消费数量增加、结构升级。

人口数量的上升是拉动粮食消费量增加的最直接动力。虽然我国已基本消灭了饥饿问题，粮食供求实现了基本的平衡。但是，人口增长仍然是我国粮食消费的巨大拉动力。从1949年新中国成立初期的5.4亿人到2013年末的13.6亿人，我国人口增长了1.5倍。虽然我国人口的增长量和增长速度在20世纪80年代后期达到顶峰后开始回落，出现了稳步降低的趋势，但我国人口总量的增加趋势依然很明显。即使不考虑粮食消费结构的变化，每年净增人口的粮食消费量都是一个相当大的数字。另外，随着居民生活水平的提高和健康意识的提高，城镇居民的人均口粮消费量在连续几年的下降后开始逐步回升。这意味着居民口粮的消费量不会一直减少，口粮增加对消费依然存在潜在的拉动力。另外，考虑到我国目前仍有部分处于营养不良甚至饥饿中的人口，彻底解决他们的吃饭问题也是我国粮食安全面临的任务，虽然这部分需求量并不突出，但也是拉动粮食需求量增加的一个重要部分。

人口对粮食需求的影响不仅来自于数量的增加，还来自于人口结构的变化。从产业分工来看，工业化的发展和服务业的壮大，使得二三产业就业人口的数量不断增加，农业就业人口的数量和比例不断减少。这意味着粮食生产者数量的减少和消费者数量的增加，即我国居民对商品粮的需求数量将会在未来的几年加速增加。从区域布局来看，人口结构变化的另一个特征就是城镇人口比例增加而农村人口减少，转移到城镇的人口不仅引起商品粮需求的增加，还会在消费结构上逐渐与城镇人口趋同，即口粮的消费量减少而肉、蛋、奶的消费量增加，这也会给我国粮食需求，特别是饲料用粮需求带来重要影响。

第二，城镇化发展拉动膳食结构升级，改变粮食消费格局。

我国不仅在生产方面存在城乡二元结构，在消费方面也存在明显的城乡二元结构，城乡居民在口粮、畜产品及水产品的消费上有非常明显的差异。城镇居民更倾向于选择肉、蛋、奶等动物性蛋白较多的膳食消费模式。作为生活习惯的重要组成部分，饮食结构会对转移到城市的农村人口产生重大影响。它会使部分新进入城市的农村居民选择与城镇居民趋同的消费结构，即口粮消费量减少，而肉、蛋、奶等畜产品和其他副食消费比例扩大。这种食物消费结构的变化对粮食总需求具有长期的显著影响。其直接结果就是口粮消费减少而饲料用粮消费增加，从而引起粮食消费量的迅速飙升。据统计，目前，我国饲料用粮消费在整个谷物消费中的比例已达60%以上，而城镇化率每增加一个百分点，粮食消费量将增加500万t。而饲料用粮消费的增加将带动蛋白质型饲料和能量型饲料需求的增加，这就意味着我国的玉米，特别是青贮玉米的需求量和豆粕及豆饼的需求量还会进一步增加。

城镇化发展不仅拉动我国粮食消费结构，还影响了粮食消费格局。从口粮来看，我国东南沿海地区、华南地区、京津地区由于城镇化水平高、人口密度大，商品粮需求量很大，成为了我国粮食产品的净输入区，而东北地区和长江中下游地区则是我国口粮的

净输出区。但是，饲料用粮的消费情况与口粮存在较大的差别。目前，我国饲料用粮主要输出区为东北地区和黄淮海地区，而长江中下游地区则是我国饲料用粮的主要输入区。这是因为，我国南方一些畜牧业较为发达的省份并不是玉米和大豆等主要饲料作物的主产区。因此，除依靠进口的部分外，南方部分省份的饲料用粮只有依靠北方粮食的调运，这种情况正是我国"北粮南运"粮食流通格局的重要动因。目前，随着畜牧业规模经济的进一步发展，已经具有养殖业规模优势的省份更容易因"涓滴效应"而继续扩大规模，因此，照目前的情况来看，如果我国粮食产业和畜牧业格局不出现重大改善，"北粮南运"的情况短期内不会改变。

第三，工业化发展带动工业用粮消费增加。

我国的工业用粮从用途上主要分为三部分：首先是生物制药和食品工业等工业部门的用粮。随着生活水平的提高和可支配收入的增加，居民对食物多样性的需求增加，对加工食品的需求也越来越多，由此看来，我国食品加工业还有较大的发展潜力，对粮食的需求也会进一步扩大。而生物制药产业中，将大量的玉米投入培养基的制作中，也是我国工业用粮消费的重要组成部分。其次是纺织、化工、味精、啤酒和白酒等工业部门的用粮。这些部门属于传统的工业用粮部门，虽然总体的需求量不会在短期内发生明显的变化，但是这些工业由于基础较好、市场需求稳定，仍具有较大的发展空间。最后还包括新兴的生物乙醇制造用粮。虽然目前我国生物能源生产使用的主要是陈化粮或非粮食作物，并且确定了生物能源的开发要遵循"不与人争粮、不与粮争地"的原则。但是，从中长期来看，我国工业用粮的消费需求仍将快速增长。整体来看，随着我国近年来经济的增长和工业化进程的加快，我国工业用粮涉及的范围较广，涉及的粮食品种较多，在粮食总需求中的份额一直呈现上升趋势，仅次于饲料用粮和居民口粮。从目前的发展趋势看，我国的工业用粮需求还会逐年增加。

### 4. 收入增加带动膳食改善性消费增加

首先，粮食和其他食品的消费行为，实质就是在一定的预算约束下各种可能组合的集合。随着国民经济的增长，我国居民的可支配收入不断增加，意味着食品消费的预算约束曲线外移，能够消费的食品数量自然就更多，对粮食的需求也会随之增加。由于口粮需求的收入弹性较小，在满足温饱以后，收入的增加对于口粮的需求不会产生明显的影响。同时，由于畜产品和水产品需求对收入的变化更加敏感，因此收入提高改变更多的将是食物的消费结构。

其次，随着居民收入水平的提高和对饮食健康的追求，城乡居民的消费结构将逐渐向多元化发展，果蔬类农产品的需求将会增加。而这些经济作物需求的增加将会挤占我国粮食生产所需的耕地、水和劳动力资源，给我国粮食生产带来压力。由此可以看出，收入水平的增加，将会给我国粮食安全带来双重压力。

最后，随着收入水平的增长，粮食消费支出在收入中所占的比例越来越小，居民对粮食价格更加不敏感，人们的食物消费需求从追求数量向追求质量转变，越来越重视食物质量安全，对高质量产品消费需求不断增长。一方面，消费者越来越倾向于消费绿色、有机的粮食产品，对粮食安全生产的重视程度增加。另一方面，收入水平的提高也使我国居民对粮食的口感和品质要求提高，消费者愿意在更高的价格水平上购买口感更好的粮食产品。

## （三）粮食流通状况分析

### 1. 粮食流通体制市场化改革趋势明显

经过 30 年的不断改革完善，我国粮食流通体制实现了由计划经济体制到社会主义市场经济体制的成功转型，实现了粮食供给由长期短缺到总量平衡有余。我国粮食流通体制改革大致经历了 6 个阶段。

第一阶段，1979~1984 年的计划为主、市场调节为辅阶段。在这一阶段，国家肯定了市场调节存在的必要性和积极性，明确了城乡集市贸易的合法地位。开始实行多种经济成分、多种经营方式并存、多渠道流通、少环节的“三多一少”的农产品流通体制，改变了长期以来国有粮食部门独家经营粮食的格局。

第二阶段，1985~1990 年的粮食流通双轨制阶段。在这一阶段，国家开始改革农产品统购派购制度，按照不同情况分别实行合同订购和市场收购，即进入政府直接控制的市场、自由交换的市场并存的“双轨制”粮食购销体制时期。

第三阶段，1991~1996 年的两条线运行阶段。在这一阶段，国家推进粮食政策性业务与商业性经营分开两条线运行。实行“米袋子”省长负责制，明确了中央和省（市）政府的粮食工作职责和事权。

第四阶段，1997~1999 年的深化完善粮食流通体制改革阶段。在这一阶段，国家重点实行“三项政策，一项改革”，即国有粮食购销企业按保护价敞开收购农民余粮，粮食收储企业实行顺价销售，农业发展银行收购资金封闭运行，加快国有粮食企业自身改革。

第五阶段，2000~2003 年的放开销区保护产区阶段。在这一阶段，国家确定了“放开销区、保护产区、省长负责、加强调控”的改革思路。销区省（市）及部分产销平衡区放开粮食收购市场，一些主产区放开了部分粮食品种的收购。

第六阶段，2004 年以后的粮食购销市场化阶段。从 2004 年开始全面放开粮食收购市场，实行“放开收购市场、直接补贴粮农、转换企业机制、维护市场秩序、加强宏观调控”的政策，最低收购价制度得到确立并不断发展。

### 2. 粮食区域供需不平衡加剧，流通格局发生重大改变

自然资源与经济发展的不匹配，导致中国粮食主产区和主销区位置变迁，由历史上的“南粮北调”变为“北粮南运”。历史上，我国粮食供应一直是“南粮北调”格局，江浙、两广、两湖一带的粮食生产和供应在全国举足轻重。近十几年来，受自然条件、工业化和城镇化发展水平，以及科技进步等多重因素共同作用，适合农业生产条件的

南方粮食主产区逐渐放弃具有比较劣势的粮食生产，转向工业等利润回报较高的产业，致使粮食产区不断北移，从江苏和浙江一直北移到河南、山东等中部地区和东北地区，至 2008 年，北方粮食生产已全面超越南方，面积和产量分别占全国的 43.92% 和 45.13%，南方粮食面积与产量占全国的份额则分别减至 27.60% 和 30.56%。我国粮食区域供需格局发生变化，出现了生产更加集中、产销加剧分化的局面，这种分化使得原本省内和地区内部的产销衔接转化为跨省、跨地区的产销平衡，最终导致区域性粮食流通格局由"南粮北调"向"北粮南运"转变，并且这一格局在进一步增强（表 1，图 11）。

**表 1　我国北方、南方和西部粮食供需缺口和自给率**

| 年份 | 北方 | | 南方 | | 西部 | |
| --- | --- | --- | --- | --- | --- | --- |
| | 供需缺口/万 t | 自给率/% | 供需缺口/万 t | 自给率/% | 供需缺口/万 t | 自给率/% |
| 1990 | 2 502 | 118.24 | 4 067 | 130.86 | 2 182 | 124.29 |
| 2000 | 7 375 | 174.14 | 2 026 | 114.11 | 2 931 | 130.61 |
| 2005 | 11 820 | 237.59 | 4 085 | 136.64 | 3 981 | 145.38 |
| 2010 | 18 024 | 365.91 | 6 922 | 172.40 | 6 538 | 195.80 |
| 2011 | 18 508 | 329.00 | 4 858 | 140.18 | 5 682 | 171.91 |

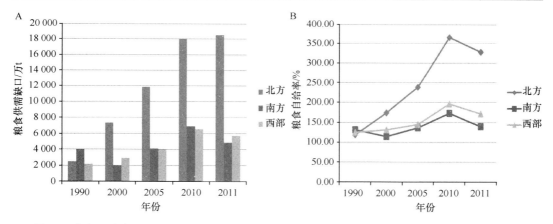

图 11　北方、南方和西部粮食供需缺口对比（A）及北方、南方和西部粮食自给率对比（B）

### 3. 粮食流通区域基本形成，跨省物流通道保障区域产销平衡

与粮食产区和销区明显趋向集中相适应，全国粮食流通格局也发生了根本转变。传统的"南粮北调"已为"北粮南运"所取代，并在一定程度上显现"中粮西进"。省际粮食流通量增大，2009 年跨省流通量达到 1375 亿 kg，比 2004 年增加 225 亿 kg。

目前，全国已经形成三个类型的粮食流通区域：①粮食净输出地区，包括东北地区和黄淮海地区；②稻谷输出区和玉米输入区，包括长江中下游地区（湖北、湖南、江西，以及江苏北部和安徽南部），既是稻谷输出区，又是玉米输入区；③粮食净输入地区，包括东南沿海地区、华南地区、京津地区。我国粮食主要流向是东北的玉米、稻谷和大豆流向华东、华南和华北地区，黄淮海的小麦流向华东、华南和西南地区，长江中下游的稻谷流向华东、华南地区。

我国重点建设 6 条主要跨省粮食物流通道，保障区域间粮食产销平衡。粮食流出通道为：东北部地区（内蒙古、辽宁、吉林、黑龙江）粮食（玉米、大豆和稻谷）流出通道、黄淮海地区（河北、河南、山东、安徽）小麦流出通道、长江中下游地区（湖北、湖南、江西、安徽、江苏）及四川稻谷流出通道，汇集了全国 13 个粮食主产省（区）的粮食。粮食流入通道为：华东沿海主销区粮食流入通道、华南主销区粮食流入通道、长江中下游玉米流入通道及京津主销区粮食流入通道。东北地区为最大的粮食流出通道，每年流出量为 4000 多万 t（含出口 1000 多万 t）；华东、华南沿海地区为最大的粮食流入通道，每年流入粮食 5000 多万 t（含进口 1000 多万 t），形成"北粮南运"的流通格局。粮食运输主要以铁路、水路为主，分别占跨省运量的 48%（不含铁海联运）和 42%，公路运输占 10%。

"十一五"以来，我国加快了跨省粮食物流通道建设，重点打通"北粮南运"主通道，完善黄淮海等主要通道，加强西部通道建设，强化产销衔接和粮食物流资源整合，实现跨省粮食主要物流通道的散储、散运、散装、散卸，优化和完善粮食物流供应链。2007~2012 年，国家共安排中央预算内补助投资 28.5 亿元，对六大粮食物流通道和西部主要节点上的 466 个项目进行重点投资扶持，带动地方和企业投资约为 570 亿元。在主要跨省粮食物流通道上陆续建设了一批以大连北良港、上海外高桥粮食物流中心、舟山国际粮油集散中心等为代表的重大项目，东北各港粮食发运能力和东南沿海接卸能力显著增加，长江通道初步形成，黄淮海流出通道重要节点建设开始启动，陕西、甘肃、新疆等西部地区也初步形成了一批重要物流节点，上述项目建成后使全国新增中转能力 1.2 亿 t 以上，新增散粮中转设施接收能力 28 万 t/h，粮食物流效率明显提高。

## （四）粮食供求平衡分析

### 1. 数量平衡分析

虽然我国在全国范围内已经基本消除了饥饿问题，粮食消费正在由"温饱型"向"营养型"转变，但是，我国粮食供求紧平衡的状态还没有彻底改变，粮食供求数量上的平衡仍是我国粮食安全可能要长期面临的问题。

2003 年以来，我国的粮食生产和消费都呈现出了明显的增长趋势。2003~2012 年，我国粮食生产的年平均增长率为 3.55%，而消费的增长率则为 2.13%。供求缺口从 2003 年的供给短缺 5555 万 t 转变为 2012 年的供给剩余 184.3 万 t，自给率由约 88.58%改善为完全自给。这表明，2003 年以后，由于对粮食生产的重视和粮食生产能力的提高，粮食供求紧平衡的情况得到了一定改善，粮食供求压力趋缓（表 2）。

### 2. 品种平衡分析

在粮食供求趋势总体好转的形势下，我国各粮食品种的供求情况并不一致。另外，

表 2　"十连增"期间我国粮食生产和消费平衡表（国家粮食局数据）

| 年份 | 产量/万 t | 国内消费量/万 t | 缺口/万 t | 自给率 |
|------|-----------|-----------------|-----------|--------|
| 2003 | 43 070.0 | 48 625 | −5 555.0 | 0.885 758 |
| 2004 | 46 947.0 | 49 090 | −2 143.0 | 0.956 345 |
| 2005 | 48 402.0 | 49 775 | −1 373.0 | 0.972 416 |
| 2006 | 49 746.9 | 50 800 | −1 053.1 | 0.979 27 |
| 2007 | 50 160.0 | 51 250 | −1 090.0 | 0.978 732 |
| 2008 | 52 871.0 | 51 700 | 1 171.0 | 1.022 65 |
| 2009 | 53 082.0 | 52 300 | 782.0 | 1.014 952 |
| 2010 | 54 647.7 | 55 000 | −352.3 | 0.993 595 |
| 2011 | 57 120.8 | 57 250 | −129.2 | 0.997 743 |
| 2012 | 58 976.3 | 58 792 | 184.3 | 1.003 135 |

资料来源：国家粮食局

由于我国目前饲料用粮消费激增，引起玉米饲用消费的增加，玉米的供求平衡面临严峻考验。另外，大豆的供求情况也会长期对我国的粮食安全，甚至整体的食物安全产生影响。因此，以下将针对各粮食作物的供求情况进行具体研究。

对于稻谷来说，供求紧平衡的情况非常明显。虽然我国稻谷产量一直呈现出稳步上升的趋势，但是，由于稻谷作为我国最重要的口粮，其消费量一直稳中有升。因此，我国稻谷的供求形势不容乐观。虽然"十连增"后我国粮食生产整体好转，稻谷从 2006 年开始出现了供给剩余，但是，近年来稻谷的供给剩余量正在逐步缩小，供求紧平衡的状态没有彻底的改观（图 12）。在这种情况下，一旦我国出现了较为严重的气象或病虫灾害，那么稻谷这种脆弱的供求平衡将很容易倾斜，给我国居民生活甚至社会稳定带来负面影响。

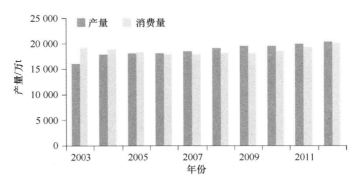

图 12　我国稻谷生产消费量变动图（2003~2012 年）
资料来源：《中国粮食发展报告》（2003~2012）

20 世纪 90 年代以来，我国小麦产量年均增长率为 0.86%，消费量年均增长率为 1.03%，产量的增长低于消费量的增长。小麦供求平衡一直处于波动状态。2011 年和 2012 年两年间，我国小麦消费量的增长速度突然加快（图 13），同时小麦的播种面积没有明显的增加，总产量增幅不大，小麦的供求缺口有扩大的趋势。从长期来看，中国人口数量仍呈增加趋势，消费结构逐步升级，小麦饲用消费等间接消费量仍将增加，今后保持小麦供求平衡的压力仍然较大。

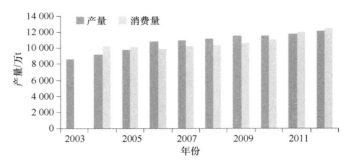

图 13　我国小麦生产消费量变动图（2003~2012 年）
资料来源：《中国粮食发展报告》（2003~2012）

对于玉米来说，由于饲料用粮需求的拉动，我国玉米供求数量的增长速度都非常快，30 年来供给量和消费量都翻了一番，平均增长速度分别达到了 3.37% 和 2.84%，在三大谷物中最高。从生产量来看，虽然个别年份的生产量出现了波动，但是，整体还是呈现出波动中上升的趋势；同时，玉米的消费量则呈现出稳定的上涨趋势。从供求平衡程度看，由于我国玉米从口粮转变为饲料用粮的过程非常快，因此玉米的消费量曾经一度大幅度超过生产量，引起了我国玉米的大量进口。此后，随着我国玉米生产的调整，以及对需求情况的适应，我国玉米供求缺口逐步缩小，2004 年以后基本能够保持较为稳定的供求平衡状态（图 14）。由于玉米栽培、育种等水平提高而引起的单产水平和玉米播种面积扩大的双重拉动力使得玉米生产能够满足消费量不断增长的需求。

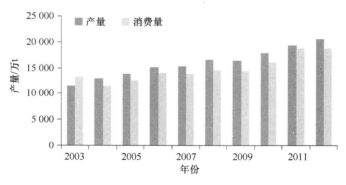

图 14　我国玉米生产消费量变动图（2003~2012 年）
资料来源：《中国粮食发展报告》（2003~2012）

对于大豆来说，我国的大豆生产基本处于"失守"的状态。从图 15 可以看出，我国的大豆生产波动明显，食用油数量的增加和对豆粕、豆饼等饲料用粮需求的增加，使得我国大豆的需求量一路飙升，10 年内翻了一番。为了满足我国大豆需求量的不断增加，扩大进口就成为了必然选择。图 16 展示了 1995 年以来我国大豆的进口情况，从图 16 中可以看出，我国大豆在 1995~2012 年，进口量从 0.29 万 t 一路上升到了 58.38 万 t，年平均增长率达到了 21.71%。在巨额进口的冲击下，我国大豆产业受到了严重影响，种植规模越来越小，机械化程度低，播种面积被高产竞争作物大量替代，整个产业面临着边缘化的困境。

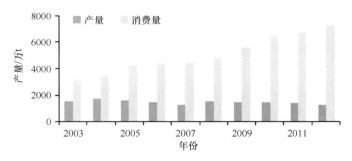

图 15　我国大豆生产消费量变动图（2003~2012 年）
资料来源：《中国粮食发展报告》（2003~2012）

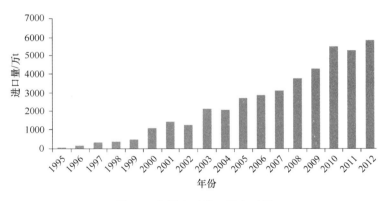

图 16　我国大豆进口量变动图
资料来源：《中国海关统计年鉴》

### 3. 区域均衡分析

由于我国地域广阔，各地的发展水平和资源禀赋有较大差异，除了在国家层面我国粮食的供需平衡状态外，针对各地粮食供求状况的分析可以更加细致地了解我国粮食供求的具体情况，为进一步优化粮食生产布局提供依据。

首先，北方形成了中国粮食增长中心，西部粮食自给能力有所提升，南方粮食供求失衡日益严重。我国北方 9 省（市）中有 7 个粮食主产区，对粮食供给起到了决定性的保障作用。特别是东北地区、冀鲁豫地区在粮食外调、保障全国粮食安全中发挥着越来越重要的作用，东北地区成为我国最大的粮食流出地区。西部地区粮食的供求缺口在过去的 30 年间也逐步缩小，已经基本能保证本区域的自给。我国粮食供需缺口逐步拉大的省份主要位于南方，在南方的 10 个省（市）中，有 5 个粮食主产区和 5 个主销区，而其东南主销区供求失衡日益严重，自给能力不断下降，东南沿海成为最大的粮食流入地区。

其次，我国粮食自给率增幅较大的地区主要是东北地区的黑龙江、吉林、辽宁，冀鲁豫地区的河北、河南、山东，西北地区的内蒙古、宁夏、甘肃。其中，粮食自给率增长变动最大的是吉林，改革开放之前，吉林的粮食自给率不足100%，而目前吉林已经成为仅次于黑龙江的商品粮调出省。另外，虽然河北、河南和山东的粮食产量较高，但是由于人口众多、消费量大，能够调出的商品粮有限。宁夏、甘肃两个地区虽然产量较低，并非传统意义上的粮食主产区，但是由于人口较少，消费量也较小，粮食的供求平衡较为稳定，自给率较高。

最后，粮食供求失衡的地区主要是北方的京津地区和南方的东南沿海地区，包括广东、福建、浙江、上海等地。这些地区中很多曾经是我国粮食的重要产区，但是，随着城镇化和工业化的发展，粮食生产资源大幅度减少，粮食产量一路下滑。同时，由于人口增多和其他消费的拉动，这些地区的粮食消费量一直处于上升的趋势。因此，这些省（市）就成为了粮食的主销区，生产远远无法满足需求，粮食自给率很低。

总体来看，我国改革开放以来，特别是城镇化、工业化加速发展以来，我国各省份的供求平衡情况发生了明显改变。北方的吉林由供给不足地区演变为供给有余地区，辽宁由供需基本平衡区演变为供给有余地区，北京由供需基本平衡区演变为供给不足地区，其他省份保持供给有余地区，进一步表明北方的粮食生产主导地位长期比较稳定；南方的浙江由供给有余地区演变为供给不足地区，福建、广东由供需基本平衡区演变为供给不足地区，表明南方的粮食生产地位明显下降；西部的新疆由供给有余地区演变为供需基本平衡区，宁夏、甘肃、陕西、云南等地区粮食余缺和自给率均有一定增长，表明西部粮食生产地位有所上升。

# 二、粮食产业可持续发展面临的主要挑战

## （一）粮食生产基础不牢，持续增产的长效机制尚未建立

粮食产业发展波动性、恢复性特点明显。改革开放以来，我国粮食产量呈现长期增长并伴随有一定的周期性波动，大致经历了5个阶段，从3亿t增加到5亿多t。其中1984年粮食产量首次超过40 000万t，1996年粮食总产首次超过50 000万t。进入21世纪后，粮食产量首次出现严重滑坡，总产由2000年的50 838.8万t减少到2003年的43 069.4万t。从2004年起粮食产量开始恢复性增长，2004~2006年粮食产量为46 000万~49 000万t，只恢复到1995~1997年的水平；到2007年和2008年产量达到51 000万~52 000万t，基本恢复到1998年和1999年的历史最高位；只有2009~2013年连续5年粮食产量超过53 000万t，高于历史最高水平，这5年与历史水平相比才是真正的增产。2004~2013年平均粮食产量为51 629万t，1995~1999年平均粮食产量为49 720万t，相差仅1909万t（图17）。因此，总体来说，目前的粮食"十连增"实际上是部分恢复性增长，10年中只有5年实现真正的增产，另外5年属于恢复，其粮食产量与20世纪90年代中后期的

水平基本持平。

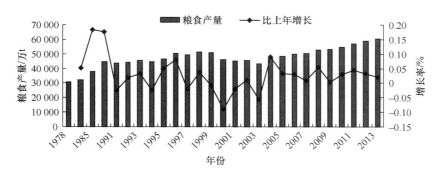

图 17　1978~2013 年我国粮食产量及增长情况

　　粮食产业发展基础脆弱性突出。我国粮食产量实现"十连增"，但粮食增产基础不牢固，脆弱性突出，农业增产靠天、靠化肥农药的局面未得到根本改变，农业增产增效的长期机制还没有完全建立，抗灾能力比较薄弱。由于长期投入不足，我国农田水利等基础设施普遍落后、建设滞后，1978 年我国农业有效灌溉面积为 4493.3 万 hm$^2$，2013 年达到 6306.7 万 hm$^2$，30 多年间增加了 1813.4 万 hm$^2$，仅增长了 40.4%。2004~2012年有效灌溉面积增加 133.33 万 hm$^2$，增长了 2.49%左右。目前我国有效灌溉面积仅占全国耕地面积的 45%左右，全国仍有 6000 万 hm$^2$ 耕地缺乏灌溉条件。而水资源缺乏将成为 21 世纪中国农业的最大威胁，2005 年农田干旱面积为 3880 万 hm$^2$，2007 年就攀升到 4900 万 hm$^2$，在得不到灌溉的情况下，这些地区的农业生产只有靠天吃饭，生产很脆弱。

　　粮食产业发展的外延性依赖严重。2004 年以来，粮食实现"十连增"，粮食单产对粮食增产起到重要的作用，但 2005 年、2007 年、2009 年粮食单产对粮食增产的贡献率分别为 15%、9%、−375%，小于播种面积对单产的贡献率，总体来看，2004~2013 年粮食播种面积的贡献率为 34%，粮食单产的贡献率为 66%，粮食增产对粮食播种面积的依赖性仍然很强，粮食单产贡献率仍然偏低。这说明我国农业科技整体水平与发达国家相比仍存在较大差距，科技贡献率由新中国成立初期的 15%提高到目前的 50%左右，但仍比发达国家低 20 多个百分点；我国一些主要农业生产资源利用率偏低，灌溉用水的有效利用率仅为 30%~40%，而发达国家达到 70%以上，我国粮食生产目前仍处在主要依靠增加物质投入实现增产的阶段，科技进步缓慢，据测算，2003~2009 年我国粮食全要素生产率年均下降 1.9%，科技对粮食增产的支撑作用有限，粮食生产具有外延性特征。

　　粮食产业发展替代性问题严重。一是粮食作物替代经济作物。我国粮食 10 年增产的一个直接原因是粮食播种面积的增加，在 10 年中粮食播种面积净增超过 1000 万 hm$^2$。在农作物总播种面积增加幅度不大的基础上，粮食播种面积的增加意味着对油料、棉花等其他经济作物播种面积的挤占。2003~2013 年农作物总播种面积增加 1100 万 hm$^2$，粮食播种面积连续 10 年增加 1254 万 hm$^2$（图 18）。油料和棉花播种面积下降，直接导致国内产量的下滑，供需缺口加大，进口增加。如果未来非粮作物进口价格高或者进口受到限制，或者国内价格过快上涨，就可能会引起经济作物播种面积的增加，粮食播种面积存在被挤占的可能。二是粮食作物内部高产作物替代低产作物。2003~2012年三大主要粮食作物稻谷、小麦、玉米的产量几乎连年上升，增量分别达到4363万t、3409万t和9229万t，分别增长27.2%、39.4%和79.7%；而大豆和其他粮食作物的产量不升反降，9年共减产1114万t，降幅为19.7%。整体而言，玉米产量高速增长，成为促进粮食"九连增"的主力，对粮食增产的贡献率高达58.1%；稻谷和小麦次之，两者对粮食增产的贡献率分别为27.5%和21.5%。从播种面积的角度来看，"九连增"期间我国粮食总播种面积呈增长趋势，累计增加1186万hm$^2$，增幅为11.9%。其中，高产的稻谷和玉米的播种面积分别扩大379万hm$^2$和1088万hm$^2$，分别增长14.3%和45.2%，高于粮食总播种面积的平均增速，在粮食总播种面积中所占的比例分别提高了0.5%和7.2%；而低产的小麦、大豆和其他粮食作物播种面积的增长则相对较慢，甚至出现了负增长。

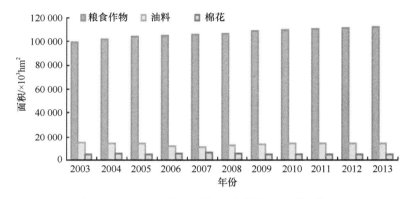

图18　2003~2013年我国主要农作物面积增长情况

资料来源：国家统计局

## （二）粮食消费需求刚性增长，利用效率不高和浪费现象并存

人口数量上升拉动粮食消费增加。人口数量的上升是拉动粮食消费量增加的最直接动力。由于我国巨大的人口基数和一度过快的人口增率，世界上曾经出现过"谁来养活中国人"的质疑。虽然随着我国对粮食生产的重视和对人口增长的严格控制，我国已基本消灭了饥饿问题，但人口增长对我国粮食消费的巨大拉动力仍不容忽视。从1949年新中国成立初期的5.4亿人到2013年末的13.6亿人，我国人口增长了1.5倍。我国人口的增长量和增长速度在20世纪80年代后期达到顶峰后开始回落，而且出现了稳步降低的趋势，但我国人口总量的增加趋势依然很明显。即使不考虑粮食消费结构的变化，每年净增人口的粮食消费量都是一个相当大的数字。根据国家卫生和计划生育委员会的预测，到2020年、2030年，我国人口将分别增加到14.5亿人、15.0亿人，进入人口数量最多的一段时期，特别是随着二胎政策的实行，人口年增长率下降的趋势将得到遏制，人口将继续保持增长态势。人口增长将导致粮食消费需求的刚性增长。另外，随着居民生活水平的提高和健康意识的提高，城镇居民的人均口粮消费量在连续几年的下降后开

始逐步回升。这意味着居民口粮的消费量不会一直减少，口粮增加对消费依然存在潜在的拉动力。另外，考虑到我国目前仍有部分处于营养不良甚至饥饿中的人口，彻底解决他们的吃饭问题也是我国粮食安全面临的任务，虽然这部分需求量并不突出，但也是拉动粮食需求量增加的一个重要部分。

消费升级拉动粮食需求激增。我国未来粮食需求仍处于较快增长期，消费结构升级是主要拉动力，虽然口粮消费将会明显减少，但饲料用粮和其他食物消费会明显增加。从图 19 可以看出，我国进入居民口粮消费下降但肉、蛋、奶消费增加，消费结构加快转型升级的新阶段。过去 30 年间我国居民膳食结构调整的趋势显示，居民口粮消费大幅减少，肉、蛋类、奶类、水产品和油脂类消费量都呈现上升趋势，只有果蔬类的摄入量变化不大。可以看出，我国正在经历食物结构的明显变化期，高价值、高营养食物更多地替代了粮食。

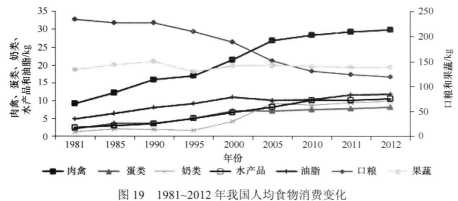

图 19　1981~2012 年我国人均食物消费变化
资料来源：国家统计局

从图 19 还可以看出，我国的食物变化可以以 2000 年为节点分为前后两个时期，在 2000 年之前，口粮的降幅相对平缓，肉、蛋、奶和水产品人均消费量的增加也较为平缓；在 2000 年之后，蛋白质性食物的摄入量从稳定增长转变为较快增长，口粮消费量的减少也更加迅速。由于肉、蛋、奶等食物均需粮食转化，粮食消费总量仍呈增长趋势。借鉴国际尤其日韩两国经验，未来 10~15 年我国蛋白质性食物的消费量将继续增加。根据预测，到 2020 年和 2030 年，我国谷物消费总量将分别达到 5.7 亿 t 和 6.7 亿 t，结合以往经验，因消费结构升级产生的增长将会占需求总增量的一半以上。

损耗浪费现象加剧了粮食的供求失衡。虽然我国粮食安全现状并不乐观，但是，由于粮食消费在居民日常支出中所占的比例较低，国家为了保证民生又将粮食价格控制在一个相对稳定的水平，因此，我国居民普遍缺乏珍惜粮食的观念，粮食损耗浪费现象较为普遍。一是农户储存损耗较大。由于农户储粮装具简陋，保管水平低，受鼠害、虫害和霉变等因素影响造成粮食大量损失的情况尤为突出。根据国家粮食局的抽样调查，全国农户储粮损失率平均为 8% 左右，每年损失粮食约 2000 万 t，相当于 411 万 hm$^2$ 良田的粮食产量。农户储存的主要粮种中，玉米损失率最大，为 11%，稻谷平均损失率为 6.5%，小麦平均损失率为 4.7%，给我国粮食质量安全和食品安全带来很大隐患。

二是运输装卸方式落后，撒漏损失较大。目前将我国东北地区的粮食运往南方销区一般需要 20~30 天，为发达国家同等运距所需时间的 2 倍以上。由于运输装卸方式落后，撒漏损失占 3%~5%，每年损失粮食 800 万 t（160 亿斤）左右。三是成品粮过度加工损耗大。由于消费习惯误区，成品粮过度追求亮、白、精，低水平粗放加工，既损失营养素又明显降低出品率，副产物综合利用率也很低，加工环节每年造成口粮损失 650 万 t 以上。四是食物浪费现象突出。中国科学院典型调查数据显示，居民食物浪费现象突出，全国每年浪费的食物相当于 9000 万~11 000 万 t 粮食。可以看出，我国的粮食消费中，有相当一部分的粮食并没有有效地被用于满足消费，这对于本来就不宽松的粮食供求状态来说无异于雪上加霜。

## （三）结构性矛盾不断加剧，地区供需失衡更加突出

粮食生产供需区域性矛盾突出。南方省份自古就是鱼米之乡，长期以来一直是我国粮食重要的主产区，改革开放 30 多年来，由于产业结构调整，南方粮食主产区的地位逐步被北方代替，我国粮食生产重心持续北移。据统计资料显示，北方粮食产量占全国的比例由 1980 年的 32.2% 增加到 2012 年的 46.4%；而同期南方粮食产量占全国的比例由 1980 年的 40.6% 下降为 29.4%（图 20）。目前，我国粮食的供求格局已大致形成：粮食供给有余的主要是东北地区（黑龙江、吉林和辽宁）、冀鲁豫地区（河北、河南、山东），长江中下游地区（安徽、湖北、湖南、江西）和西北地区（甘肃、内蒙古、宁夏、山西、陕西、新疆）供给平衡略有余，供给不足的主要有东南地区（福建、广东、海南、江苏、上海、浙江）、京津地区（北京、天津）、青藏地区（青海、西藏）和西南地区（广西、贵州、四川、云南、重庆）。其中，东北地区、冀鲁豫地区在全国粮食安全保障中发挥着越来越重要的作用，东南地区、京津地区则相反，供求失衡日益严重，自给能力不断下降。这种分化最终导致了"南粮北调"向"北粮南运"的转变，并且，这一格局在进一步得到增强。

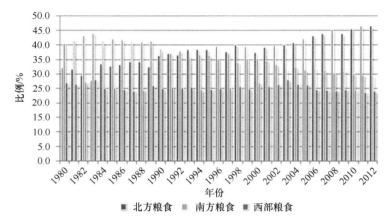

图 20　1980~2012 年我国粮食产量分布变化
资料来源：国家统计局

我国粮食重心北移虽然在很大程度上解决了南方经济发展对耕地的需求，但其后果是加剧了我国水资源与耕地资源在粮食中空间分布不匹配的局面。总体而言，耕地资源南方占40%，北方占60%，相应的，南方水资源占全国的81%，北方只占全国的19%。北方的水资源瓶颈更加突出。我国小麦主要分布在北方地区，生长期一般处于干旱季节，需要利用水库和抽取地下水进行灌溉，小麦用水占北方农业总用水量的70%以上，加剧了缺水的危机。由于超量开采地下水，华北地区已经形成了巨大的地下漏斗群，并成为世界4个严重缺水地区之一。由于稻谷的单产要远远高于大豆和小麦，而且东北稻谷一年一季，比南方的两季、三季稻谷口感好和销量好，因此原先种小麦、大豆的东北地区旱作耕地都改种稻谷这种高耗水的作物，黑龙江已经由一个水资源大省变成水资源稀缺大省。据预测，在未来10~30年，黄河每年缺水将达到40亿~150亿m³，北方其他江河流域的缺水问题也将逐渐加剧，地下水超采严重，湿地越来越少，资源保护与生态安全受到挑战。

　　粮食消费需求品种结构性矛盾加剧。随着我国居民生活水平的提高，我国粮食消费需求品种结构性矛盾也在不断加剧。一是口粮消费总体呈稳中有降态势，但粳稻的需求量上升较快。从近几年城乡居民的膳食结构来看，口粮消费总体已呈稳中有降态势。但值得注意的是，口粮消费中对粳稻的需求呈快速上升的趋势，特别是粳米在南方的消费比例越来越大。城乡居民的稻谷消费呈现由籼米向粳米转变的趋势。据统计资料显示，我国农村居民人均粮食消费由1981年的256kg下降到2010年的181.4kg，城镇居民人均粮食消费由1981年的145.4kg下降到2010年的81.5kg。城乡消费口粮总量也呈下降趋势，2000年城乡口粮总消费量为2.4亿t，2010年下降为1.77亿t。而随着居民生活水平的提高，人们对粳米的消费偏好增加。特别是进入20世纪90年代后，北方居民"面改米"和南方居民"籼米改粳米"，使粳米消费不断增加。据测算，近20年人均年粳米消费量由17.5kg增加到30kg以上，人均消费量每年增长0.5kg以上。二是饲料消费对粮食需求不断增长，玉米消费尤为突出。随着居民消费结构的改变，对动物性食品需求增加引发的饲料用粮消费迅速增长，饲料用粮已经成为我国粮食消费中增长最快的部分。我国每年饲料用粮消费占粮食消费的40%左右，总量约为2亿t。其中，除生产豆类饲料大量依靠进口外，其他饲料用粮均应以国内自给为主。饲料用粮需求快速上升，成为推动粮食需求增加的最重要因素。此外，从地区平衡角度来看，我国饲料用粮主要输出区为东北地区和黄淮海地区，而长江中下游地区则是我国饲料用粮的主要输入区，这是因为我国南方一些畜牧业较为发达的省份并不是玉米和大豆等主要饲料作物的主产区。因此，除依靠进口的部分外，南方部分省份的饲料用粮只能依靠北方粮食的调运，这种情况正是我国"北粮南运"粮食流通格局形成的重要动因。目前，随着畜牧业规模经济的进一步发展，已经具有养殖业规模优势的省份更容易因"涓滴效应"而继续扩大规模，因此，照目前的情况来看，如果我国粮食产业和畜牧业格局不进行重大改善，"北粮南运"的情况在短期内不会改变。

# 三、制约粮食产业可持续发展的主要因素

## （一）资源短缺不可逆转，环境恶化进一步加剧

### 1. 耕地资源不断减少，耕地质量明显下降

从长期来看，城镇化和工业化进程的推进，将会从以下三个方面给我国耕地带来长期的压力：第一，直接占用。城市的扩建、新城区建设、农村集体经济发展、交通发展都需要占用大量的耕地。第二，种植结构调整。由于城镇化发展和居民生活水平的提高，对农产品多元化的需求日益提高。转移的城镇中的居民对于蔬菜、水果、花卉等经济作物的需求日益增加，面对这种情况，种粮农民由于比较收益较低而将原本种粮的耕地投入其他农产品的生产中，减少了种粮耕地的数量。第三，质量降低。为了保证我国整体的粮食安全水平，我国东北、华北的粮食主产省面临着不断增产的压力，"北粮南运"成为我国粮食流通的主体趋势。在这种情况下，随着工业化和农业现代化的发展，我国粮食单产能力不断提高。但是，必须看到，农业科技进步和高产作物增加作用下的粮食增产，在一定程度上"掩盖"了我国很多地区有效耕层日渐变薄、耕地质量下降的严峻现实。

### 2. 水资源短缺且时空分布不均，粮食主产区用水矛盾愈加突出

首先，由于我国特殊的气候条件，我国水资源和粮食耕地资源分布错位，雨热不同季现象比较突出，影响了我国粮食生产中水资源的有效利用，水资源对粮食供给的制约问题日益突出。首先，我国水资源人均占有量和单位面积国土水资源的拥有量都较低。根据《2011 年中国水资源公报》，2011 年我国人均水资源占有量仅为 1726m³，不足世界平均水平的 1/4。另外，如果考虑我国单位面积国土的水资源拥有量，情况也不容乐观。以目前能获取到的最新数据（《2011 年中国水资源公报》）来看，2011 年，我国平均每单位面积国土水资源的占有量仅为世界平均水平的 4/5。

其次，我国水资源和耕地资源错位利用，影响水资源利用效率。在我国，水资源分布南多北少，耕地资源也是南方优于北方。但是，20 世纪 90 年代以来逐渐出现了"北粮南运"的趋势，南方的粮食生产出现了较大的滑坡，粮食生产中心北移。南方一些水资源丰富的省份粮食生产规模却非常小，而北方一些水资源匮乏的省份却负担了极为重要的粮食生产任务，这无疑进一步加剧了缺水的矛盾。

最后，大量的北方水资源"随粮南运"加剧了我国粮食生产可持续发展的风险。改革开放后，一些东南沿海水资源条件较好的地区出现了粮食生产能力下降快、粮食需求增长多的现象。延续了近千年的"南粮北调"格局发生了改变，粮食流通系统出现了规模越来越大的"北粮南运"情况，这意味着相当数量的北方水资源被转运到了本不缺水的南方省

份。这种资源错位使得本就水资源紧张的北方面临更大的水资源供求失衡（图21）。

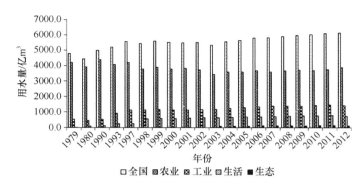

图21　1979~2012年我国水资源消耗用途变动图
资料来源：根据国家统计局资料计算

### 3. 气候变化异常，加剧粮食生产的波动性

全球变暖，极端气候频发，粮食生产环境和条件恶化，粮食生产的自然风险不断加大，给粮食安全带来了极大的压力。气候变化使中国未来农业可持续发展面临三个突出问题：一是极端气候事件频率的变化直接影响农作物产量，致使农业生产的不稳定增加，产量波动加大。二是极端气候变化一方面导致病虫害发生规律性变化，引起农业生产条件的改变，另一方面增加了未来农业生产的自然风险，导致农业成本和投资大幅度增加。三是极端气候的变化威胁水资源安全，水资源时空分布失衡的情况更加突出，干旱和洪涝发生的可能性加大。

### 4. 农业面源污染严重，工业污染对粮食生产的危害进一步凸显

近年来，我国化肥施用量达40t/km$^2$，远超发达国家25t/km$^2$的安全上限。秸秆焚烧、农膜残留、畜禽养殖粪便、农村生活垃圾和污水等已成为我国农业面源污染和农村生态环境恶化的主要因素。工业和城市对农业环境的污染有增无减，土壤重金属污染正进入一个"集中多发期"。多重污染累积叠加对粮食质量安全的影响不断凸显。2012年，农业部针对北京、天津等10省（市）工矿与城镇生活密集区的调查显示，小麦、玉米及稻谷等60种800余个农产品样本中镉超标13.29%，砷超标19.34%，铅超标12.72%，汞超标5.34%，铬超标1.5%。粮食质量安全事件给相关产业发展带来巨大挑战。2013年，湖南万吨稻谷镉超标事件直接导致湖南最大的米市兰溪米市周边70%的米厂停工。

## ▮ （二）劳动力和土地成本不断提升，种粮比较效益持续偏低

### 1. 劳动力投入严重不足

在城镇化和工业化背景下，非农产业收入明显高于农业产业，导致农民从事农业劳

动的机会成本增加，大量的优质劳动力从农村转移到城市，从事二三产业。另外，即使还有一部分农民仍然从事农业生产，但由于种粮的比较收益远远低于种植其他经济作物或者从事养殖业，相当一部分农民放弃了粮食生产而转为种植其他作物甚至退出种植业。我国的很多农村中，留在粮食生产中的劳动力被称为"三八六一九九部队"，即从事粮食生产的劳动力多为女性、儿童或者老人。可以看出，我国粮食生产的劳动力投入不仅面临着投入数量的减少，还面临着因劳动者自身劳动素质降低而导致的有效劳动投入不足的问题。

### 2. 土地租金进一步增高

城镇化和工业化对土地的需求增加，以及种植业内部不同作物的竞争，抬高了土地租金，增加了粮食生产的机会成本。根据黑龙江肇东市的调研数据，2009~2012 年，该市土地租金每年每亩增长 50 元左右，3 年间，每年每亩土地流转费在生产成本中所占的比例上升 1 个百分点。过去 10 年间，我国土地资源的机会成本年均上涨 10%左右，成为制约粮食生产效益提高和影响农户种粮积极性的重要因素。

### 3. 种粮比较效益低

现阶段，由于农资、土地与劳动力成本不断攀升，我国粮食生产的收益受到挤压，农户种粮积极性受到影响，缩减种植面积和减少种粮投入的情况较为常见。受国际石油价格上涨等原因的影响，种子、农药、化肥等农资成本居高不下，种粮收益始终偏低。2003~2010 年，尽管粮食平均价格上涨了 53.7%，但化肥价格指数上涨 60.2%，农药价格指数上涨 20%，农资成本的快速上涨较大程度地压缩了种粮收益的上升空间。伴随着农村劳动力的大量转移及土地流转需求的增多，农业生产的劳动力和土地成本也由隐性转为显性，且在总成本中所占比例不断攀升。在劳动力方面，农业生产季节性用工普遍增多，价格不断攀升。据分析，粮食生产成本中，人工成本所占比例在 2011 年已达 44.1%。劳动力价格上升也是种粮收益递减的重要因素。

### 4. 支持政策边际效益递减

2004 年以来中央重视农业支持粮食生产的政策对促进粮食增产发挥了至关重要的作用。从 2004 年开始，财政"三农"投入总量不断增加，各项补贴规模不断扩大，中央财政用于"三农"的支出由 2004 年的 2625.8 亿元增加到 2010 年的 8183.4 亿元，粮食直补、良种补贴、农机具购置补贴和农资综合补贴"四补贴"由 2004 年的 144.6 亿元增加到 2010 年的 1345 亿元。同时我国不断深化农村改革，从 2001 年开始试点农村税费改革到 2006 年在全国范围内取消了农业税，2004 年出台并实施了以最低收购价为主要内容的粮食托市政策，2008 年以来实行粮食收储政策等，这些政策增加了种粮农民的收益，激发了种粮积极性，对保持粮食生产增长起到了关键作用。一旦政策支持强度减弱，或惠农政策不足以弥补市场波动给农民带来的效益损失时，粮食生产就可能会出现波动。

## （三）国内粮价高于国际市场，粮食安全风险进一步加大

近年来我国农业正进入生产成本快速上涨期，劳动力成本不断增加，农资价格总体上涨、物流成本不断提高，加之在最低收购价、临时收储等政策的作用下，我国粮食价格总体呈上涨趋势，价格竞争力受到一定程度的削弱。而同期国际粮价高位回落。从 2010 年起，我国所有粮食品种价格全都高于国际市场离岸价格。在国内外市场联系越来越紧密的背景下，国际低价粮对我国粮食安全造成的风险进一步加大，不利于国内粮食安全和农业的长期稳定发展。

# 四、世界粮食安全形势及其对我国粮食产业
# 可持续发展的影响

## （一）世界粮食安全状况

### 1. 世界粮食安全总体形势不容乐观

近年来受国际金融危机、气候变化和能源政策等因素的影响，世界粮食供求在总体平衡情况下不断趋紧，尤其是区域性紧缺不断加剧。根据联合国粮食及农业组织（FAO）数据，2012 年全球饥饿人口为 8.7 亿人，主要分布在发展中国家，以南亚、东亚和撒哈拉以南非洲国家为主。亚洲地区目前有 5.6 亿人吃不饱肚子。据世界银行、联合国粮食及农业组织和美国农业部的分析，国际市场高涨和动荡的粮食价格是粮食安全状况恶化的主要原因。今后粮食价格在高位上波动会成为国际粮食市场的"新常态"，加之国际上大国博弈、政局动荡不稳，都加剧了维持粮食安全的难度。

### 2. 世界粮食供给长期低速增长且区域发展不平衡

联合国粮食及农业组织（FAO）的数据表明，近 50 多年（1961~2011 年），全球耕地面积从 12.82 亿 hm² 提高到 13.96 亿 hm²，年平均增长率为 0.17%。而此期间，人口的年平均增长率为 1.64%，远快于耕地的增长，人均耕地面积从 0.21hm² 下降到 0.1hm²。全球谷物生产供给基本呈平稳波动增长，1961~2012 年谷物增长 1.9 倍，略高于同期的全球人口增长（1.3 倍），年平均增长率维持在 2.11%，见图 22。

在北美和欧洲粮食安全较高的地区，作为粮食安全基础保障的耕地面积在不断减少，粮食安全不稳定地区的非洲和南美洲耕地面积在不断增加，亚洲耕地面积变化呈现先减后增的趋势，拐点出现在 1994 年。从世界谷物生产增速来看（图 23），亚洲谷物生

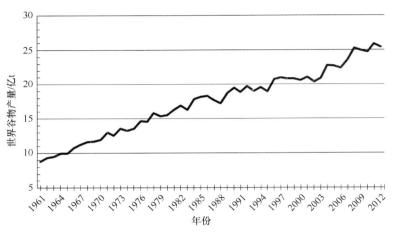

图 22    世界谷物的供给

资料来源：FAOSTAT

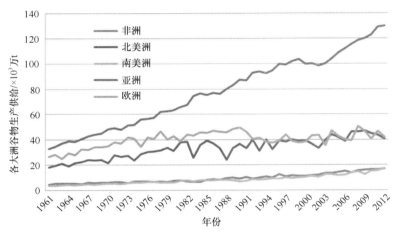

图 23    各大洲谷物生产供给（彩图请扫描文后末页二维码阅读）

资料来源：FAOSTAT

产增长最快，1961~2012 年的 50 多年间增长了近 3 倍（2.94 倍），年平均增长率高于世界平均水平，达到了 2.72%，产量也远超其他 4 个地区。北美洲和欧洲谷物生产年平均增长率分别为 1.61% 和 0.91%。

### 3. 全球粮食人均占有量和需求短缺呈现区域性特点

1961~2012 年，世界人均谷物占有量从 284.17kg 提高到 361.12kg，增长 27.08%。北美洲人均谷物占有量最高，虽然波动较大，但从未影响到这一地区的粮食安全，2012 年为 1161.0kg。欧洲人均谷物占有量为 566.05kg，也是粮食安全程度较高的地区之一。亚洲人均谷物占有量低于世界平均水平，2012 年为 305.29kg。中国人均谷物占有量从 321.89kg 增加到 783.97kg，是世界平均水平的 2.17 倍，年平均增长 1.76%。非洲在

1961~2012 年，人均谷物占有量变化不大，基本徘徊在人均 150kg 水平，2012 年非洲人均谷物占有量为 156.50kg，仅为世界平均水平的 43.33%，是粮食最不安全的地区，见图 24。

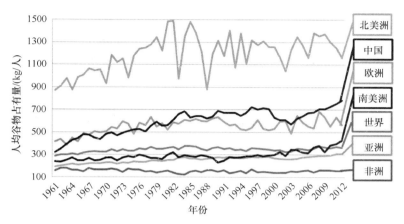

图 24　世界人均谷物占有量
资料来源：FAOSTAT

### 4. 全球粮价高位运行加剧粮食安全风险

21 世纪粮食危机暴发后，世界粮食价格持续维持在高位运行。据 FAO 统计，国际谷物价格指数在 2007 年跃升至 163 之后，在波动中仍不断攀升，2012 年达到 236。与 21 世纪初相比，2012 年国际谷物价格指数增长 1.6 倍，国际食品价格指数增长 1.3 倍。世界粮食价格的攀升对粮食净进口国产生了巨大影响，在许多国家引发了不同程度的社会动荡和饥民抗议，甚至出现政权更迭。据世界银行统计，2010~2011 年，粮食价格上涨使近 7000 万人陷入极端贫困，而仅仅是 2010 年，全世界遭受饥饿的人口就高达 9.25 亿人。

### 5. 全球粮食贸易格局趋于集中使全球粮食市场更加不稳定

20 世纪 90 年代以来，全球农产品贸易结构发生重大变化，谷物类农产品贸易占总贸易额的比例不断下降，但是谷物出口更为集中，最不发达国家对进口的依赖性迅速提高。2008 年，美国、澳大利亚、阿根廷、法国、德国、俄罗斯、乌克兰等少数国家谷物出口量占全球总出口量的比例达到 71.3%。据 FAO 研究，2003 年最不发达国家 17% 的粮食依赖进口，比 1970 年提高 9 个百分点。谷物出口国的集中和欠发达国家对外依存度的提高使全球粮食市场的风险加大。同时，由于粮食属于敏感产品，国际市场的任何风吹草动都容易造成恐慌，影响到各主产国的粮食政策，不利于全球粮食市场的稳定。

### 6. 饲用粮需求快速增长及生物燃料开发影响全球粮食安全

伴随以中国为代表的发展中国家经济快速增长和收入提高，对畜产品的需求越来越大，畜产品需求提高拉动了饲料用粮的快速增长。饲料用粮的需求增长必将进一步抬高国际粮价，加剧国际粮食供求的紧张关系。

随着国际油价攀升，近年来发达国家加大了对生物燃料生产的支持。1980/1981~2010/2011 年，美国用于生产乙醇的玉米消耗量由 88.9 万 t 增加到 1.28 亿 t，占玉米总产的比例由 0.53% 提高到 40.3%，达到全球玉米产量的 25%，能源玉米的大量消耗，降低了全球粮食的贸易量，加剧了全球粮食安全的严峻形势。

### 7. 粮食贸易政策不确定影响全球粮食安全稳定

2008 年前后，全球出现 30 年来最大的粮价波动，据报道当时有 18 个国家降低了谷物进口关税，17 个国家实施了粮食出口限制；在消费政策方面，有 11 个国家降低粮食税，8 个国家实施了价格控制。例如，阿根廷一直对玉米和小麦出口实行配额限制；印度于 2011 年对小麦粉出口进行了限制；乌克兰于 2012 年 2 月暂时禁止运粮火车出境以确保国内供应充足。2009 年由于金融危机和国际粮价暴涨，全球饥饿人口上升到10.2 亿人。

## （二）对我国的影响及机会

目前，我国按加入世界贸易组织的承诺，取消了所有非关税措施，平均关税水平仅为 15%，仅为世界平均水平的 1/4，是世界上最为开放的市场之一，粮食生产、加工和消费与国际市场的联系日益紧密，一方面，我国可以从国际市场调剂粮食满足国内需求；另一方面，国际粮食市场供求和粮价波动也会给我国粮食生产和需求带来巨大冲击。

### 1. 把握国际市场小麦价格波动周期，适当进口

据海关统计，2012 年我国进口小麦 368.9 万 t，2013 年全年共进口小麦 550.7 万 t，创历史新高。进口猛增的主要原因是进口小麦价格和质量的优势明显。依据粮食和农业政策研究所（FAPRI）的预测数据，我国未来几年小麦供给与需求基本维持平衡，适量进口优质强筋、弱筋小麦，到 2020 年我国小麦净进口量维持在 160 万 t 左右，占国际小麦贸易量的 1.38%。而且这一比例呈不断增加的趋势，而国际市场小麦价格的可能变化趋势是先缓慢增加然后缓慢下降，与农业生产周期性变化有很大关系。从长远趋势看，国际市场小麦价格周期性波动，把握好波峰和波谷的变动规律，对我国小麦进口是有利的。

### 2. 玉米进口持续快速增长，适当挖潜国内生产潜力

我国是世界第二大玉米生产国，2009 年以前我国玉米长期供大于求，处于净出口状态。由于国内玉米供需偏紧，玉米价格不断上涨，2010 年第一次从玉米净出口国转变为净进口国。此时国际玉米丰收，贸易量猛增，进口玉米价格具有明显优势，造成我国玉米进口量激增。

据中国海关数据计算，2010 年、2011 年玉米净进口量分别为 157 万 t 和 175 万 t，2012 年净进口量猛增为 514 万 t，2013 年玉米进口量为 330 万 t，比 2012 年有所下降。根据 FAPRI 的预测，未来中国玉米供需长期偏紧，玉米净进口将成为常态。虽然中国进口玉米增长较快，占国际贸易的比例并不高，但这一比例会逐步增长，到 2020 年可能会达到 3.1%。随着中国经济快速发展和收入提高，对肉制类需求高速增长，这也拉动了对饲料用粮和玉米的需求，未来我国粮食缺口最大的是饲料用粮，而饲料用粮中缺口最大的品种是玉米。如果我国玉米进口持续快速增长，将会改变原有的国际玉米市场甚至国际粮食市场的格局，使玉米价格大幅提高，对我国粮食安全产生不利的影响，致使玉米有可能成为"第二个大豆"。

### 3. 保口粮，稳供给，合理引导稻谷生产贸易

中国是世界最大的稻谷消费国，也是世界最大的稻谷生产国，产量占世界稻谷生产量的 1/4。从 2004 年开始中国稻谷生产量逐年减少，2011 年由净出口转为净进口。2012 年我国稻谷生产量达到了 2.04 亿 t，同年稻谷进口量达到了 236 万 t，从越南、泰国进口占 7 成以上，东盟国家已经成为中国最大的进口稻谷来源国。美国农业部（USDA）的数据显示，2013 年中国稻谷进口量为 320 万 t，成为世界最大的稻谷进口国。中国稻谷由净出口转变成为净进口，并不是由于国内生产供给不足造成的，主要原因是东南亚稻谷价格优势和区位优势，但净进口不会成为常态。

对中国未来几年国家粮食政策和稻谷生产进行分析，根据亚洲开发银行（ADB）的预测，中国稻谷供需基本平衡。2014 年稻谷出口会略大于进口，到 2020 年，约 30 万 t 的稻谷净出口。由于国内需求增长迅速，政策会严格限制稻谷出口，加之中国稻谷出口量较低，占国际稻谷贸易量不足 1%，因此，国际稻谷贸易对中国稻谷生产影响很有限。

### 4. 大豆进口持续增加，需要增强市场影响力

中国从 1996 年开始由大豆净出口转变为净进口大国，海关公布的数据显示，2013 年大豆进口量为 6338 万 t，约为国内产量的 5 倍。国务院办公厅 2014 年 1 月 28 日颁布的《中国食物与营养发展纲要（2014—2020 年）》的发展目标要求"确保谷物基本自给，口粮绝对安全"。在耕地有限的情况下，为口粮的种植腾出耕地，放开大豆市场。中国政府粮食安全战略决定了中国大豆消费高度依赖进口。

根据 FAPRI 的预测，未来中国大豆生产供给增长空间有限，而消费需求增长迅速，大量进口的局面难有改观，在国际贸易中所占比例还会不断增长，到 2020 年将会达到 67.6%。中国大豆进口占世界贸易 2/3 的市场格局会对国际大豆市场价格产生举足轻重的影响。可以说，近期和未来世界增产的大豆主要是为了满足中国市场的需求。

### 5. 国内外市场发展趋势为充分利用两种资源的两个市场提供可能

中国的粮食安全状况面临的主要矛盾是：一方面，面临着人口增长、城乡居民收入

增加和膳食结构改善带来的消费需求的刚性增长，特别是饲料用粮和工业用粮的增加；另一方面，中国城镇化进程加速使得守住耕地红线（18亿亩）的难度加大、主要粮食作物增产遭遇瓶颈，从而增加了保证粮食安全的难度。

尽管国内粮食连续10年增产，2013年中国粮食总产量达到60 193.5万t，但粮食供给日趋紧张的基本国情没有得到根本改善，要保障日益庞大的国内粮食需求市场，单纯依赖自给自足不仅成本高昂，而且不现实。国际农业分工和农业生产的比较优势为解决我国粮食安全问题带来新机会。

一方面，我国应该充分利用国际粮食贸易，适当进口粮食；另一方面，利用比较优势，积极进行粮食种植结构调整，综合使用国际、国内两个市场来解决中国粮食安全问题。

# 五、粮食产业可持续发展战略布局调整设想

## （一）粮食产业发展趋势预测

### 1. 生产预测

影响产量的因素非常多，但可以归纳为单产和面积两类，本研究采用时间序列的自回归积分滑动平均（ARIMA）模型，分别对单产和面积进行预测，最后将其相乘得到最后的预测结果。预计我国2015~2030年谷物单产将从6035.98kg/hm$^2$增加到6998.26kg/hm$^2$。预计我国2015~2030年谷物播种面积变化不大，基本维持在9160万hm$^2$左右。谷物总产量等于单产和面积的预测结果相乘，由此得到我国2015年、2020年和2030年的谷物产量（表3）。

我国未来粮食生产还是会逐步保持上升的趋势，但是，年平均增长率放缓。2015~2030年谷物产量将从约55 301.46万t增加到约64 106.36t。近年来我国连续保持谷物占粮食产量的90%，因此按照此比例，2015~2030年粮食产量将从61 446.07万t增加到71 229.29万t。与2015年相比，2020年我国谷物生产总量的缺口近3000万t，这也是今后一段时期我国谷物生产发展努力的方向及增产目标要求。

表3　我国2015年、2020年、2030年谷物产量预测结果　（单位：万t）

| 科目 | 2015 | 2020 | 2030 |
| --- | --- | --- | --- |
| 粮食 | 61 446.07 | 64 442.79 | 71 229.29 |
| 谷物 | 55 301.459 2 | 57 998.509 1 | 64 106.359 7 |
| 稻谷（胡培松） | 20 760 | 21 510 | 23 040 |
| 小麦（肖世禾） | 12 503 | 13 032 | 14 000 |
| 玉米（李新海） | 23 135 | 24 442 | 27 992 |
| 大豆（韩天富） | 1 390 | 1 500 | 1 800 |

## 2. 消费预测

我国粮食消费受到各个层次的众多因素影响，如人口增长、国民经济发展水平、城镇化水平及政策因素等。而粮食总需求主要可以分为直接需求和间接需求，直接需求就是指城乡居民口粮的需求，间接需求主要是指饲料用粮、工业用粮、种子用粮、储运和加工损耗等几个方面。粮食消费的影响因素相互作用，表面看来随机波动很大，但若对大量样本进行统计，则其中蕴含着一定的客观规律，具有明显的灰色特征。因此，本研究按照粮食的直接需求和间接需求，采用灰色模型来分析和预测我国未来粮食的消费情况。

根据灰色预测结果，我国的谷物消费量会呈现出平缓的上升趋势，不会出现突然的明显上升，到 2030 年将会达到 6.7 亿 t（表 4）。

表 4　我国 2015 年、2020 年和 2030 年我国粮食消费量预测结果　（单位：万 t）

| 科目 | 2015 | 2020 | 2030 |
|---|---|---|---|
| 粮食 | 57 660.91 | 64 159.14 | 74 732.83 |
| 谷物 | 51 894.821 0 | 57 743.226 5 | 67 259.548 3 |
| 口粮 | 23 145.021 3 | 24 104.884 6 | 25 115.719 4 |
| 饲料用粮 | 18 415.904 1 | 19 722.822 5 | 20 653.387 8 |
| 加工 | 3 344.156 8 | 5 074.225 6 | 7 792.669 2 |
| 其他 | 6 989.738 8 | 8 841.294 1 | 13 697.772 9 |

## 3. 谷物和口粮的供需平衡分析

2015 年、2020 年和 2030 年我国能够达到口粮（主要指稻谷、小麦）完全自给，谷物自给率保持在 95% 以上。

按照生产和消费发展趋势预测，2015 年和 2020 年的谷物生产总量大于消费总量，2015 年我国谷物富余 3407 万 t，2020 年富余 255 万 t，2030 年出现 3153 万 t 的缺口，这也与之前部分学者的预测较为一致。

但是，如果按照我国"谷物基本自给、口粮绝对安全"的战略要求，我国谷物自给率要在 95% 以上；口粮的自给率要基本达到 100%，我国 2015 年、2020 年和 2030 年的口粮和谷物安全都能够得到完全保障（表 5）。这说明本报告认为我国粮食产业发展能够

表 5　我国 2015 年、2020 年和 2030 年谷物消费量预测结果　（单位：万 t）

| 科目 | 年份 | 2015 | 2020 | 2030 |
|---|---|---|---|---|
| 口粮<br>（100%自给率） | 生产量 | 33 263 | 34 758 | 36 765 |
| | 需求量 | 23 145.021 3 | 24 104.884 6 | 25 115.719 4 |
| | 剩余 | 10 117.98 | 10 653.12 | 11 649.28 |
| 谷物<br>（95%自给率） | 生产量 | 55 301.459 2 | 57 998.509 1 | 64 106.359 7 |
| | 需求量 | 49 300.08 | 54 856.07 | 63 896.57 |
| | 剩余 | 6 001.379 | 3 142.444 | 209.788 8 |

达到保障国家粮食安全的要求，表明了我国选择以保障谷物安全为支撑的粮食产业可持续发展战略目标具有重要的意义。

## （二）粮食产业可持续发展战略构想

### 1. 总体思路

我国政府历来高度重视粮食安全和粮食产业可持续发展问题，确立了"主要依靠自己的力量解决吃饭问题"的粮食发展方针，并多次提出粮食安全和粮食产业可持续发展目标。1996 年，我国颁布《中国的粮食问题》白皮书，提出"粮食自给率不低于 95%，净进口量不超过国内消费量的 5%"的目标；2008 年颁布的《国家粮食安全中长期规划纲要（2008—2020 年）》，提出了 2020 年谷物自给率 100%的目标；2014 年的我国政府工作报告又提出"确保谷物基本自给、口粮绝对安全"的粮食安全目标。为实现政府工作报告的目标，在粮食总量上，到 2020 年全国需要实现谷物总产 5.9 亿 t，人均谷物产量应不低于 415kg，才能实现把中国人的饭碗牢牢端在自己手上。

为保障国家粮食产业可持续发展，需要坚持以下原则。

#### （1）五位一体原则

结合目前我国的经济发展水平和粮食生产消费状况，构建五位一体的中国特色粮食安全观，即数量安全、质量安全、生态安全、产业安全和营养安全。"数量安全"：指能够保障提供市场足够满足需求的粮食供给量，有效解决粮食的供给来源问题。"质量安全"：指既要保障产品具备足够的营养价值，又要保障产品无公害，进一步达到绿色、有机要求，达到安全使用标准。"生态安全"：指在粮食生产、运输、存储、加工、消费过程中保障生态系统的稳定、健康和完整，不造成生态破坏和环境污染。"产业安全"：指粮食产业在公平的经济贸易环境下平稳、全面、协调、健康、有序地发展，使我国粮食产业能够在公平的市场环境中获得合理的发展空间，从而保证国民经济和社会全面、稳定、协调和可持续发展。"营养安全"：指提供给居民基本、准确的健康膳食信息，保障居民拥有合理的膳食模式，引导科学饮食、健康消费，抑制粮油不合理消费，提高居民健康生活和营养水平。

#### （2）以我为主原则

必须坚持"确保谷物基本自给、口粮绝对安全"的目标，解决粮食安全问题要立足国内，适度进口。我国是谷物生产和消费大国，目前全球谷物贸易量（3.1 亿 t 左右）为我国谷物总产的 58%左右，稻谷贸易量为我国稻谷消费量的 27%左右，靠国际市场调节的空间有限。从全球供求来看，由于谷物"产不足需"、区域发展不平衡，全球仍有 35 个处于危机需要外部援助的国家、9 亿多饥饿人口。我国作为负责任的发展中大国，不应与缺粮国争粮。从进口可能来看，国际谷物市场存在巨大的风险和不确定性。据对联合国粮食及农业组织资料分析，1960 年以来，全球谷物减产年份有 13 年，其中有 9 年与我国谷物减产年相重合，我国缺粮时国际市场谷物同时短缺，加上谷价飙升、谷物出口国发布出口禁令，即便我国少量进口都会引发全球震动。考虑到谷物进口配额 2215.6 万 t，以及优质品种贸易调节等因素，坚持国内实现谷物基本自给、口粮绝对安全，饭碗牢牢端在自己手里的方针。另外，在确保谷物基本自给的此前提条件下，可有效利用国际市场，适度进口粮食。

### （3）提能增效原则

为实现我国粮食生产的可持续发展，需要稳步提升粮食产能，持续提高生产效率。稳步提升粮食产能需要从以下两方面入手：一是大力进行中低产田改造；二是努力提高粮食单产。目前，我国现有耕地中，约 8000 万 $hm^2$ 用于发展粮食生产，其中高产粮田面积仅为 1627 万 $hm^2$ 左右，中低产田占 80% 左右，大部分中低产田分布在西北、西南及渤海区域的非主产省，可以通过开垦梯田、节水灌溉、治理盐碱地等大规模改造中低产田，将其建设成为高产稳产农田。因此中低产田改造对提高粮食综合生产能力、保障粮食和主要农产品稳定供应非常重要。另外，我国与美国、埃及和比利时相比，玉米、稻谷、小麦的单产差距分别是 4365kg/$hm^2$、3315kg/$hm^2$、3930kg/$hm^2$，这反映出我国主要粮食作物单产仍有较大增长空间。

近 10 年来粮食全要素生产率增长下降，技术进步缓慢。相关研究表明，2000~2010 年全国有 21 个省份的粮食生产全要素生产率是下降的；只有 9 个省份（除辽宁外均是粮食非主产省）的全要素生产率呈上升趋势。粮食主产省的粮食全要素生产率下降主要是由技术进步倒退引起的，非主产省的全要素生产率下降主要是由技术效率下降引起的。因此我国粮食生产要加快科技进步的侧重点如下：对粮食主产省来说，关键要加快科技创新，开发增产新技术，提高综合生产能力；对粮食非主产省来说，关键要加快科技成果转化推广，提高种植户的科技知识水平，因地制宜地采用适用技术，提高科技的应用效率，切实把生产技术转化为实际生产力。

### （4）科技支撑原则

粮食产业可持续发展需要以创新作为驱动，科技创新对于保障食物安全的支撑作用十分突出。2013 年，我国农业科技进步贡献率达到 55.2%。农业科技创新在提高土地产出率、资源利用率和劳动生产率方面发挥了重要作用，有效促进了农业发展方式的转变。同时，农业科技专业化、社会化服务能力不断增强，科技服务的质量和水平日益提高，有效满足了现代农业发展的科技需求。2013 年中央经济工作会议和中央农村工作会议提出了"以我为主、立足国内、确保产能、适度进口、科技支撑"的食物保障新战略。这个战略预期迫切需要强化农业科技的支撑地位，将科技支撑作为粮食产业可持续发展的根本支撑。

我国需要继续加大财政对粮食科技创新的投入，充分调动广大科技人员的创新积极性和主动性，重点在品种培育、耕作栽培、植物保护、土壤培肥、农机作业、生态保护、防灾减灾等领域形成一大批突破性成果。通过加强技术集成和示范，良种、良田和良法统一，农机、农田和农艺结合，将良种、良田、良法和良防集成技术规程，能够最大限度地发挥资源和技术的潜能。依靠科技创新驱动，因地制宜地摸索出成熟配套的大面积均衡增产模式，并根据生产条件扩大示范，实行整县整市推进，进一步挖掘我国粮食增产的潜力。

## 2. 主要战略

从加快转变粮食生产方式的关键环节入手，重点加强事关粮食产业可持续发展全局、影响长远的八大战略建设。

### （1）综合生产能力提升战略

我国推动粮食综合生产能力建设，需要加强农业资源保护、依靠科技及重点提升主产区生产能力。第一，转变粮食生产增长方式，强化耕地、水资源和生态环境保护，综合运用多种手段提高资源利用效率，走一条资源节约型、环境友好型的粮食发展新路子。第二，大力推进农业科技进步，增强科技创新和储备能力，围绕提高单产，加快品种改良，推广实用技术。第三，完善农业基础设施建设，加强中低产田改造和农田水利建设，提高土地资源和水资源的利用率，进一步提升粮食增产能力。第四，坚持向主产区倾斜的战略选择。根据区域特点和比较优势，调整和优化粮食生产区域布局和品种结构，提高粮食生产的集中度，培育有竞争力的粮食产业带。实施差别政策，加大对粮食主产区的投入，保护和调动主产区政府和农民重农抓粮的积极性，稳定全国粮食生产大局。

### （2）区域均衡增长战略

在依靠单产水平提升、实现总产增长的目标下，考虑我国不同地区资源环境承载力及其技术潜力，应以"北方稳定性增长、南方恢复性增长、西部适度性增长、全国均衡增长"为总体发展思路。第一，北方实行稳定性增长，即努力缓解我国北方水土资源压力，放缓目前较快的谷物增长态势，降低对北方谷物年平均增长率的要求，减轻北方地区农业用水和耕地资源的压力。第二，南方实行恢复性增长，即与北方相比，南方更适宜发展谷物生产，应充分发挥南方光热资源丰富、雨热同季的优势，实现谷物产量恢复性增长。因此，南方省份应重视粮食生产，提高粮食生产效率，即使保持现有播种面积不变，仅依照全国平均单产增速计算，未来南方主产区、主销区的增产能力仍然不容忽视。第三，西部实行适度性增长，即充分利用水资源高效利用这一关键性技术，实现西部谷物大面积增产。目前，我国西部旱作农业多为雨养农业，大范围推广全膜覆盖技术、双垄沟播技术等高效用水技术，改变西部地区靠天吃饭的现状，使其谷物单产水平迅速提高。

### （3）资源高效利用与环境保护治理战略

为协调我国粮食生产与资源环境保护，缓解水资源与土地资源短缺、环境恶化等问题的约束，应遵循依靠科技进步、开展粮食产地环保工作、多环节防治的主体思路。第一，加强农业环境保护，重点是推广节约型技术，加大面源污染防治力度，改善农业生态环境。第二，深入开展粮食产地环境保护工作，推进农产品产地土壤重金属普查与分级管理，建立预警机制，创新修复技术，探索农产品禁止生产区划分，建立禁产区补偿机制。第三，从源头预防、过程控制和末端治理等环节入手，开展农业面源污染定位监测，实施农村清洁工程，推进农村废弃物资源化利用，重点发展生态农业、能源生态工程、休闲农业，整治乡村环境，培育农村生态文化，提高农业生产资源利用率。

### （4）科技创新与支撑战略

加强粮食科技进步，不断提高农业科技的自主创新能力、成果转化能力和农业技术推广服务能力，应加大科研投入力度、推进合作交流、加快科技转化和推广，以及知识产权保护，不断提高科技贡献率和资源利用率。第一，加大储藏、物流、加工、检测等关键技术和装备的研发力度，增强粮食科技创新能力，以高新技术为着力点，以节能环保技术为切入点，改造和提升传统产业，提高现代化科技水平。第二，强化粮食科技对现代粮食购销、仓储、物流、加工产业跨越发展的支撑作用，推进建立稳定的粮食行业科技创新资金支持机制，加强粮食科技国际合作交流，加快科技成果的转化和推广普及。第三，实施知识产权质押等鼓励创新的金融政策，加强知识产权的创造、运用、保护和管理，完善科技成果评价奖励制度，加强科研诚信建设。

### （5）新型经营体系创新战略

加快构建新型农业经营体系，应以农村基本经营制度为根本，推动承包土地经营权流转，发展多元化的规模经营，加快要素的市场取向改革，营造农业创业和就业环境，以及积极引导工商企业进入农业。第一，坚持和完善农村基本经营制度，要坚定不移地维护农民的土地承包权，尊重农民意愿，切实保护农民的集体资产权益。第二，加快农业组织与制度创新，因地制宜地发展多种形式的适度规模经营。要在严格保护耕地特别是基本农田的同时，积极稳妥地推进土地流转，要按照依法自愿有偿的原则，采取转包、出租、互换、转让、股份合作等多种方式，使土地向种粮大户、种田能手、家庭农场、农民专业合作社流转。第三，要加快要素的市场取向改革，创新体制机制，促进要素更多地向农业农村流动，为新型农业经营主体的发展奠定物质技术和人才基础。第四，投资农业的企业家、返乡务农的农民工、基层创业的大学生和农村内部的带头人是农村新型农业经营主体的主要来源，政府要加大对他们的培育和投入力度，营造农业创业和就业的良好环境，尤其是建立农业职业经理人队伍。第五，引导工商企业规范有序地进入现代农业，鼓励工商企业为农户提供产前、产中、产后服务，壮大社会化服务组织，投资农业农村基础设施建设，但不提倡工商企业大面积、长时间直接租种农户土地，更要防止企业租地"非粮化"甚至"非农化"倾向。

### （6）外向型发展战略

目前我国已成为世界最大的粮食进口国。为促进国内外粮食的互通有无、调剂余缺及资源转换，我国应加强国内外合作，加快实施农业"引进来"和"走出去"战略，分别利用国际和国内两个市场、两种资源，优化资源配置。第一，完善粮食进出口贸易体系，加强政府间合作，与部分重要产粮国建立长期、稳定的农业（粮油）合作关系，更加积极地利用国际农产品市场和农业资源调节国内供需。第二，在保障国内粮食基本自给的前提下，加强进口农产品的规划指导，优化进口来源地布局，有效调剂和补充国内粮食供给，建立稳定可靠的进口粮源保障体系，提高保障国内粮食安全的能力，未来粮食净进口量不应超过国内消费量的 5%。第三，加快实施农业"走出去"战略，扩大对外直接投资规模，培育并支持具有国际竞争力的粮、棉、油等大型企业到境外特别是与周边国家开展互利共赢的农业生产和进出口合作。

### （7）消费节约与引导战略

国情和粮情决定了我们在任何情况下都不能忘记节约粮食，即使在粮食充裕的时候，也没有理由去挥霍浪费，我国在农户储粮、物流运输、餐饮消费三个环节坚持粮食增产与节约的可持续发展战略。在农户储粮方面，粮食部门要加快研制推广适合农户使用的新型储粮装具和新药剂、新技术，通过示范推广的方式引导农民科学储粮。在粮食物流运输方面，各级粮食部门要继续按照《粮食现代物流发展规划》和《粮油仓储设施建设规划》的要求，加快建设粮食现代物流体系，推广散粮运输和先进实用的仓储、装卸、运输技术和装备，提高粮食运输效率，降低粮食物流损失。在餐饮消费环节方面，党和政府在政策、资金、技术、信息、舆情等方面应加强引导，广泛开展以爱粮节粮等为主题的宣传、普及，增强公众爱粮节粮和健康消费的意识，抑制粮油不合理消费，提高居民健康生活和营养水平，促进全社会珍惜粮食、节约粮食风气的根本好转。

### （8）品种决策战略

稻谷、小麦和玉米是我国最重要的谷物品种，三者产量占谷物总产量的85%以上，它们的安全水平直接决定着我国粮食安全的水平。第一，稻谷的战略选择上应着重引导"稳北增南"。着力建设东北平原、长江流域和东南沿海三个优势产区。在稳定南方籼稻生产的基础上，努力恢复双季稻，扩大粳稻种植面积，适度推进东北地区"旱改稻"、在江淮适宜区实行"籼改粳"。第二，小麦的战略选择上应遵循"稳中调优"的原则。重点在黄淮海、长江中下游、西南、西北、东北 5 个优势区大力发展优质专用小麦种植，确保全国小麦播种面积保持稳定。第三，玉米的战略选择上应遵循"两增一稳"的原则。随着我国消费结构升级，玉米将是今后一个时期消费需求增长最快、自给难度最大的主粮品种。受国际贸易环境影响，玉米的进口风险远大于其他农产品。进一步挖掘玉米增产潜力是实现更大程度的自给水平的重要途径。以东北、黄淮海和西北三个优势区为重点，在东北和黄淮海地区推进结构调整，适当扩大玉米的种植面积；在西北积极发展覆膜种植，提高玉米单产，强化饲料用粮的保障。

## 3. 重大工程

围绕重点建设任务，以最急需、最关键、最薄弱的环节和领域为重点，组织实施一批重大工程，全面夯实粮食可持续发展的物质基础。

### （1）高标准农田建设工程

加强高标准农田建设对提高我国粮食综合生产能力作用重大。要以可持续提升全国粮食综合生产能力为目标,因地制宜地加大中低产田改造,力争到2030年建成6700万hm²、每公顷产量达7500kg以上、使用年限达30年以上的高标准粮田。建设内容应分为两部分:一是在土肥条件较好的粮食核心产区,主要提升土壤有机质含量,培肥地力,改善土壤养分结构,逐步提高耕地质量,持续加大建设力度,力争在"十三五"期间建成2700万hm²高标准农田,确保现有粮食主产区稳定增产。二是重点对农业潜力较大的地区进行中低产田改造,通过亩均5000元左右的财政投入开展土地整理改造,在保留耕层熟土、保持土壤质量的前提下,在南方丘陵等地区逐步推进机械化,通过盐碱综合治理,使环渤海地区低产田的综合生产能力提升,在原有单产基础上谷物产量亩均提高100kg左右。

### (2)旱作节水与水肥一体化科技工程

近年来的生产实践表明,我国西北适宜地区实施地膜覆盖、土壤培肥、保护性耕作等旱作农业综合措施,可使粮食产量大幅增加。我国北方旱作区如采用全膜双垄沟播、膜下滴灌等旱作节水技术,可使现有种植的地膜玉米每公顷增产3000kg、露地玉米每公顷增产6000kg,这对稳定北方旱作农区粮食供给、支撑西部养殖业发展、保障国家粮食安全,具有重要的战略意义。建议以膜下滴灌、全膜双垄沟播、农膜回收及梯田建设技术为重点,在生态稳定恢复的情况下,力争使西北地区成为我国粮食生产的重要基地之一。海河流域光热条件良好,农业发展潜力大,若能解决水资源短缺问题,可使谷物单产提高100kg左右,建议实施海河流域水肥一体化科技工程,通过发展现代节水灌溉系统等措施,对作物水肥需求进行有效管理。

### (3)玉米优先增产工程

随着工业化、城镇化快速发展和人民生活水平的不断提高,我国已进入玉米消费快速增长阶段。2010年我国玉米贸易已经发生逆转,而且净进口数量不断增加。从未来发展看,玉米将是我国需求增长最快而且增产潜力最大的粮食品种,抓好玉米生产,就抓住了粮食持续稳定发展的关键。根据玉米供需长期趋势,在坚持立足国内保障基本供给、充分利用国际市场资源的原则下,建议实施玉米优先增产工程。首先,加快培育玉米新品种,通过玉米种质资源引进、挖掘和创新利用,着力培育抗逆、高产、优质、适于密植和机械化作业等具有重大应用价值和自主知识产权的突破性新品种。其次,积极推进机械化,大力推广玉米机械整地和精量播种,推广农机、农艺融合模式化作业,把发展玉米机收作为推进玉米生产全程机械化的重点,组织开展玉米收获关键技术和机具的研发。

### (4)全国农牧结合科技示范工程

目前,我国农业生产存在饲料用粮需求快速增加与秸秆浪费严重、土地肥力逐步下降,以及畜禽粪便污染资源化利用偏低等矛盾,同时存在秸秆焚烧和畜禽废弃物处理不当对生态环境造成严重污染等问题,应尽快实施农牧结合工程,促进种植业和畜牧业的循环发展。一要大力推进三元种植结构,充分发挥饲料作物籽粒和秸秆的双营养作用,建议将农户牧草种植纳入粮食生产优惠政策予以支持，大力推进优质牧草和饲用玉米种植，鼓励南方冬闲田种植牧草，加强饲料青贮窖设施的建设，到 2020 年争取使耕地种植的饲料作物（牧草、青贮玉米等）面积增加一倍，有效缓解国内饲料用粮紧缺状况。二要优化粮田和畜禽养殖场布局，根据土壤肥料需求和吸纳能力，合理控制养殖总体规模，配套建设畜禽养殖场，实行农田和养殖场布局一体化建设。三要对畜禽粪便有机肥的使用实行补助，推广畜禽粪便无害化和资源化利用技术。

### （5）农田生态系统恢复与重建工程

近年来，我国化肥施用量已超过发达国家安全上限的 15% 以上。化肥、农药的不合理使用、农村生活垃圾和污水灌溉等加剧了农业面源污染和农村生态环境的恶化。污水灌溉、工业固体废弃物的不当处置、不合理的矿业生产活动等，造成一些地区严重的土壤重金属污染。应尽快实施农田生态系统保护与重建工程，积极探索农业生态补偿等政策措施，大力推进农业清洁流域建设。首先，采取减量、循环和再利用技术，加强对水土资源的保护，大力发展生态农业与循环农业，充分发挥农田生态系统对氮、磷的吸纳和固定等生态服务功能，减少农业面源污染，提高水土资源可持续发展的综合生产能力。其次，推动采用控源、改土、生物修复、加工去除等综合技术，加大对南方稻作区等的重金属污染的综合治理，促进粮食安全生产和可持续发展。

### （6）粮食重大科技创新工程

我国粮食科技将强化基础研究和科技储备，加强基础研究、应用研究和转化推广，着力突破粮食产业发展的技术瓶颈。首先，以品种培育、耕作栽培、植物保护、土壤培肥为重点，提升粮食基础研究的科技创新水平，保障国家粮食安全。其次，以农机、农艺结合为重点，提升农业机械技术水平，提高农业生产效率；以节本增效为重点，提升循环农业技术水平，促进农业可持续发展；以防控病虫害和应对气象灾害技术为重点，提升农业防灾减灾技术水平。最后，鼓励引导社会力量参与农业科技服务，深入实施科技入户工程，加快重大技术的示范与推广，继续探索农业科技成果进村入户的有效机制和办法，大力发展农村职业教育，完善农民科技培训体系。

# 专题研究报告

# 粮食作物产业可持续发展现状及趋势研究*

粮食是关系国计民生的重要商品。改革开放以来，我国粮食实现了由长期短缺向供求基本平衡的历史性跨越，在城乡居民吃饱吃好吃得营养的膳食结构调整中，粮食内涵发生了重大变化，薯类、豆类逐渐退出主粮序列，稻谷、玉米等谷物需求快速增长。2014年，我国谷物产量占粮食总产量的91.8%，谷物已成为粮食生产发展的主体。在本研究中，粮食的研究范畴遵循国家统计局对粮食的定义，即包括谷物、薯类和豆类，其中谷物包括稻谷、小麦、玉米、高粱、谷子及其他杂粮（如大麦、燕麦、荞麦等）；薯类包括马铃薯和甘薯，不包括芋头和木薯；豆类包括大豆、绿豆和红小豆等。另外，由于谷物供给消费水平是发达国家、国际组织衡量本国或全球食物供求状况的基本指标，因此，除粮食外，本研究还将以谷物为对象，研究我国粮食产业发展和国家粮食安全的核心内容。

# 一、粮食作物产业发展状况

## （一）粮食生产状况分析

出于对粮食自给水平的重视和我国粮食消费刚性增长的客观现实，我国对粮食生产一直极为重视。因此，我国粮食产量和生产水平不断提升，为我国粮食安全水平的提高奠定了坚实的基础。

### 1. 粮食生产不断跨越新台阶

新中国成立以来，我国粮食生产整体呈现出产量大幅上升、播种面积基本稳定和单产不断提高的趋势（图1.1），粮食产量从1949年的11 318万t上升到了2014年的60 709.9万t。从生产角度看，新中国成立以来，中国粮食产业发展大致可以分为5个阶段。

第一阶段为1949~1958年，是我国粮食产量跨越2亿t的阶段。这一时期粮食增产主要是由于播种面积的增加。在这10年间，由于土地改革和战后恢复性生产等，我国粮食的播种面积增加了16.06%，拉动了我国粮食产量向2亿t接近。第二阶段为1959~1977年，是我国粮食产量跨越3亿t的阶段。这一时期，我国粮食产量虽然总体

* 主持人：王济民、王秀东。
主笔人：王燕明、宋莉莉、张琳、胡志全、杨东群。

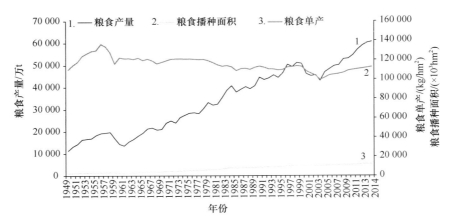

图 1.1　我国粮食产量、播种面积和单产变动图（1949~2014 年）
根据《新中国六十年统计资料汇编》《中国统计年鉴 2014》资料计算

呈现增长趋势，但是由于受政治和气候等因素的影响，这一阶段的粮食生产出现了非常明显的波动，增产速度较慢。第三阶段为 1978~1984 年，是我国粮食产量跨越 4 亿 t 的阶段。在这一阶段，得益于家庭联产承包责任制，我国粮食生产能力得到了极大的释放，仅 6 年时间粮食产量就增加 1 亿 t，年均增长率达到 4.95%。第四阶段为 1985~1996 年，是我国粮食产量跨越 5 亿 t 的阶段。这一时期，技术水平的提高拉动了我国粮食单产水平的明显增长，带动了我国粮食产量的增加。第五阶段为 1997 年至今，是我国粮食产量跨越 6 亿 t 的阶段。这一时期，我国粮食产量呈现徘徊上升趋势，单产增长变慢，粮食总产在 5 亿 t 上下波动。其中，1999~2003 年出现了新中国成立以来史无前例的粮食总产"五连跌"，下跌幅度达到 15.28%；在随后的 2004~2008 年，在"五连跌"的教训下，我国开始出台各种政策支持鼓励粮食生产，粮食总产量实现了恢复性增长，2008 年粮食产量达到了下跌前（1998 年）的水平；之后的 2009~2014 年，我国粮食产量才出现了新的稳定增长。

可以看出，虽然我国出现了粮食"十一连增"的乐观情况，但是，事实上，其中有相当一部分的增产属于"恢复性增产"。也就是说，1998~2014 年的粮食年均增长率仅为 1.07%，远低于 1949~1958 年的 6.3% 和 1978~1984 年的 4.95%。这一阶段粮食增产速度放缓的主要原因是"技术天花板效应"导致的粮食单产水平的提高速度受限，总产量随着播种面积的减少或恢复而波动。这一阶段的增产本质与 1949~1958 年（因面积扩大而增产）、1978~1984 年（因制度改革而增产）及 1985~1996 年（因单产增加而增产）有很大的不同，这一阶段的增产是在播种面积面临约束、粮食单产增加空间有限的双重压力下实现的。

## 2. 播种面积波动中略有上升

从播种面积来看，30 多年来，我国粮食总播种面积波动中有微小的增加（图 1.2）。从总体上看，播种面积的变化情况可以分为三个阶段，第一个阶段是在 1999 年之前，播种面积相对稳定，基本保持在 8000 万 hm² 以上，于 1999 年达到最高点 8604 万 hm²。第二个阶段是 1999~2003 年，粮食播种面积出现了较为明显的下滑，这主要是由于自然灾害的发生、农业种植结构的调整，以及粮食价格低迷引起的其他作物对粮食播种面积的挤占。2003 年，我国粮食播种面积一度跌落到 7257 万 hm²，为历史最低水平。第三个阶段为 2003 年至今，播种面积在经历了 2003 年的最低点后，受粮食生产支持政策、粮食价格升高和需求拉动的刺激，粮食播种面积开始缓慢平稳上升。2014 年，我国粮食播种面积达到 11 273.83 万 hm²。

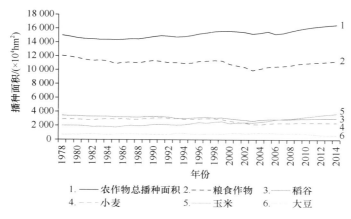

图 1.2　我国粮食作物播种面积变动图（1978~2013 年）
根据《新中国六十年统计资料汇编》《中国统计年鉴 2014》资料计算

但是，考察粮食播种面积占农作物播种面积的关系则会发现，在粮食播种面积扩大的同时，其占农作物播种面积的比例整体呈现出了较为明显的下降趋势（图 1.3）。自 1978 年以来，我国的粮食播种面积在农作物播种面积中所占的比例在波动中逐渐下降，于 2003 年降到历史最低点（65.22%）。受该年份粮食大幅减产的警示，在此之后，我国政府对粮食生产更加重视，出台了一系列鼓励粮食生产的政策，包括最低收购价和粮食直补等。这些政策刺激了农民的种粮积极性，我国粮食播种面积有了一定的回升，

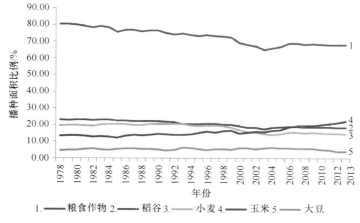

图 1.3　各粮食作物播种面积比例变动图（1978~2013 年）
根据《新中国六十年统计资料汇编》《中国统计年鉴 2014》资料计算

但仍低于改革开放之初的水平。2013 年，我国粮食播种面积占农作物播种面积的68.01%，比 1978 年降低了 12 个百分点。

从不同作物品种来看，稻谷的播种面积呈现出先下降后上升的波动趋势，但波动幅度较小。2014 年，我国稻谷播种面积达到 3030.92 万 hm²，基本达到 1996 年的峰值水平（3140.7 万 hm²）。稻谷播种面积占农作物播种面积的比例变动情况与粮食基本一致，即波动中缓慢下降。小麦的播种面积也出现了逐步下降的趋势，从 1978 年的2918.3 万 hm² 下降到 2014 年的 2406.39 万 hm²，但下降幅度并不明显。三大作物中，只有玉米的播种面积呈现出较为稳定的上升趋势，除了播种面积在 20 世纪初有轻微波动外，我国的玉米播种面积稳步上升，到 2014 年达到 3707.61 万 hm²，比 1978 年增加了85.74%。我国大豆播种面积的变化并不具有明显的一致趋势，播种面积一直在较低的水平（600 万~1000 万 hm²）上波动。这在很大程度上是由于大豆的食用比例较低，更多的是作为油料或饲料使用，播种面积缺乏稳定机制，由国际和国内市场供求情况决定。

### 3. 粮食总产和单产增长趋势明显

#### （1）粮食总产在波动中上升

整体来看，我国粮食总产虽然出现过几次大幅波动，但是增长趋势明显。2014 年年底的粮食总产为 60 709.9 万 t，比 1978 年几乎翻了一番。从产量波动情况来看，1978~1996年，我国的粮食产量呈现出"小波动、大上升"的态势，即波动幅度不大，呈现出较为坚挺的上升趋势。这一时期的产量上升和生产能力的提高为我国粮食生产的进一步发展奠定了坚实的基础，确保了今后粮食生产在面临风险和波动的情况下能够基本满足人民的生活需求。而 1997~2003 年，我国粮食产量则出现了连续的下跌，2003 年粮食产量甚至低于1990 年的水平。这主要是由于制度对增产的拉动力已经几乎释放完毕，粮食受到了经济作物的竞争，播种面积大幅减少。2004 年至今，对粮食生产的重视和各种补贴政策的出台刺激了粮食生产的持续上升，粮食产量出现了历史性的"十一连增"（图 1.4）。

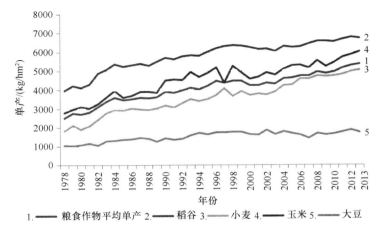

图 1.4　我国粮食及各作物总产量变动情况（1978~2013 年）

根据《新中国六十年统计资料汇编》《中国统计年鉴 2014》资料计算

考察粮食产量年度变化率可以发现，2003 年以前，我国粮食产量的年度变化率波动明显，而且出现了多次产量的负增长。同时，每次较大幅度的负增长后，都需要 2~3 年或者更长的时间来恢复（图 1.5）。这说明，在这一时期，我国的粮食生产能力还很脆弱，容易受到不确定性因素的影响。但是，从 2004 年开始，我国粮食产量年度变动率振幅逐渐缩小并趋于平稳。这在很大程度上是由于我国的粮食生产科技水平提高，以及支持政策逐渐增多并具有了连贯性，能够在一定程度上帮助农民规避风险，稳定他们的种粮信心和对市场的预期，刺激他们的种粮积极性。从我国粮食总产量的年度变化率可以推测，我国粮食生产受到科技水平提升和政策支持力度变大，以及资源约束趋紧、传统的制度和科技增产能力释放完毕的正反两方面影响，其波动性逐渐减弱，大幅增产或减产的可能性降低。

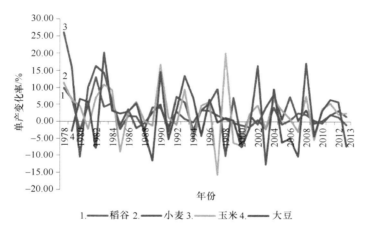

图 1.5　我国粮食产量年度变动率（1978~2014 年）

根据《新中国六十年统计资料汇编》《中国统计年鉴 2014》资料计算

### （2）粮食单产水平稳步提升

通过以上分析可以看出，我国粮食总产量在播种面积基本稳定的趋势下仍然能保持增长，粮食单产的提高起到的重要作用不容忽视。图 1.6 和图 1.7 分别显示了 1978 年以来我国粮食单产和单产变动率的情况，从图中可以得出以下两点。

第一，我国粮食的平均单产增长趋势明显，2014 年粮食单产达到 5385kg/hm$^2$，为 1978 年的 2.1 倍。这与我国农业科技进步水平的不断提高、农业技术推广体系的完善和农业基础设施的逐步改善是密切相关的。

第二，我国粮食单产增速放缓，短期内难以出现大幅度的提高。2003~2007 年，我国粮食作物稻谷、小麦和玉米的年均单产增幅分别为 2.3%、1.5%、4.0% 和 1.8%，而 2008~2013 年期间，年均增速分别为 1.7%、0.5%、1.2% 和 1.6%，都呈现下滑趋向。

考察不同粮食作物的单产变化趋势得出，稻谷的单产水平最高，远远高于其他三类粮食作物；小麦单产的年均增长速度最快，1978~2013 年小麦的年均增长速度达到 2.92%，远高于稻谷的 1.51%、玉米的 2.21% 和大豆的 1.46%。如果考察不同粮食作物的年度单产变动率（图 1.7），则可以发现，玉米和大豆的单产变动率振幅最大，其次是小

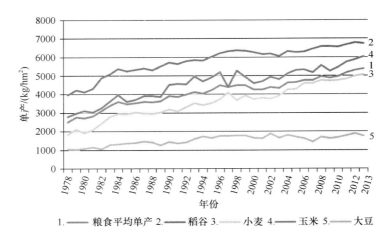

图 1.6　我国粮食平均、稻谷、小麦、玉米及大豆单产变动图（1978~2013 年）

资料来源：根据国家统计局资料计算

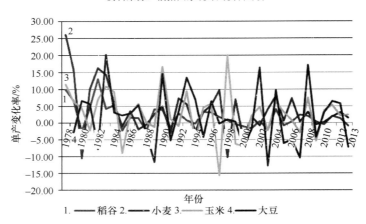

图 1.7　我国稻谷、小麦、玉米和大豆的单产变动率（1978~2013 年）

资料来源：根据国家统计局资料计算

麦，稻谷的单产变动率最为平缓。这主要是因为 20 世纪 90 年代以来，稻谷和小麦成为我国主要的粮食产品，消费量和生产量都较高，对它们的科技研究也相对普遍，增产技术成果更为丰富，推广应用受到了更多的重视，单产量也更加稳定。由于近年来玉米的饲料用粮和工业用粮的消费需求增加，研究人员对玉米生产技术更加重视，稳定了玉米单产，减弱了玉米单产变动率的振幅。

### 4. 品种结构变动较大

从整体来看，我国各粮食作物的产量和播种面积都有增加，但是，30 年间，不同作物产量和播种面积的比例仍出现了明显变化。从图 1.3 和图 1.4 可以看出，不论是从播种面积还是从产量上看，玉米后来居上，已成为我国第一大作物，而稻谷所占比例则有所降低。另外，从图 1.3 和图 1.4 还可以看出，不同阶段拉动我国粮食增产的作物品种不同。20 世纪 90 年代，稻谷增产能力较强，是我国粮食增产的主要拉动力。进入 21 世纪后，玉米播种面积在 2002 年超过小麦，2007 年超过稻谷，总产量在 2012 年超过稻谷，成为第一大粮食作物，也成为粮食"十连增"和粮食产量成功跨越 6 亿 t 的主要动力。从图 1.3 中还可以发现，三大谷物占粮食总量的比例很高，直接决定了我国粮食的供给水平。2013 年三大谷物播种面积占粮食总播种面积的 81.06%，总产量占 90.38%，达到历史最高水平。

### 5. 生产布局发生明显改变

根据农业自然资源、生产条件、技术水平和增产潜力等因素，将我国划分为南方、北方和西部三部分*进行考察。整体来看，我国的粮食区域布局在过去的 30 年间发生了以下两点重要变化。

第一，我国的粮食生产中心逐渐北移，北方省份承担了更多的粮食安全保障责任。在改革开放之初，南方因光热、水土、气候等资源优势，粮食产量占全国总产量的 40% 以上；而西部由于水土资源相对贫瘠，粮食产量仅占全国总产量的 1/4 左右。但是，随着南方工业化和城镇化的推进，其土地资源、水资源和人力资源等更多地向二三产业倾斜，因此，南方省份粮食产量在全国粮食产量中所占的比例越来越小，目前已不足 30%，而北方各省份则承担了更多的粮食生产任务，粮食生产能力不断提高，在全国粮食产量中所占的比例也不断提高。2013 年，北方粮食产量占全国粮食产量的 47.18% 以上（图 1.8）。

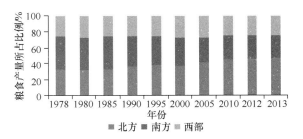

图 1.8　北方、南北和西部粮食产量所占比例变动图（1978~2013 年）（彩图请扫描文后末页二维码阅读）
资料来源：根据国家统计局资料计算

第二，我国的粮食生产集聚效应更加明显，主产区粮食生产能力越来越强。粮食主产区的粮食产量增长明显，在粮食产量中所占的比例也最大，1978~2013 年，我国 13 个粮食主产区生产了全国 70%~75% 的粮食。近 10 年来，我国粮食的增产基本都源于主产区。平衡区粮食产量有所增加，但所占比例变化不大，1978~2013 年，平衡区粮食产量翻了一番，但所占比例基本保持在 16%~18%。粮食生产区域变化最大的是粮食主销区，其粮食产量降低，在全国粮食产量中所占的比例越来越小。到 2013 年，主销区粮

*北方是指黑龙江、吉林、辽宁、山东、河北、内蒙古、河南 7 个粮食主产省（区）和北京、天津 2 个主销区。南方是指湖南、湖北、江西、安徽、江苏 5 个粮食主产省和上海、广东、浙江、海南、福建 5 个主销区。西部包括宁夏、甘肃、西藏、新疆、山西、陕西、青海、云南、广西、贵州、重庆 11 个粮食平衡区和四川 1 个粮食主产省。

食生产所占的比例仅为 5.4%，与 1978 年相比下跌了近 10 个百分点（图 1.9）。

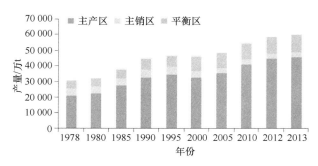

图 1.9　粮食主产区、主销区和平衡区粮食产量变动图（1978~2013 年）
资料来源：根据国家统计局资料计算

## （二）粮食消费状况分析

### 1. 整体趋势

#### （1）消费数量呈现平稳上升趋势

作为生活必需品，粮食具有较强的不可替代性，需求弹性很小。粮食消费总量的增加主要来源于人口增加和居民消费结构变化引起的刚性需求增加。

通过考察总消费量可以发现，我国谷物的总消费量波动幅度不大，增长趋势明显，1978~2012 年谷物消费量增长了 95.81%。我国谷物消费量在 1981~1984 年和 1992~1996年出现过两次速度较快的增长。这两个阶段的平均增长率分别达到了 5.82% 和 3.59%，远远高于 1978~2012 年的平均增长率（1.96%）。对比这两个阶段的人均消费量的变动趋势可以发现，两者具有较为一致的变动趋势（图 1.10）。可以推测，这两个阶段谷物消费量的突然上升是由人均谷物消费量的上升引起的。通过考察人均消费量可以发现，1978~2012 年，我国粮食的人均消费量增长了 39.20%，远低于总消费量的增长幅度。因此可以判断，我国粮食消费量的整体增长更多地受到了人口增长的影响。

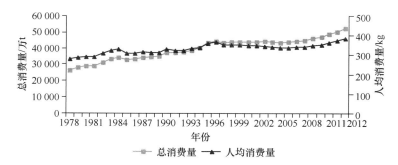

图 1.10　我国谷物消费总量和人均消费量变动图（1978~2012 年）
资料来源：根据国家统计局、中华粮网及 FAO 数据库资料计算

### （2）不同消费用途变化趋势差异较大

从用途上看，我国谷物消费主要包括口粮消费、饲料用粮消费、工业用粮消费和加工消费。图 1.11 显示了 1978~2012 年我国不同消费类型的谷物消费变动情况。整体来看，口粮消费所占比例最大，饲料用粮消费增长速度最快，其他消费类型所占比例较小。

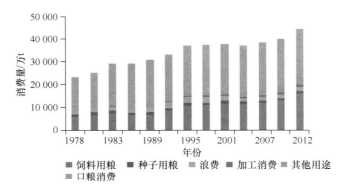

图 1.11　我国谷物消费用途变动图（1978~2012 年）（彩图请扫描文后末页二维码阅读）
资料来源：根据国家统计局、中华粮网及 FAO 数据库资料计算

虽然消费量所占比例最大的是口粮，但其近年来有逐渐减少的趋势。具体来看，口粮消费量经历了先增加再减少的过程。1978~1996 年，随着我国粮食供给的增加，口粮的需求完全转化为口粮消费，口粮消费量迅速增加，并于 1996 年达到峰值（21 376.2 万 t）。此后，由于居民生活水平的提高，越来越多地摄入蛋白质性食物，因此我国口粮消费量逐渐减少，在谷物消费中所占的比例也迅速降低。2012 年，我国口粮消费量占谷物总消费量的 47.51%，比 1985 年的峰值（66.21%）降低了 18.7 个百分点。从图 1.12 可以看出，稻谷是我国口粮的主要消费品种，其所占比例基本保持在 50% 左右。其次是小麦，在口粮消费中的比例虽然有一定波动，但也基本保持在 40% 左右。另外，口粮消费中还有少量的玉米和其他小杂粮，随着居民生活水平的提高和种植结构的改变，小杂粮的消费比例越来越小。

图 1.12　各类粮食作物在口粮消费中所占的比例
资料来源：根据国家统计局、中华粮网及 FAO 数据库资料计算

消费增长速度最快的是饲料用粮，其消费量呈现出明显的上升趋势。2012 年，我国饲料用粮消费量约为 16 103 万 t，比 1978 年翻了一番。这说明，随着我国居民对动物性食品消费量的增加，作为引致需求的饲料用粮消费量也不断增加。值得注意的是，虽然饲料用粮在谷物消费中所占的比例呈上升的趋势，但是上升幅度并不大，2012 年饲料用粮消费量占谷物消费量的比例（36.10%）比 1978 年（25.48%）上升了约 10 个百分点。

另外一个不容忽视的消费途径就是粮食的浪费，其中包括储存浪费、加工浪费和餐桌浪费。其中，由于缺少科学的储存技术和完备的储存设施，我国农户家庭粮食储存平均损失率高达 5%~8%，全国每年因此损失粮食 110 亿~175 亿 kg。餐桌浪费量同样不容忽视，据估计，我国 2007~2008 年仅餐桌浪费的食物蛋白质就达 800 万 t，相当于 2.6 亿人一年的所需；浪费脂肪 300 万 t，相当于 1.3 亿人一年所需。

### （3）人口增加、工业化和城镇化发展带动粮食消费激增

第一，人口增加带动粮食消费数量增加、结构升级。

人口数量的上升是拉动粮食消费量增加的最直接动力。虽然我国已基本消灭了饥饿问题，粮食供求实现了基本的平衡。但是，人口增长仍然是我国粮食消费的巨大拉动力。从 1949 年新中国成立初期的 5.4 亿人到 2013 年末的 13.6 亿人，我国人口增长了 1.5 倍。虽然我国人口的增长量和增长速度在 20 世纪 80 年代后期达到顶峰后开始回落，出现了稳步降低的趋势，但我国人口总量的增加趋势依然很明显。即使不考虑粮食消费结构的变化，每年净增人口的粮食消费量都是一个相当大的数字。另外，随着居民生活水平的提高和健康意识的提高，城镇居民的人均口粮消费量在连续几年的下降后开始逐步回升。这意味着居民口粮的消费量不会一直减少，口粮增加对消费依然存在潜在的拉动力。另外，考虑到我国目前仍有部分处于营养不良甚至饥饿中的人口，彻底解决他们的吃饭问题也是我国粮食安全面临的任务，虽然这部分需求量并不突出，但也是拉动粮食需求量增加的一个重要部分。

人口对粮食需求的影响不仅来自于数量的增加，还来自于人口结构的变化。从产业分工来看，工业化的发展和服务业的壮大，使得二三产业就业人口的数量不断增加，农业就业人口的数量和比例不断减少。这意味着粮食生产者数量的减少和消费者数量的增加，即我国居民对商品粮的需求数量将会在未来的几年加速增加。从区域布局来看，人口结构变化的另一个特征就是城镇人口比例增加而农村人口减少，转移到城镇的人口不仅引起商品粮需求的增加，还会在消费结构上逐渐与城镇人口趋同，即口粮的消费量减少而肉、蛋、奶的消费量增加，这也会给我国粮食需求，特别是饲料用粮需求带来重要影响。

第二，城镇化发展拉动膳食结构升级，改变粮食消费格局。

我国不仅在生产方面存在城乡二元结构，在消费方面也存在明显的城乡二元结构，城乡居民在口粮、畜产品及水产品的消费上有非常明显的差异。城镇居民更倾向于选择肉、蛋、奶等动物性蛋白较多的膳食消费模式。作为生活习惯的重要组成部分，饮食结构会对转移到城市的农村人口产生重大影响。它会使部分新进入城市的农村居民选择与城镇居民趋同的消费结构，即口粮消费量减少，而肉、蛋、奶等畜产品和其他副食消费比例扩大。这种食物消费结构的变化对粮食总需求具有长期的显著影响。其直接结果就

是口粮消费减少而饲料用粮消费增加，从而引起粮食消费量的迅速飙升。据统计，目前，我国饲料用粮消费在整个谷物消费中的比例已达 60% 以上，而城镇化率每增加一个百分点，粮食消费量将增加 500 万 t。而饲料用粮消费的增加将带动蛋白质型饲料和能量型饲料需求的增加。这就意味着我国的玉米，特别是青贮玉米的需求量和豆粕及豆饼的需求量还会进一步增加。目前，玉米占饲料用粮消费总量的 60%~65%，豆粕占饲料用粮消费总量的 15%~20%，稻谷占饲料用粮消费总量的 5%~10%，小麦占饲料用粮消费总量的 5%~10%，薯类和其他杂粮占饲料用粮消费总量的 5%~10%。可见，随着城镇化水平的提高，饲料用粮占粮食消费的比例，以及玉米消费占粮食消费总量的比例都越来越大。由此可见，饲料用粮需求已成为我国粮食消费中的重点。解决饲料用粮的需求问题，尤其是饲料用粮中玉米的需求问题将是保障我国粮食安全面临的重要任务。

城镇化发展不仅拉动我国粮食消费结构，还影响了粮食消费格局。从口粮来看，我国东南沿海地区、华南地区、京津地区由于城镇化水平高、人口密度大，商品粮需求量很大，成为了我国粮食产品的净输入区，而东北地区和长江中下游地区则是我国口粮的净输出区。但是，饲料用粮的消费情况与口粮存在较大的差别。目前，我国饲料用粮主要输出区为东北地区和黄淮海地区，而长江中下游地区则是我国饲料用粮的主要输入区。这是因为，我国南方一些畜牧业较为发达的省份并不是玉米和大豆等主要饲料作物的主产区。因此，除依靠进口的部分外，南方部分省份的饲料用粮只有依靠北方粮食的调运，这种情况正是我国"北粮南运"粮食流通格局的重要动因。目前，随着畜牧业规模经济的进一步发展，已经具有养殖业规模优势的省份更容易因"涓滴效应"而继续扩大规模，因此，照目前的情况来看，如果我国粮食产业和畜牧业格局不出现重大改善，"北粮南运"的情况短期内不会改变。

第三，工业化发展带动工业用粮消费增加。

我国的工业用粮从用途上主要分为三部分：首先是生物制药和食品工业等工业部门的用粮。随着生活水平的提高和可支配收入的增加，居民对食物多样性的需求增加，对加工食品的需求也越来越多，由此看来，我国食品加工业还有较大的发展潜力，对粮食的需求也会进一步扩大。而生物制药产业中，将大量的玉米投入培养基的制作中，也是我国工业用粮消费的重要组成部分。其次是纺织、化工、味精、啤酒和白酒等工业部门的用粮。这些部门属于传统的工业用粮部门，虽然总体的需求量不会在短期内发生明显的变化，但是这些工业由于基础较好、市场需求稳定，仍具有较大的发展空间。最后还包括新兴的生物乙醇制造用粮。虽然目前我国生物能源生产使用的主要是陈化粮或非粮食作物，并且确定了生物能源的开发要遵循"不与人争粮、不与粮争地"的原则。但是，从中长期来看，我国工业用粮的消费需求仍将快速增长。整体来看，随着我国近年来经济的增长和工业化进程的加快，我国工业用粮涉及的范围较广，涉及的粮食品种较多，在粮食总需求中的份额一直呈现上升趋势，仅次于饲料用粮和居民口粮。从目前的发展趋势看，我国的工业用粮需求还会逐年增加，据有关资料显示，到 2015 年其数值将突破 6000 万 t。

### （4）收入增加带动膳食改善性消费增加

粮食和其他食品的消费行为，实质就是在一定的预算约束下各种可能组合的集合。

随着国民经济的增长，我国居民的可支配收入不断增加，意味着食品消费的预算约束曲线外移，能够消费的食品数量自然就更多，对粮食的需求也会随之增加。由于口粮需求的收入弹性较小，在满足温饱以后，收入的增加对于口粮的需求不会产生明显的影响。同时，由于畜产品和水产品需求对收入的变化更加敏感，因此，收入提高改变更多的将是食物的消费结构。具体而言，随着收入的增长，增长的收入首先用于满足在低收入水平时尚未满足的食物需要，主要为谷物、油脂类等。在达到中等收入时，则开始改善食物质量，增加动物性食品的消费量（肉、蛋、奶类）。之后，随着收入的继续增加，则开始注重摄入食物的健康性，在副食品消费中向"一多"（多维生素）、"二高"（高蛋白、高能量）、"三低"（低脂肪、低胆固醇、低糖盐）方向发展，一些低脂肪、高蛋白、营养丰富的牛羊肉、瘦肉等消费大增。

首先，根据国际经验，收入增加将会带来食品消费中的改善性投资增加，即将增加的收入用于提高高档食品，增加动物性食品消费量，减少口粮消费量。根据FAO统计分析，人均肉类消费与人均国民生产总值（GDP）关系密切，在收入水平较低的国家，收入增加极大地促进了畜产品消费量的增长。国际经验表明，人均国民生产总值在1000美元和3000美元之间时，食品消费开始注重质量，追求食品的营养与安全，而我国在2003年人均国民生产总值就达到了1000美元，目前正处于食物消费水平和消费结构的重要变动时期。由此看来，我国的收入水平对粮食消费的影响还将继续下去。另外，关于粮食消费量和人均收入水平的研究表明，1978年以来，我国人均国民生产总值每提高10%，粮食的间接消费量就增加430万t。研究我国粮食间接消费与人均国民生产总值的弹性分析后可以发现，随着人均收入水平的提高，粮食间接消费弹性值不断上升。也就是说，随着人均国民生产总值的增加，粮食间接消费需求的增长越来越快。

其次，随着居民收入水平的提高和对饮食健康的追求，城乡居民的消费结构将逐渐向多元化发展，果蔬类农产品的需求将会增加。而这些经济作物需求的增加将会挤占我国粮食生产所需的耕地、水和劳动力资源，给我国粮食生产带来压力。由此可以看出，收入水平的增加，将会给我国粮食安全带来双重压力。

最后，随着收入水平的增长，粮食消费支出在收入中所占的比例越来越小，居民对粮食价格更加不敏感，人们的食物消费需求从追求数量向追求质量转变，越来越重视食物质量安全，对高质量产品消费需求不断增长。一方面，消费者越来越倾向于消费绿色、有机的粮食产品，对粮食安全生产的重视程度增加。另一方面，收入水平的提高也使我国居民对粮食的口感和品质要求提高，消费者愿意在更高的价格水平上购买口感更好的粮食产品。

### 2. 品种消费特征

虽然各类粮食作物的消费量都呈现出了增长的趋势，但是，各类粮食作物所面临的需求形势有较大的差别，以下将分别分析我国四大谷物的需求情况及主要消费用途，以期摸清我国粮食消费的品种特征。

### （1）稻谷

我国稻谷的消费构成主要包括口粮消费、饲料用粮消费、工业消费、种子消费和储运损耗。一般来说，在我国稻谷消费构成中，口粮占 85%左右，饲料用粮为 6%~8%，工业、种子和贮运损耗为 7%~9%。其中，早籼稻消费用途最多，可以用作口粮、饲料用粮、工业用粮和种子用粮等；中晚籼稻和粳稻主要用作口粮，其他用途较少。

近年来我国稻谷消费趋势总体呈现以下几个显著特点：一是消费总量稳定增长。综合国家粮油信息中心、郑州粮食批发市场等机构的预测结果，2013 年国内稻谷消费总量达到 20 033 万 t，比 1980 年的 13 000 万 t 增加了 7000 多万 t，增幅高达 54.1%。其中，食用消费 16 845 万 t，占 84.1%；饲料消费 1545 万 t，占 7.7%；工业用粮 1335 万 t，占 6.7%。二是口粮消费粳稻化趋势明显。20 世纪 80 年代我国稻谷种植基本上是籼稻。随着居民生活水平的提高，人们对粳米的消费偏好增加。特别是进入 20 世纪 90 年代以后，北方居民"面改米"和南方居民"籼米改粳米"，使粳米消费不断增加。据测算，近 20 年粳米人均年消费量从 17.5kg 增加到 30kg 以上，人均消费量每年增长 0.5kg 以上。1980~2012 年，我国粳米产量在稻谷总产量中所占比例由 10.8%增至 32.5%，籼米产量所占比例由 89.2%降至 67.5%。三是饲料用粮和工业用粮有所增加。饲料用粮消费主要是指早稻，占全部稻谷饲料用粮的 60%左右。从发展趋势看，早稻的口粮需求逐年减少，饲料用粮和工业用粮逐年增加。与小麦、玉米和大豆相比较，工业生产中用稻谷作为初级原料的非常少，但是近年来也呈逐年增加的趋势，尤其是早籼稻。稻谷的工业用粮中有 90%以上是早稻，主要用作生产米粉、啤酒和糖浆等。四是种子消费和贮运损耗逐年减少。随着农业科技的进步和优良品种的更新换代，单位用种量呈逐年减少的趋势。贮运损耗也会随着贮藏、运输技术的进步而逐年减少，一般估算为总量的 3%~5%。

影响我国稻谷消费的关键因素主要有以下四点：第一，人口刚性增长促进稻谷消费增加。我国人口基数庞大，随着我国进入人口数量最多的时期，人口的增长必然导致稻谷需求总量持续增长。2012 年，我国总人口达到 135 404 万人，比 1990 年增加 21 071 万人，年均增加 950 多万人。仅这一项，按照人均消费 100kg 稻谷测算，年均净增加稻谷消费 95 万 t。第二，稻谷消费的区域结构变化可能增加稻谷消费。北方部分地区"面改米"消费习惯的改变在一定程度上增加了对稻谷的消费，特别是我国稻谷消费的区域性特征明显，稻谷消费量较大的 18 个省（市、区）有 15 个在南方，其余是东北三省，稻谷消费量共占全国稻谷消费量的 95%以上，而从区域性人口增长情况看，南方经济发达地区人口增速要明显快于北方，也就是稻谷消费主要地区的人口增长率较高，也可能增加我国稻谷消费量。第三，人均口粮消费减少。随着居民消费习惯和膳食结构的不断调整，人均口粮消费总体将呈下降趋势。特别是从稻谷消费的城乡区别看，农村居民粮食和稻谷的人均直接消费量均显著大于城镇居民。而我国城镇化趋势明显，城镇人口已经从 1990 年的 30 195 万人增加至 2012 年的 71 182 万人，年均增长 6.2%。城镇化水平的提高，将在一定程度上减少居民稻谷口粮消费，增加饲料用粮消费。第四，人口老龄化可能减少稻谷口粮消费。全国 65 岁以上人口已经从 1990 年的 6368 万人增加到 2012 年的 12 714 万人，占总人口的比例提高了 3.8 个百分点。综上所述，未来我国稻谷消费保持稳定略增的可能性较大。

### （2）小麦

20 世纪 90 年代以来，中国小麦消费量持续增长，2012 年达到 12 670 万 t，比 1992 年增长 22.66%。其中食用消费、饲用消费、工业消费、种子用量和损耗分别为 8400 万 t、2300 万 t、1200 万 t、470 万 t 和 300 万 t。

近年来我国小麦消费趋势总体呈现以下几个显著特点：第一，消费总量经历了"上升—下降—再上升"的过程。中国是世界上最大的小麦生产国和消费国，随着中国人口增长及城乡居民收入水平的提高，小麦消费量由 1992 年的 10 329 万 t 增加到 2000 年的 10 920 万 t，这一消费量是当时历史最高值；随后从 2001 年开始小麦消费量迅速下降，到 2005 年下降至 9852 万 t，年均下降 1.88%；2006 年之后，小麦消费量明显增长，2012 年小麦消费量已达到 12 670 万 t。第二，直接消费下降，间接消费上升。1992 年以来中国小麦消费表现出新的变化特点：一是直接消费总量从 1998 年开始下降。1992 年中国小麦直接消费量为 9000 万 t，之后逐年稳步增长，到 1998 年达到最高的 9500 万 t，年均增长 0.91%，随后缓慢下降，到 2012 年下降为 8400 万 t，年均下降 0.86%；二是直接消费量占总消费量的比例从 1994 年开始下降。1994 年中国小麦直接消费量占总消费量的 87.86%，之后呈明显下降趋势，到 2012 年已下降为 66.3%；三是间接消费总量和比例呈波动上升趋势，间接消费量从 1992 年的 1329 万 t 增加到 2012 年的 4270 万 t，年均增长 6%，占总消费量的比例也由 12.87% 增加到 33.7%。第三，消费结构变化显著，主要用途消费比例增减不一。在小麦消费结构中，口粮、种子和损耗消费所占比例下降，饲用和工业消费所占比例稳步提高，尤其是饲用消费增长最快。2005 年以后，小麦口粮消费比例迅速下降，由 2005 年的 88.3% 下降到 2012 年的 66.3%，下降了 22 个百分点；种子及损耗消费比例也有所下降，由 2005 年的 7.0% 下降到 2012 年的 6.08%，下降了 0.92 个百分点；饲用和工业消费比例快速上升，由 2005 年的 2.0% 和 2.6%，分别上升到 2012 年的 18.15% 和 9.47%，分别上升了 16.15 个百分点和 6.87 个百分点。小麦口粮消费呈下降趋势主要是由于随着居民生活水平的不断提高，人均面粉消费量有所下降，而饲用消费显著增长不仅取决于畜牧业的快速发展，同时还受到小麦与玉米比价关系的影响，近年来国内玉米价格快速上涨，小麦与玉米价格出现倒挂，小麦替代玉米用作饲料的消费量显著增加。工业消费增加主要是受居民生活水平提高、科技进步和加工产品拓宽的影响，小麦淀粉、谷朊粉、酿酒、工业乙醇、调味品等产品的消费量不断增长。第四，居民人均消费量下降。20 世纪 90 年代以来，中国居民人均小麦消费量基本呈下降趋势。1995 年中国城乡居民人均小麦消费量分别为 69.05kg 和 81.11kg，2010 年分别下降为 55.32kg 和 57.52kg，分别下降 19.9% 和 29.1%。其中 1995~2000 年，中国城镇居民人均小麦消费量下降幅度较大，年均下降 2.4%，而 2001~2010 年年均下降 1.7%；1995~2000 年，农村居民人均小麦消费量下降速度较慢，年均下降 0.2%，而 2001~2010 年下降速度加快，年均下降 3.2%。

除了人口增加、城镇化进程加速等共性因素外，影响我国小麦消费的因素还涉及收入水平提高引起小麦消费先降后升，居民收入增加带动小麦消费出现先下降后上升的变化，居民收入增加引起食品消费结构发生改变，主食消费减少，肉、禽、蛋、奶等副食消费增加，小麦消费量减少；而且，收入增加使居民对食品精细化、方便化和口感好的要求提高，对面包、饼干、方便面等食品需求增加带动了能够增加其口感和品质的优质强筋小麦的消费。

**（3）玉米**

由于玉米多种用途的开发，我国玉米的消费量整体呈现出非常迅速的上升趋势。1978~2012 年，我国玉米消费量年均增长率达到 3.5%。其消费量在 1995 年超过小麦，在 2002 年超过稻谷，成为了我国消费量最大的粮食作物，2012 年，玉米消费量占谷物消费总量的比例达到 35.96%。

近年来我国玉米消费趋势总体呈现以下几个显著特点：第一，玉米消费快速增长，主要为饲料和工业消费，食用和种子消费比率较小且基本稳定。我国是玉米消费大国，2012 年消费量为 19 100.6 万 t，位于世界玉米消费的第二位，仅次于美国。目前，我国玉米消费主要用于饲料、工业、食用和种子。20 世纪 80 年代以前，我国玉米饲料消费量较低，之后快速增长，2003 年消费量达到峰值，占玉米消费总量的 76.6%。从 2004 年起在世界范围内出现寻求替代能源的热潮，刺激了我国玉米加工业的发展，玉米加工量年增长在 20% 以上，年增加玉米消费量 300 万 t，2010 年国内工业消费量占消费总量的 26.22%，导致饲料消费开始回落，饲料消费量占总消费量的比例下降到 62.60%，但消费总量仍然呈现逐年上升势头，2012 年达到 12 040 万 t。玉米食用消费和种子消费多年变化不大，1999~2012 年年均食用消费量为 1061 万 t 左右，占 7.48%，种子消费量为 119 万 t 左右，占 0.86%（表 1.1）。第二，玉米消费在空间分布上呈现明显的地域差异。目前玉米饲用消费的主要地区有广东、四川、山东、河南、河北等省份，是我国玉米饲用消费量

**表 1.1  我国玉米消费量及消费结构变化**

| 年份 | 饲料消费量/万 t | 比率/% | 工业消费量/万 t | 比率/% | 食用消费量/万 t | 比率/% | 种子消费量/万 t | 比率/% | 损耗量/万 t | 比率/% | 国内消费量/万 t |
|---|---|---|---|---|---|---|---|---|---|---|---|
| 1999 | 8 440 | 74.87 | 1 050 | 9.31 | 1 216 | 10.8 | 120 | 1.06 | 447 | 3.97 | 11 273 |
| 2000 | 8 450 | 75.31 | 1 110 | 9.89 | 1 159 | 10.3 | 104 | 0.93 | 398 | 3.55 | 11 221 |
| 2001 | 8 720 | 75.91 | 1 250 | 10.88 | 1 041 | 9.06 | 108 | 0.94 | 369 | 3.21 | 11 488 |
| 2002 | 9 000 | 76.36 | 1 400 | 11.88 | 928 | 7.87 | 108 | 0.92 | 351 | 2.98 | 11 787 |
| 2003 | 9 100 | 76.60 | 1 650 | 13.89 | 715 | 6.02 | 105 | 0.88 | 310 | 2.61 | 11 880 |
| 2004 | 9 450 | 74.51 | 2 100 | 16.56 | 714 | 5.63 | 110 | 0.87 | 309 | 2.44 | 12 683 |
| 2005 | 9 450 | 68.78 | 3 150 | 22.93 | 710 | 5.17 | 115 | 0.84 | 315 | 2.29 | 13 740 |
| 2006 | 9 300 | 66.43 | 3 550 | 25.36 | 710 | 5.07 | 120 | 0.86 | 320 | 2.29 | 14 000 |
| 2007 | 9 600 | 66.21 | 3 750 | 25.86 | 700 | 4.83 | 130 | 0.90 | 320 | 2.21 | 14 500 |
| 2008 | 9 648 | 65.57 | 3 905 | 26.54 | 905 | 6.15 | 133 | 0.90 | 123 | 0.84 | 14 714 |
| 2009 | 10 557 | 63.18 | 4 278.8 | 25.61 | 1 463 | 8.76 | 121.9 | 0.73 | 287.0 | 1.72 | 16 709 |
| 2010 | 10 908 | 62.60 | 4 569.5 | 26.22 | 1 517 | 8.71 | 127.3 | 0.73 | 302.5 | 1.74 | 17 424.6 |
| 2011 | 11 804 | 63.62 | 4 750.7 | 25.61 | 1 532 | 8.26 | 132.9 | 0.72 | 333.3 | 1.80 | 18 553.5 |
| 2012 | 12 040 | 63.04 | 4 988.2 | 26.12 | 1 547 | 8.10 | 135.6 | 0.71 | 388.8 | 2.04 | 19 100.6 |

注：数据来源于国家粮油信息中心、艾格农业数据库和中国玉米网

最大的地区；其次是云南、广西、浙江、江苏、黑龙江、吉林、辽宁、内蒙古等地区。玉米饲用消费具有典型的全国分布特征，覆盖了产区和销区。玉米工业消费在全国的分布相对集中，主要分布在东北及华北、黄淮产区，其中玉米工业消费量最大的是山东和吉林，其次是黑龙江、河北、河南、内蒙古、辽宁等地区。由于玉米消费与生产在空间分布上既有一致性又有差异性，导致全国范围内的玉米流通，存在明显的"北粮南运"局面。

影响玉米消费的因素较多，有人口数量、收入水平、城镇化水平、消费结构变化价格水平，以及工业发展等多个方面，其中人口数量、消费结构变化和价格影响相对较大。20 世纪 80 年代以前，由于我国饲料生产主要以手工作坊为主，产量较低，玉米饲料消费也较低，随着饲料业的快速发展，饲料消费数量快速增长。近年来随着全球能源需求的增长，玉米被大量用于生物能源生产，导致工业消费比率快速增长。玉米食用消费与人口的相关性最大，人口增长将拉动国内对玉米的消费。收入上升与消费结构变动紧密相连，表现为粮食直接消费比例日趋下降，粮食间接消费比例日益上升，即粮食转化成的畜产品、水产品消费比例增加。城市化也对玉米消费有影响，我国农村与城市食品消费类型之间有很大差别。2008 年，全国城镇居民人均肉、蛋、奶消费量为 194kg，而农村人均肉、蛋、奶消费量为 29kg，这些肉、蛋、奶主要由玉米转化而来。价格对玉米消费影响较大，由于玉米与一些农副产品之间存在着替代关系，当玉米与这些产品比价升高时，这些农副产品就替代一部分玉米做饲料原料；同时，由于玉米价格升高，还会抑制以玉米为主要原料的肉、蛋、奶等畜产品的消费，进一步减少对玉米的需求。反之亦然。

### （4）大豆

大豆作为粮食的重要组成部分，其消费量随粮食供求状况和收入水平的变化而变化。值得注意的是，我国大豆消费量的变动情况非常特殊，出现了消费量在短期内的突然增加。

近年来我国大豆消费趋势总体呈现以下几个显著特点：第一，消费量激增，进口依存度较高。改革开放以后，国产大豆生产能力增长近 1 倍，但消费需求增长了约 10 倍，由于国产能力的增速远低于消费增速，因此增加部分主要依靠进口来满足。2013 年全国大豆消费量达到 7530 万 t，其中 84%需通过进口提供。根据国家统计局和海关总署的数据计算，1978 年我国人均占有大豆 8.1kg，2013 年达到 55.4kg。1978 年人均占有豆油0.6kg，2013 年达到 7.5kg。与此同时，大豆深加工产品不断增多。大豆压榨获得的巨量豆粕满足了畜牧业快速发展的需要。第二，大豆消费用途多样，但以榨油和食用为主要消费形式。国内大豆消费主要有食用、加工（压榨为主）、饲料和种子等 4 种形式。食用消费既包括炒、煮等直接消费，也包括豆芽、豆酱、豆浆、豆皮、腐竹、豆腐等传统豆制品消费；加工消费包括油脂加工、蛋白质加工和其他工业消费；饲料消费包括大豆直接用作饲料和豆粕消费。榨油和食用是我国大豆的主要消费形式，1949~2011 年，二者占总消费量的比例由 80.9%增长到 96.5%。1984~2011 年，压榨消费量从 168.3 万 t 增长到5699 万 t，年均增加 204.8 万 t，成为中国最主要的大豆消费形式，占总消费量的比例从44.1%增加到 83.1%。饲料消费（不包括豆粕消费）尽管在总消费量中所占比例不大，但绝对量呈现逐年增长趋势，1978~2011 年，消费量从 64.6 万 t 增加到 183.3 万 t，但在总消费量中的比例则从 8.1%下降为 2.7%。种子消费由于受播种面积波动的影响，消费量波动较大，但整体呈减少趋势，1949~2011 年，种子消费量由 74.9 万 t 减少为 58.9 万 t。在总消费量中的比例也从 19.1%降为 0.9%。我国用于豆制品加工的大豆，约占全国大豆原料总量（含进口大豆）的 12%；用于深加工的大豆消耗量较少，约占 1%。据中国大豆产业协会统计，目前约 80%的国产大豆被用于大豆食品加工。2008~2012 年，全国年销售额上亿元的豆制品企业不断增多，由 17 家增加到 38 家。改革开放以来，尽管大豆食用消费量（不含豆油）迅速增长，但由于人口明显增加，我国大豆人均食用消费总量增加不大，而这一期间，豆油的人均消费量则快速增加。1992~2011 年，人均大豆食用消费和豆油消费分别从 4.01kg/（人·年）和 0.60kg/（人·年）增加到 6.80kg/（人·年）和 8.45kg/（人·年）。

影响我国大豆消费的关键因素主要有以下几点：第一，收入水平的增加和膳食结构的改变对大豆消费量影响明显。近年来，随着我国经济的持续、快速、健康发展，居民收入和生活水平不断提高，人们对高营养豆、肉、奶制品的需求日益增加，对大豆的需求十分强劲。在国内供给无法满足迅速增长的市场需求的情况下，进口大豆便成为必然选择。第二，食用油消费是拉动大豆消费的主要动力。近年来我国大豆压榨加工企业投资扩张，行业整体加工能力达 7000 万 t 以上，受加工能力过剩而导致的"被动需求"影响，加工企业不得不竭力进口大豆以维持企业的正常生产。第三，替代品供求情况和国际油料市场也是影响大豆消费量的重要因素。大豆作为我国植物油的主要来源之一，其需求量受其他油料作物供给状况的影响。当国际市场棕榈油、菜籽油供应充足、价格下降，国内油菜、花生产量提高时，对大豆油的需求会相对减小。可见，从油脂供给来说，大豆和其他油料作物具有相互替代性，其价格受到替代品和国际市场供求变化的影响。第四，饲料工业对植物蛋白的需求也带动了大豆消费量的增加。大豆饼粕是我国植物蛋白的主要来源，不仅品质优良（蛋白质含量高，氨基酸组成合理），而且消费量巨大（2013/2014 年大豆饼粕消费量为 5305.5 万 t，占植物饼粕总量的 71%），难以被其他饼粕或产品所替代。饲料工业对植物蛋白的需求对我国大豆消费的影响不容忽视。这一需求在今后相当长的时间内仍将呈上升趋势。

## （三）粮食流通状况分析

### 1. 粮食流通体制市场化改革趋势明显

经过 30 年的不断改革完善，我国粮食流通体制实现了由计划经济体制到社会主义市场经济体制的成功转型，实现了粮食供给由长期短缺到总量平衡有余。我国粮食流通体制改革大致经历了 6 个阶段。

第一阶段，1979~1984 年的计划为主、市场调节为辅阶段。在这一阶段，国家肯定了市场调节存在的必要性和积极性，明确了城乡集市贸易的合法地位。开始实行多种经济成分、多种经营方式并存、多渠道流通、少环节的"三多一少"的农产品流通体制，改变了长期以来国有粮食部门独家经营粮食的格局。

第二阶段，1985~1990年的粮食流通双轨制阶段。在这一阶段，国家开始改革农产品统购派购制度，按照不同情况分别实行合同订购和市场收购，即进入政府直接控制的市场、自由交换的市场并存的"双轨制"粮食购销体制时期。

第三阶段，1991~1996年的两条线运行阶段。在这一阶段，国家推进粮食政策性业务与商业性经营分开两条线运行。实行"米袋子"省长负责制，明确了中央和省（市）政府的粮食工作职责和事权。

第四阶段，1997~1999年的深化完善粮食流通体制改革阶段。在这一阶段，国家重点实行"三项政策，一项改革"，即国有粮食购销企业按保护价敞开收购农民余粮，粮食收储企业实行顺价销售，农业发展银行收购资金封闭运行，加快国有粮食企业自身改革。

第五阶段，2000~2003年的放开销区保护产区阶段。在这一阶段，国家确定了"放开销区、保护产区、省长负责、加强调控"的改革思路。销区省（市）以及部分产销平衡区放开粮食收购市场，一些主产区放开了部分粮食品种的收购。

第六阶段，2004年以后的粮食购销市场化阶段。从2004年开始全面放开粮食收购市场，实行"放开收购市场、直接补贴粮农、转换企业机制、维护市场秩序、加强宏观调控"的政策，最低收购价制度得到确立并不断发展。

## 2. 粮食区域供需不平衡加剧，流通格局发生重大改变

自然资源与经济发展的不匹配，导致中国粮食主产区和主销区位置变迁，由历史上的"南粮北调"变为"北粮南运"。历史上，我国粮食供应一直是"南粮北调"格局，江浙、两广、两湖一带的粮食生产和供应，在全国举足轻重。近十几年来，受自然条件、工业化和城镇化发展水平，以及科技进步等多重因素共同作用，适合农业生产条件的南方粮食主产区逐渐放弃具有比较劣势的粮食生产，转向工业等利润回报较高的产业，致使粮食产区不断北移，从江苏和浙江一直北移到河南、山东等中部地区和东北地区，至2008年，北方粮食生产已全面超越南方，面积和产量分别占全国的54.79%和53.44%，南方粮食面积与产量占全国的份额则分别减至45.21%和45.66%。我国粮食区域供需格局发生变化，出现了生产更加集中、产销加剧分化的局面，这种分化使得原本省内和地区内部的产销衔接转化为跨省、跨地区的产销平衡，最终导致区域性粮食流通格局由"南粮北调"向"北粮南运"转变，并且这一格局在进一步增强。

为了进一步考察1990~2011年我国31个省（自治区、直辖市）粮食生产和消费格局变动情况，揭示主产区、主销区变动及区域粮食流通格局的演变，选择1990年、2000年、2005年、2010年、2011年5个典型年份，分别计算各地区粮食的供需缺口和粮食自给率。其中，粮食需求量采用各地区的口粮消费量与饲料用粮消费量（根据肉类、禽蛋、奶类产品的饲料转化率测算各地区各种畜产品生产中所需饲料用粮）之和统计，供需缺口采用各地区的粮食产量与粮食需求量之差，粮食自给率采用各地区的粮食产量与粮食需求量之比。统计结果见表1.2和图1.3。

表 1.2　各地区粮食供需缺口及粮食自给率

| 省（自治区、直辖市） | 1990 年 | | 2000 年 | | 2005 年 | | 2010 年 | | 2011 年 | |
|---|---|---|---|---|---|---|---|---|---|---|
| | 缺口/万 t | 自给率/% | 缺口/万 t | 自给率/% | 缺口/万 t | 自给率/% | 缺口/万 t | 自给率/% | 缺口/万 t | 自给率/% |
| 北京 | 25 | 110.4 | −153 | 48.5 | −227 | 29.5 | −137 | 45.8 | −273 | 30.8 |
| 天津 | −34 | 84.7 | −107 | 53.8 | −75 | 64.7 | −19 | 89.6 | −113 | 58.8 |
| 河北 | 775 | 151.6 | 1012 | 165.8 | 1174 | 182.4 | 1838 | 261.6 | 1817 | 234.0 |
| 山西 | 288 | 142.3 | 63 | 108.0 | 284 | 140.9 | 598 | 222.6 | 537 | 182.0 |
| 内蒙古 | 359 | 158.5 | 681 | 221.6 | 1132 | 313.6 | 1760 | 541.6 | 1886 | 476.2 |
| 辽宁 | 415 | 138.4 | 150 | 115.1 | 818 | 188.2 | 1111 | 270.0 | 1171 | 235.4 |
| 吉林 | −2800 | 42.2 | 1050 | 278.4 | 2046 | 482.7 | 2466 | 755.0 | 2648 | 606.2 |
| 黑龙江 | 1454 | 269.3 | 1709 | 304.3 | 2370 | 428.3 | 4510 | 996.5 | 4874 | 799.3 |
| 上海 | −83 | 74.3 | −254 | 40.7 | −305 | 25.7 | −229 | 34.1 | −499 | 19.6 |
| 江苏 | 1245 | 162.7 | 930 | 142.8 | 1970 | 327.9 | 1900 | 242.3 | 1675 | 202.6 |
| 浙江 | 361 | 129.4 | −11 | 99.1 | −238 | 77.4 | −44 | 94.6 | −274 | 74.1 |
| 安徽 | 727 | 142.0 | 724 | 141.5 | 1159 | 180.2 | 2056 | 300.7 | 1903 | 254.5 |
| 福建 | 5 | 100.6 | −190 | 81.8 | −158 | 81.9 | −1 | 99.8 | −194 | 77.7 |
| 江西 | 371 | 128.8 | 368 | 129.5 | 686 | 164.1 | 1102 | 229.2 | 1060 | 206.8 |
| 山东 | 1276 | 161.4 | 1441 | 160.1 | 1954 | 199.5 | 2734 | 270.7 | 2605 | 243.0 |
| 河南 | 1032 | 145.4 | 1592 | 163.5 | 2628 | 234.5 | 3760 | 324.2 | 3894 | 336.1 |
| 湖北 | 785 | 146.4 | 540 | 132.1 | 879 | 167.7 | 1355 | 241.1 | 1167 | 195.5 |
| 湖南 | 596 | 129.0 | 744 | 136.7 | 1229 | 184.7 | 1573 | 223.4 | 1466 | 199.5 |
| 广东 | 53 | 102.9 | −836 | 67.8 | −1107 | 55.8 | −802 | 62.1 | −1456 | 48.3 |
| 广西 | 227 | 119.9 | 323 | 126.8 | 402 | 137.1 | 519 | 158.1 | 381 | 136.3 |
| 海南 | 7 | 104.6 | 10 | 105.4 | −30 | 83.7 | 12 | 106.9 | 9 | 105.0 |
| 重庆 | — | — | 294 | 136.1 | 453 | 163.4 | 584 | 202.1 | 485 | 175.6 |
| 四川 | 1028 | 131.8 | 933 | 138.3 | 998 | 145.1 | 1565 | 194.4 | 1432 | 177.0 |
| 贵州 | −135 | 84.2 | 209 | 121.9 | 339 | 141.7 | 484 | 176.9 | 183 | 126.5 |
| 云南 | 53 | 105.3 | 302 | 125.9 | 458 | 143.3 | 633 | 170.4 | 667 | 166.3 |
| 西藏 | 7 | 115.3 | 19 | 124.4 | −5 | 94.9 | 7 | 107.9 | 9 | 110.6 |
| 陕西 | 234 | 128.0 | 297 | 137.5 | 310 | 142.2 | 686 | 243.2 | 567 | 190.4 |
| 甘肃 | 110 | 118.9 | 61 | 109.3 | 187 | 128.7 | 462 | 193.2 | 504 | 198.7 |
| 青海 | −7 | 93.9 | −56 | 59.8 | −33 | 74.0 | 5 | 104.7 | −17 | 86.0 |
| 宁夏 | 68 | 155.1 | 118 | 187.3 | 170 | 230.4 | 252 | 341.4 | 231 | 281.3 |
| 新疆 | 309 | 186.4 | 369 | 188.9 | 419 | 191.4 | 745 | 274.9 | 701 | 233.9 |

—：表示无数据

　　从各地区粮食供需缺口和自给率的变化可以分析得出我国粮食产销格局演化的内在逻辑。

　　1）北方形成中国粮食增长中心，西部粮食自给能力有所提升，南方粮食供求失衡日益严重。1990~2011 年，北方地区粮食供需缺口由 2502 万 t 增长至 18 508 万 t，增长了 6.4 倍，粮食自给率由 118.24%提高到 329%，增长了 1.8 倍。特别是东北地区、冀鲁豫地区在粮食外调、保障全国粮食安全中发挥着越来越重要的作用，东北地区成为我国最大的粮食流出地区。西部地区粮食供需缺口由 2182 万 t 增长至 5682 万 t，增长了 1.6 倍，粮食自给率由 124.29%提高到 171.91%，增长了 38.3%。南方地区粮食供需缺口由 4067 万 t 增长至 4858 万 t，增长了 19.4%，粮食自给率由 130.86% 提高到 140.18%，增长了 7.1%，相比北方和西部地区粮食自给能力明显下降。特别是东南区、京津区供求失衡日益严重，自给能力不断下降，东南沿海成为最大的粮食流入地区（表 1.3 和图 1.14）。

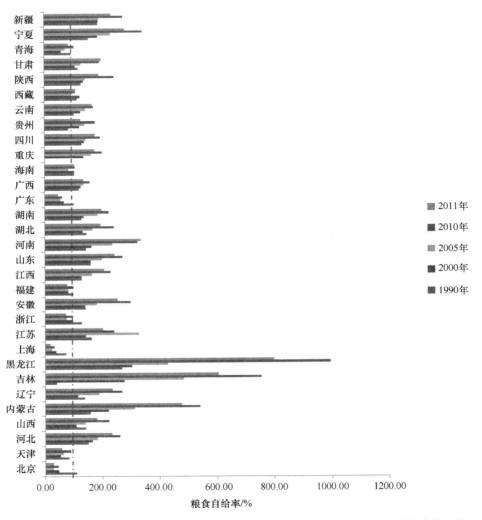

图 1.13 1990 年、2000 年、2005 年、2010 年、2011 年我国各地区粮食自给率变化对比

表 1.3 我国北方、南方和西部粮食供需缺口和自给率

| 年份 | 北方 | | 南方 | | 西部 | |
|---|---|---|---|---|---|---|
| | 供需缺口/万 t | 自给率/% | 供需缺口/万 t | 自给率/% | 供需缺口/万 t | 自给率/% |
| 1990 | 2 502 | 118.24 | 4 067 | 130.86 | 2 182 | 124.29 |
| 2000 | 7 375 | 174.14 | 2 026 | 114.11 | 2 931 | 130.61 |
| 2005 | 11 820 | 237.59 | 4 085 | 136.64 | 3 981 | 145.38 |
| 2010 | 18 024 | 365.91 | 6 922 | 172.40 | 6 538 | 195.80 |
| 2011 | 18 508 | 329.00 | 4 858 | 140.18 | 5 682 | 171.91 |

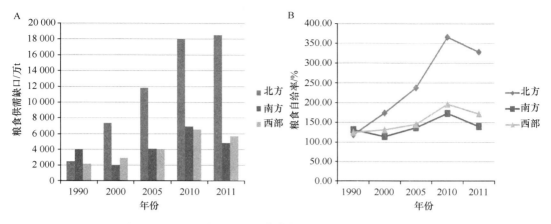

图 1.14　北方、南方和西部粮食供需缺口及粮食自给率对比

2）粮食自给率增幅较大的地区主要是东北地区的黑龙江、吉林、辽宁，冀鲁豫地区的河北、河南、山东，西北地区的内蒙古、宁夏、甘肃。其中，粮食自给率增长变动最大的是吉林，从 1990 年的 42.2%增长到 2011 年的 606.2%，自给率增长了 564 个百分点，其次是黑龙江、内蒙古，自给率分别增长了 530%、318%。这些地区粮食产量较高，属于我国划分的粮食主产区，但是宁夏、甘肃两个地区例外，虽然粮食自给率较高，但主要是由人口较少、消费量小所致，其粮食总产量很低，并非传统意义上的粮食主产区。

3）粮食自给率减幅较大的地区主要是京津地区，东南地区的福建、广东、上海、浙江。其中，粮食自给率减少幅度最大的是北京，从 1990 年的 110.45%降低到 2011 年的 30.84%，自给率降低了 79.61 个百分点，其次是浙江、上海，粮食自给率分别降低了 55.37%和 54.62%。上述这些粮食自给率减幅较大的地区基本上具有粮食产量低、粮食消费量较高的特点，属于我国划分的粮食主销区。

4）综合考虑各地区粮食供需缺口和自给率，划分粮食供给有余地区、供需基本平衡地区和供给不足地区。将粮食供需缺口大于全国平均水平且粮食自给率远大于 100%的地区划分为供给有余地区，将粮食供需缺口小于全国平均水平但大于 0，且粮食自给率略高于 100%的地区划分为供需基本平衡地区，将粮食供需缺口小于 0，且粮食自给率低于 100%的地区划分为供给不足地区。依据上述标准进行划分（表 1.4），可以看出

表 1.4　我国粮食产销格局演化

| 年份 | 区域 | 供给有余地区 | 供需基本平衡地区 | 供给不足地区 |
| --- | --- | --- | --- | --- |
| 1990 | 北方 | 黑龙江、山东、河南、河北、内蒙古、辽宁 | 北京 | 天津、吉林 |
| | 南方 | 江苏、安徽、湖北、湖南、浙江、江西 | 福建、广东、海南 | 上海 |
| | 西部 | 四川、新疆 | 山西、广西、陕西、甘肃、云南、西藏、宁夏、贵州 | 青海 |
| 2000 | 北方 | 黑龙江、山东、河南、河北、内蒙古、吉林 | 辽宁 | 北京、天津 |
| | 南方 | 江苏、安徽、湖北、湖南 | 海南、江西 | 上海、浙江、福建、广东 |
| | 西部 | 四川、新疆 | 山西、广西、陕西、甘肃、云南、西藏、宁夏、贵州、重庆 | 青海 |

续表

| 年份 | 区域 | 供给有余地区 | 供需基本平衡地区 | 供给不足地区 |
|---|---|---|---|---|
| 2005 | 北方 | 黑龙江、山东、河南、河北、内蒙古、吉林、辽宁 | | 北京、天津 |
| | 南方 | 江苏、安徽、湖北、湖南、江西 | | 上海、浙江、福建、广东、海南 |
| | 西部 | 四川 | 山西、广西、陕西、甘肃、云南、西藏、宁夏、贵州、新疆、重庆 | 青海 |
| 2010 | 北方 | 黑龙江、山东、河南、河北、内蒙古、吉林、辽宁 | | 北京、天津 |
| | 南方 | 江苏、安徽、湖北、湖南、江西 | 海南 | 上海、浙江、福建、广东 |
| | 西部 | 四川 | 山西、广西、陕西、甘肃、云南、西藏、宁夏、贵州、新疆、重庆 | 青海 |
| 2011 | 北方 | 黑龙江、山东、河南、河北、内蒙古、吉林、辽宁 | | 北京、天津 |
| | 南方 | 江苏、安徽、湖北、湖南、江西 | 海南 | 上海、浙江、福建、广东 |
| | 西部 | 四川 | 山西、广西、陕西、甘肃、云南、西藏、宁夏、贵州、新疆、重庆 | 青海 |

我国粮食产销格局的演化：北方的吉林由供给不足地区演变为供给有余地区，辽宁由供需基本平衡地区演变为供给有余地区，北京由供需基本平衡地区演变为供给不足地区，其他省份保持供给有余地区，进一步表明北方粮食生产的主导地位长期比较稳定；南方的浙江由供给有余地区演变为供给不足地区，福建、广东由供需基本平衡地区演变为供给不足地区，表明南方的粮食生产地位明显下降；西部的新疆由供给有余地区演变为供需基本平衡地区，宁夏、甘肃、陕西、云南等地区粮食余缺和自给率均有一定增长，表明西部粮食生产地位有所上升。

5）1990~2011 年，经过 12 年的调整和变化，中国粮食的区域供需格局已经大致形成。当前粮食供给有余的地区依次是黑龙江、河南、吉林、山东、安徽、内蒙古、河北、江苏、湖南、四川、辽宁、湖北、江西，这 13 个省（区）与我国划分的 13 个粮食主产区相吻合，年节余粮食在 1000 万 t 以上。其中，粮食外调的主要省份是黑龙江和吉林，内蒙古的粮食生产正在崛起。13 个主产区中，只有黑龙江、吉林能够持续地提供异地农业资源，其共同的粮食安全输出能力大概为 4100 万 t；粮食供求基本平衡或略有余的地区依次是新疆、云南、陕西、山西、甘肃、重庆、广西、宁夏、贵州、西藏、海南；粮食供给不足的地区依次是广东、上海、浙江、北京、福建、天津、青海，这 7 个地区为全国最缺粮的地区，也是粮食主销区，2010 年从省外购进粮食合计 5300 万 t。上海粮食自给率最低，不到 20%，粮食严重不足。广东省的粮食供求缺口最大，年缺口达 1456 万 t，自给率不足 50%，需要从湖南、江西、广西、安徽等省（区）调配，是内地第一缺粮大省。

### 3. 粮食流通区域基本形成，跨省物流通道保障区域产销平衡

与粮食产区和销区明显趋向集中相适应，全国粮食流通格局也发生了根本转变。传

统的"南粮北调"已为"北粮南运"所取代，并在一定程度上显现"中粮西进"。省际粮食流通量增大，2009 年跨省流通量达到 1375 亿 kg，比 2004 年增加 225 亿 kg。

目前，全国已经形成三个类型的粮食流通区域：①粮食净输出地区，包括东北地区和黄淮海地区；②稻谷输出区和玉米输入区，包括长江中下游地区（湖北、湖南、江西，以及江苏北部和安徽南部），既是稻谷输出区，又是玉米输入区；③粮食净输入地区，包括东南沿海地区、华南地区、京津地区。我国粮食主要流向是东北的玉米、稻谷和大豆流向华东、华南和华北地区，黄淮海的小麦流向华东、华南和西南地区，长江中下游的稻谷流向华东、华南地区。

我国重点建设 6 条主要跨省粮食物流通道，保障区域间粮食产销平衡。粮食流出通道为：东北部地区（内蒙古、辽宁、吉林、黑龙江）粮食（玉米、大豆和稻谷）流出通道、黄淮海地区（河北、河南、山东、安徽）小麦流出通道、长江中下游地区（湖北、湖南、江西、安徽、江苏）、四川稻谷流出通道，汇集了全国 13 个粮食主产省（区）的粮食。粮食流入通道为：华东沿海主销区粮食流入通道、华南主销区粮食流入通道、长江中下游玉米流入通道及京津主销区粮食流入通道。东北地区为最大的粮食流出通道，每年流出量为 4000 多万 t（含出口 1000 多万 t）；华东、华南沿海地区为最大的粮食流入通道，每年流入粮食 5000 多万 t（含进口 1000 多万 t），形成"北粮南运"的流通格局。粮食运输主要以铁路、水路为主，分别占跨省运量的 48%（不含铁海联运）和 42%，公路运输占 10%。

"十一五"以来，我国加快了跨省粮食物流通道建设，重点打通"北粮南运"主通道，完善黄淮海等主要通道，加强西部通道建设，强化产销衔接和粮食物流资源整合，实现跨省粮食主要物流通道的散储、散运、散装、散卸，优化和完善粮食物流供应链。2007~2012 年，国家共安排中央预算内补助投资 28.5 亿元，对六大粮食物流通道和西部主要节点上的 466 个项目进行重点投资扶持，带动地方和企业投资约为 570 亿元。在主要跨省粮食物流通道上陆续建设了一批以大连北良港、上海外高桥粮食物流中心、舟山国际粮油集散中心等为代表的重大项目，东北各港粮食发运能力和东南沿海接卸能力显著增加，长江通道初步形成，黄淮海流出通道重要节点建设开始启动，陕西、甘肃、新疆等西部地区也初步形成了一批重要物流节点，上述项目建成后使全国新增中转能力 1.2 亿 t 以上，新增散粮中转设施接收能力 28 万 t/h，粮食物流效率明显提高。

## 4. 主体呈现多元化，流通环节增值空间大

从 2004 年全面放开粮食收购市场至今，我国粮食流通主体已经呈现多元化特点。参与粮食流通的市场主体，包括粮食生产者、粮食经纪人、中央储备粮企业、国有粮食企业和其他所有制形式的经销企业、粮食加工企业、粮食批发市场、超市、粮油经销店、消费者，以及促进粮食流通的物流服务提供商如港口、仓储、运输企业等。私营粮食企业的经营范围已经渗入粮食市场的各个环节，成为粮食流通市场的主要组成部分。国有粮食企业的经营范围相较于粮食流通体制改革前期则正在逐渐缩小，国有粮食企业多以大型粮食企业存在并形成了较为完整的产业链，包含了粮食加工企业、粮贸公司、粮食购销企业等可能涵盖的所有业务（图 1.15）。

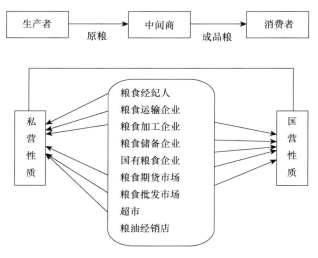

图 1.15 粮食流通主体分类图

在粮食流通中最为重要的是位于主产区的粮食收储龙头企业和位于销区的粮食经销企业，以及居于两者中间的物流企业，它们分别把持产品提供和终端销售两端，以及中间储运环节，绝大多数的粮食贸易由其主导。在我国粮食供应链条中，由"生产者—消费者"之间的直接流通只占粮食总交易量的很少部分，且多存在于粮食主产区，这种形式的大宗粮食交易在我国目前尚不存在（台湾地区近年已经出现这种粮食的直销形式）。如图 1.16 所示，从农民购入种子、化肥等农资投入开始，粮食产业经过生产、

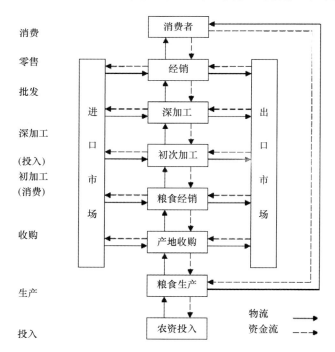

图 1.16 粮食市场体系逐步完善

收购（仓储）、经销（运输）、消费等环节，形成第一层次的产业链。而粮食加工厂家购买粮食作为生产原料加工，则再次经历投入、流通、消费的过程，形成第二层次的粮食衍生产业链。粮食及其衍生产品在没有到达终端消费者之前，多个交易主体共同参与粮食流通过程，物流与资金流双向流动，形成有机的粮食交易市场，随季节变迁循环往复。

据统计，在粮食流通、销售环节及进入以粮食为生产原料的加工环节，全国粮食常年流通量超过 2 亿 t，这些环节也是粮食供应链价值增值空间最大的环节。以 2003 年冬长春玉米收购销售到广东黄埔为例，每吨玉米约以 1450 元出售，则每吨玉米生产盈利 200 元；从收购价占黄埔到港价之间的流通环节增值 480 元，再到饲料加工企业购买增值 70 元。

### 5. 市场体系建设逐渐完善，粮食回归一般商品属性

#### （1）多环节、多主体、多渠道、多层次的粮食市场体系基本形成

截至 2011 年底，全国具有粮食收购资格的经营者 8.6 万家，受企业委托或与企业合作的农村粮食经纪人 36.2 万人。各地放心粮油生产企业已建立各类销售网点近 20 万个，其中城镇网点 13 万多个、农村网点 6 万多个。全国共有大中型区域性、专业性粮食批发市场 70 家，各类粮食批发市场 448 家，国家粮食交易中心 25 个，建立了全国统一的粮食竞价交易系统。有两家从事粮食交易的期货市场，品种涵盖小麦、早籼稻、玉米、大豆、豆粕、豆油、菜籽油等。我国涵盖粮食购销多个环节、多元市场主体、多种交易方式、多层次市场结构的粮食市场体系已基本形成，在配置粮食资源、服务宏观调控中发挥着重要作用。

#### （2）粮食商品量和商品率持续提高

2010 年全国粮食商品量为 34 461 万 t，商品率首次达到 60%。黑龙江、山东、河北、江西、河南、吉林和安徽等 7 个粮食主产省商品粮增加较多，增量均在 100 万 t 以上，黑龙江省增量超过 500 万 t。小麦、稻谷、玉米三大主要粮食品种商品量均有增加，大豆由于产量减少，商品量有所下降。近年来粮食商品量和商品率持续提高的原因主要如下：一是国家高度重视粮食生产，粮食生产连年丰收，粮食增产部分直接形成新增的商品粮源；二是工业化、城镇化快速推进，粮食生产集约化发展，农村生活方式的明显改变，使得农户卖原粮再买成品粮及其制品的情况越来越普遍；三是国家稳步提高最低收购价水平，适时启动临时收储等强农惠农政策，有效调动了农民种粮、售粮和企业收粮的积极性。

#### （3）粮食收购和交易量均有增加

"十一五"时期，全国各类粮食经营企业共收购粮食 131 569 万 t，占同期全国粮食总产量的 50%以上，全国统一的粮食竞价交易系统共交易政策性粮油 24 562 万 t。2011 年，各类粮食企业共收购粮食 28 243 万 t，同比增加 268 万 t，国有粮食企业收购粮食 11 443 万 t，比上年减少 963 万 t，重点非国有粮食企业和转化用粮企业粮食

收购量继续增加。国有粮食企业累计销售粮食 18 922 万 t，比上年增加 11 万 t。国家粮食交易中心统一粮食竞价交易系统累计销售国家政策性粮食 3900 万 t，全国各类粮食批发市场的粮油成交量超过 11 000 万 t，粮食期货合约交易量约为 3.6 亿手，交易总金额近 19.6 万亿元。

### 6. 储备体系改善，储粮损失问题仍然严峻

#### （1）粮食储备基础设施条件有所改善

"十一五"时期，中央和地方政府积极筹措资金，加大了对粮油仓储设施建设和改造力度。全国共投入建设资金约 360 亿元，其中中央补助投资约 80 亿元，地方政府和企业投资约 280 亿元。共建设仓容 6400 万 t，油罐 1000 万 t，烘干能力 3000 万 t，维修改造仓房约 1.1 亿 t。截至 2010 年年底，全国粮食仓储企业有效仓容达到 3.49 亿 t、油罐罐容 1410 万 t、粮食烘干能力 1.1 亿 t。与 2005 年相比，分别增长 34%、194% 和 58%，基本能够满足粮油收购储备需要。2010 年国家正式启动了农户科学储粮专项。总投资约为 24 亿元，其中中央补助投资 7.06 亿元，地方配套和农户自筹约为 16.6 亿元。为全国 25 个省（自治区、直辖市）200 万农户配置新型小粮仓，可为农民存储粮食约 79 亿斤*，每年减少储粮损失约 5.1 亿斤，预计可为农民直接增收 5 亿元。

#### （2）农户储粮损失问题表现突出

近年来，我国农户家庭储存的粮食每年约 5000 亿斤，约占当年全国粮食总产量的 50%。由于农户储粮装具简陋，保管水平低，受鼠害、虫害和霉变等因素影响造成粮食大量损失的情况尤为突出。根据国家粮食局的抽样调查，全国农户储粮损失率平均为 8% 左右，每年损失粮食约 400 亿斤，相当于 6160 万亩良田的粮食产量。农户储粮主要粮种中，玉米损失率最大，为 11%，稻谷平均损失率为 6.5%，小麦平均损失率为 4.7%，给我国粮食质量安全和食品安全带来很大隐患。

#### （3）国有粮食企业库存下降，多元主体库存上升，社会粮食库存总量略增

国有粮食企业库存减少。2011 年，国家在加大玉米、小麦、粳稻等政策性粮食销售的同时，及时安排了储备补库收购，适时启动了临时收储。国有粮食企业收购减少、销售增加，年末库存同比略减，但仍处于较高水平。分性质看，中央和地方储备库存均有增加，最低收购价粮和国家临时存储库存大幅下降，企业商品周转库存增加较多；分品种看，稻谷和玉米库存比例提高；分地区看，主产区库存比例下降，主销区库存比例上升，产销平衡区库存比例持平。在国家鼓励多元主体参与粮食流通、搞活粮食市场的政策引导下，非国有粮食企业库存和转化用粮企业粮食库存均有所增加。

城乡居民存粮继续增加。据调查，2011 年末全国农户存粮 30 260 万 t，比上年增加 1550 万 t，增幅为 5.4%。从品种和地区看，农户玉米、稻谷和其他杂粮存量增多，小麦同比持平略增，大豆存量则持平略减。农户存粮增加主要集中在粮食主产区。2011 年末

---

* 1 斤=500g。

全国城镇居民存粮 730 万 t，比上年增加 70 万 t，增幅为 10%，主要原因是城镇化率进一步提高和进城务工人员较多，使得城镇家庭存粮继续增长，其中稻谷和杂粮增加较多，小麦基本持平。

## （四）粮食供求平衡分析

### 1. 数量平衡分析

虽然我国在全国范围内已经基本消除了饥饿问题，粮食消费正在由"温饱型"向"营养型"转变，但是，我国粮食供求紧平衡的状态还没有彻底改变，粮食供求数量上的平衡仍是我国粮食安全可能要长期面临的问题。

针对谷物来说，自 1980 年以来，我国的谷物生产和消费都呈现出了明显的增长趋势。具体来看，1980~2009 年，我国粮食生产的年平均增长率为 2.04%，而消费的增长率则为 1.63%。由此看来，在过去的近 30 年间，我国的谷物呈现出了一种供求压力趋缓的情况。供求缺口从 1980 年的供给短缺 2031.4 万 t 减少到了 2009 年的供给剩余 1379 万 t，谷物的进口量也从 1804 万 t 减少到了 1047.7 万 t。这表明，全面实行家庭联产承包责任制以后，我国的谷物供求紧平衡的情况得到了一定改善，进口量减少，谷物可以达到 100%的自给。从表 1.5 中还可以看出，从 2004 年开始，我国谷物生产的波动性降低，呈现出稳定的上升趋势，这也说明了 2004 年以来我国陆续出台的粮食生产政策对稳定和提高粮食产量、提高粮食安全水平发挥了重要作用。

表 1.5　我国谷物生产、消费和进出口平衡表（FAO 数据）　（单位：万 t）

| 年份 | 生产量 | 进口量 | 出口量 | 消费量 | 供求缺口 |
| --- | --- | --- | --- | --- | --- |
| 1980 | 23 271 | 1 804 | 1 804 | 25 302.4 | −2 031.4 |
| 1985 | 28 282.8 | 1 163 | 1 163 | 28 911.4 | −628.6 |
| 1990 | 34 091.1 | 2 104.6 | 2 104.6 | 33 020.4 | 1 070.7 |
| 1995 | 35 629.4 | 2 948.1 | 2 948.1 | 37 350.4 | −1 721 |
| 2000 | 34 412.8 | 1 056.4 | 1 056.4 | 37 921 | −3 508.2 |
| 2001 | 33 868.6 | 1 106 | 1 106 | 37 987.3 | −4 118.7 |
| 2002 | 34 127.6 | 1 053.4 | 1 053.4 | 38 136.5 | −4 008.9 |
| 2003 | 32 207.5 | 985.1 | 985.1 | 37 629.3 | −5 421.8 |
| 2004 | 35 305 | 1 727.4 | 1 727.4 | 37 488.6 | −2 183.6 |
| 2005 | 36 874.6 | 1 416.1 | 1 416.1 | 37 723.6 | −849 |
| 2006 | 39 176.6 | 1 122.1 | 1 122.1 | 38 228.8 | 947.6 |
| 2007 | 39 540.9 | 898.8 | 898.8 | 38 633.6 | 907.3 |
| 2008 | 41 562.4 | 824.6 | 824.6 | 39 883.2 | 1 679.2 |
| 2009 | 41 778.6 | 1 047.7 | 1 047.7 | 40 399.6 | 1 379 |

2003 年以来，我国的粮食生产和消费都呈现出了明显的增长趋势。2003~2012 年，我国粮食生产的年平均增长率为 3.55%，而消费的增长率则为 2.13%。供求缺口从 2003

年的供给短缺 5555 万 t 转变为 2012 年的供给剩余 184.3 万 t，自给率由约 88.58%改善为完全自给。这表明，2003 年以后，由于对粮食生产的重视和粮食生产能力的提高，粮食供求紧平衡的情况得到了一定改善，粮食供求压力趋缓。

## 2. 品种平衡分析

在粮食供求趋势总体好转的形势下，我国各粮食品种的供求情况并不一致。另外，由于我国目前饲料用粮消费激增，引起玉米饲用消费的增加，玉米的供求平衡面临严峻考验。另外，大豆的供求情况也会长期对我国的粮食安全，甚至整体的食物安全产生影响。因此，以下将针对各粮食作物的供求情况进行具体研究。

对于稻谷来说，供求紧平衡的情况非常明显。虽然我国稻谷产量一直呈现出稳步上升的趋势，但是，由于稻谷作为我国最重要的口粮，其消费量一直稳中有升。因此，我国稻谷的供求形势不容乐观。虽然"十连增"后我国粮食生产整体好转，稻谷从 2006 年开始出现了供给剩余，但是，近年来稻谷的供给剩余量正在逐步缩小，供求紧平衡的状态没有彻底的改观（图 1.17）。在这种情况下，一旦我国出现了较为严重的气象或病虫灾害，那么稻谷这种脆弱的供求平衡将很容易倾斜，给我国居民生活甚至社会稳定带来负面影响。

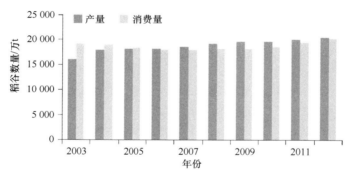

图 1.17　我国稻谷生产消费量变动图（2003~2012 年）
数据来源：粮食发展报告（2003~2012）

20 世纪 90 年代以来，我国小麦产量年均增长率为 0.86%，消费量年均增长率为 1.03%，产量的增长低于消费量的增长，小麦供求平衡一直处于波动状态。2011 年和 2012 年两年间，我国小麦消费量的增长速度突然加快（图 1.18），同时小麦的播种面积没有明显的增加，总产量增幅不大，小麦的供求缺口有扩大的趋势。从长期来看，中国人口数量仍呈增加趋势，消费结构逐步升级，小麦饲用消费等间接消费量仍将增加，今后保持小麦供求平衡的压力仍然较大。

对于玉米来说，由于饲料用粮需求的拉动，我国玉米供求数量的增长速度都非常快，30 年来供给量和消费量都翻了一番，平均增长速度分别达到了 3.37%和 2.84%，在三大谷物中最高。从生产量来看，虽然个别年份的生产量出现了波动，但是整体还是呈现出波动中上升的趋势；同时，玉米的消费量则呈现出稳定的上涨趋势。从供求平衡程度看，

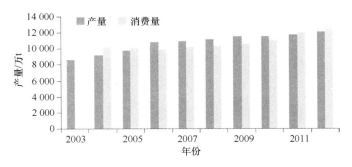

图1.18　我国小麦生产消费量变动图（2003~2012年）

数据来源：粮食发展报告（2003~2012）

由于我国玉米从口粮转变为饲料用粮的过程非常快，因此玉米的消费量曾经一度大幅度超过生产量，引起了我国玉米的大量进口。此后，随着我国玉米生产的调整，以及对需求情况的适应，我国玉米供求缺口逐步缩小，2004年以后基本能够保持较为稳定的供求平衡状态（图1.19）。由于玉米栽培、育种等水平提高而引起的单产水平和玉米播种面积扩大的双重拉动力使得玉米生产能够满足消费量不断增长的需求。

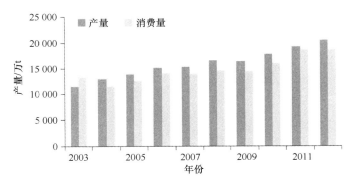

图1.19　我国玉米生产消费量变动图（2003~2012年）

数据来源：粮食发展报告（2003~2012）

　　对于大豆来说，我国的大豆生产基本处于"失守"的状态。从图1.21可以看出，我国的大豆生产波动明显，食用油数量的增加和对豆粕、豆饼等饲料用粮需求的增加，使我国大豆的需求量一路飙升，10年内翻了一番。为了满足我国大豆需求量的不断增加，扩大进口就成为了必然选择。图1.20展示了1995年以来我国大豆的进口情况，从图1.21中可以看出，我国大豆在1995~2012年，进口量从0.29万t一路上升到了58.38万t，年平均增长率达到了21.71%。在巨额进口的冲击下，我国大豆产业受到了严重影响，种植规模越来越小，机械化程度低，播种面积被高产竞争作物大量替代，整个产业面临着边缘化的困境。

## 3. 区域均衡分析

　　由于我国地域广阔，各地的发展水平和资源禀赋有较大差异，除了在国家层面我国

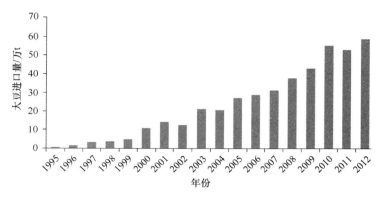

图 1.20　我国大豆进口量变动图

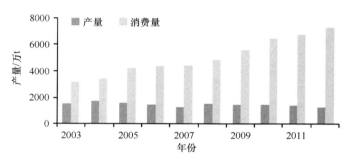

图 1.21　我国大豆生产消费量变动图（2003~2012 年）
数据来源：粮食发展报告（2003~2012）

粮食的供需平衡状态外，针对各地粮食供求状况的分析可以更加细致地了解我国粮食供求的具体情况，为进一步优化粮食生产布局提供依据。

首先，北方形成了中国粮食增长中心，西部粮食自给能力有所提升，南方粮食供求失衡日益严重。我国北方 9 个省（市）中有 7 个粮食主产区，对粮食供给起到了决定性的保障作用。特别是东北地区、冀鲁豫地区在粮食外调、保障全国粮食安全中发挥着越来越重要的作用，东北地区成为我国最大的粮食流出地区。西部地区粮食的供求缺口在过去的 30 年间也逐步缩小，已经基本能保证本区域的自给。我国粮食供需缺口逐步拉大的省份主要位于南方，在南方的 10 个省（市）中，有 5 个粮食主产区和 5 个主销区，而其东南主销区供求失衡日益严重，自给能力不断下降，东南沿海成为最大的粮食流入地区。

其次，我国粮食自给率增幅较大的地区主要是东北地区的黑龙江、吉林、辽宁，冀鲁豫地区的河北、河南、山东，西北地区的内蒙古、宁夏、甘肃。其中，粮食自给率增长变动最大的是吉林，改革开放之前，吉林的粮食自给率不足 100%，而目前吉林已经成为仅次于黑龙江的商品粮调出省。另外，虽然河北、河南和山东的粮食产量较高，但是由于人口众多、消费量大，能够调出的商品粮有限。宁夏、甘肃两个地区虽然产量较低，并非传统意义上的粮食主产区，但是由于人口较少，消费量也较小，粮食的供求平衡较为稳定，自给率较高。

最后，粮食供求失衡的地区主要是北方的京津地区和南方的东南沿海地区，包括广东、福建、浙江、上海等地。这些地区中很多曾经是我国粮食的重要产区，但是，随着城镇化和工业化的发展，粮食生产资源大幅度减少，粮食产量一路下滑。同时，由于人口增多和其他消费的拉动，这些地区的粮食消费量一直处于上升的趋势。因此，这些省（市）就成为了粮食的主销区，生产远远无法满足需求，粮食自给率很低。

总体来看，我国改革开放以来，特别是城镇化、工业化加速发展以来，我国各省份的供求平衡情况发生了明显改变。北方的吉林由供给不足地区演变为供给有余地区，辽宁由供需基本平衡地区演变为供给有余地区，北京由供需基本平衡地区演变为供给不足地区，其他省份保持供给有余地区，进一步表明北方粮食生产的主导地位长期比较稳定；南方的浙江由供给有余地区演变为供给不足地区，福建、广东由供需基本平衡地区演变为供给不足地区，表明南方的粮食生产地位明显下降；西部的新疆由供给有余地区演变为供需基本平衡区，宁夏、甘肃、陕西、云南等地区粮食余缺和自给率均有一定增长，表明西部粮食生产地位有所上升。

# 二、粮食产业可持续发展面临的主要挑战

## ◣（一）粮食生产基础不牢，持续增产的长效机制尚未建立

粮食产业发展波动性、恢复性特点明显。改革开放以来，我国粮食产量呈现长期增长并伴随有一定的周期性波动，大致经历了 5 个阶段，从 3 亿 t 增加到 5 亿多 t。其中 1984 年粮食产量首次超过 40 000 万 t，1996 年粮食总产首次超过 50 000 万 t。进入 21 世纪后，粮食产量首次出现严重滑坡，总产由 2000 年的 50 838.8 万 t 减少到 2003 年的 43 069.4 万 t。从 2004 年起粮食产量开始恢复性增长，2004~2006 年粮食产量在 46 000 万~49 000 万 t，只恢复到 1995~1997 年的水平；到 2007 年和 2008 年产量达到 51 000 万~52 000 万 t，基本恢复到 1998 年和 1999 年的历史最高位；只有 2009~2013 年连续 5 年粮食产量超过 53 000 万 t，高于历史最高水平，这 5 年与历史水平相比才是真正的增产。2004~2013 年平均粮食产量为 51 629 万 t，1995~1999 年平均粮食产量为 49 720 万 t，相差仅 1909 万 t（图 1.22）。因此，总体来说，目前的粮食"十连增"实际上是部分恢复

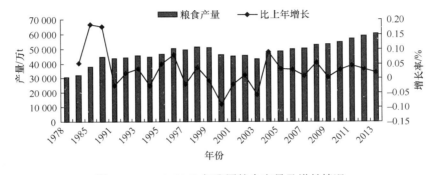

图 1.22　1978~2013 年我国粮食产量及增长情况

性增长，10年中只有5年实现真正的增产，另外5年属于恢复，其粮食产量与20世纪90年代中后期的水平基本持平。

粮食产业发展基础脆弱性突出。我国粮食产量实现了"十连增"，但粮食增产基础不牢固，脆弱性突出，农业增产靠天、靠化肥农药的局面未得到根本改变，农业增产增效的长期机制还没有完全建立，抗灾能力比较薄弱。由于长期投入不足，我国农田水利等基础设施普遍落后、建设滞后，1978年我国农业有效灌溉面积为4493.3万 $hm^2$，2013年达到6306.7万 $hm^2$，30多年间增加了1813.4万 $hm^2$，仅增长了40.4%。2004~2012年有效灌溉面积增加133.33万 $hm^2$，增长了2.49%左右。目前我国有效灌溉面积仅占全国耕地面积的45%左右，全国仍有6000万 $hm^2$ 耕地缺乏灌溉条件。而水资源缺乏将成为21世纪中国农业的最大威胁，2005年农田干旱面积为3880万 $hm^2$，2007年就攀升到4900万 $hm^2$，在得不到灌溉的情况下，这些地区的农业生产只有靠天吃饭，生产很脆弱。

粮食产业发展的外延性依赖严重。2004年以来，粮食实现"十连增"，粮食单产对粮食增产起到重要的作用，但2005年、2007年、2009年粮食单产对粮食增产的贡献率分别为15%、9%、−375%，小于播种面积对单产的贡献率，总体来看，2004~2013年粮食播种面积的贡献率为34%，粮食单产的贡献率为66%，粮食增产对粮食播种面积的依赖性仍然很强，粮食单产贡献率仍然偏低。这说明我国农业科技整体水平与发达国家相比仍存在较大差距，科技贡献率由新中国成立初期的15%提高到目前的50%左右，但仍比发达国家低20多个百分点；我国一些主要农业生产资源利用率偏低，灌溉用水的有效利用率仅为30%~40%，而发达国家达到70%以上，我国粮食生产目前仍处在主要依靠增加物质投入实现增产的阶段，科技进步缓慢，据测算，2003~2009年我国粮食全要素生产率年均下降1.9%，科技对粮食增产的支撑作用有限，粮食生产具有外延性特征。今后一个时期，随着资源约束的加剧，依靠物质投入实现粮食增产的难度将不断加大。

粮食产业发展替代性问题严重。一是粮食作物替代经济作物。我国粮食10年增产的一个直接原因是粮食播种面积的增加，在10年中粮食播种面积净增超过1000万 $hm^2$。在农作物总播种面积增加幅度不大的基础上，粮食播种面积的增加意味着对油料、棉花等其他经济作物播种面积的挤占。2003~2013年农作物总播种面积增加1100万 $hm^2$，粮食播种面积连续10年增加1254万 $hm^2$，从最低点2003年的9941万 $hm^2$ 增加到2013年11 195万 $hm^2$，增长了12.6%，而油料和棉花播种面积分别下降了91万 $hm^2$ 和76万 $hm^2$，降幅分别为6.1%和14.8%。油料在2003~2007年播种面积大幅下降，降幅达到24.5%（图1.23）。油料和棉花播种面积下降，直接导致国内产量的下滑，供需缺口加大，进口增加。因此，2004年以来粮食产量的持续增加在一定程度上是以经济作物产量的下降为代价的，是一种暂时替代。如果未来非粮作物进口价格高或者进口受到限制，或者国内价格过快上涨，就可能会引起经济作物播种面积的增加，粮食播种面积存在被挤占的可能。二是粮食作物内部高产作物替代低产作物。2003~2012年三大主要粮食作物稻谷、小麦、玉米的产量几乎连年上升，增量分别达到4363万t、3409万t和9229万t，分别增长27.2%、39.4%和79.7%；而大豆和其他粮食作物的产量不升反降，9年共减产1114万t，降幅为19.7%。整体而言，玉米产量高速增长，成为促进粮食"九连增"的主力，对粮食增产的贡献率高达58.1%；稻谷和小麦次之，两者对粮食增产的贡献率分别为27.5%和21.5%；而大豆及其他粮食作物的产量下降，使得其对粮食增产起到负面作用，增产"贡献率"分别为–1.4%和–5.6%。从播种面积的角度来看，"九连增"期间我国粮食总播种面积呈增长趋势，累计增加1186万hm²，增幅为11.9%。其中，高产的稻谷和玉米播种面积分别扩大379万hm²和1088万hm²，分别增长14.3%和45.2%，高于粮食总播种面积的平均增速，在粮食总播种面积中所占的比例分别提高了0.5%和7.2%；而低产的小麦、大豆和其他粮食作物播种面积的增长则相对较慢，甚至出现了负增长。其中，小麦播种面积增加214万hm²，增长9.7%，低于同期粮食总播种面积的平均增速；大豆及其他粮食作物的播种面积分别下降了213.6万hm²和282万hm²，三者在粮食总播种面积中所占的比例分别减少0.4%、2.9%和4.4%。粮食作物内部呈现高产的稻谷和玉米种植比例逐年增加，而低产的小麦、大豆及其他粮食作物比例相对下降的趋势。

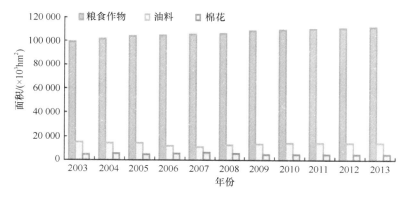

图1.23　2003~2013年我国主要农作物面积增长情况（彩图请扫描文后末页二维码阅读）
资料来源：根据国家统计局资料计算

## （二）粮食消费需求刚性增长，利用效率不高和浪费现象并存

人口数量上升拉动粮食消费增加。人口数量的上升是拉动粮食消费量增加的最直接动力。由于我国巨大的人口基数和一度过快的人口增率，世界上曾经出现过"谁来养活中国人"的质疑。虽然随着我国对粮食生产的重视和对人口增长的严格控制，我国已基本消灭了饥饿问题，但人口增长对我国粮食消费的巨大拉动力仍不容忽视。从1949年新中国成立初期的5.4亿人到2013年末的13.6亿人，我国人口增长了1.5倍。我国人口的增长量和增长速度在20世纪80年代后期达到顶峰后开始回落，而且出现了稳步降低的趋势，但我国人口总量的增加趋势依然很明显。即使不考虑粮食消费结构的变化，每年净增人口的粮食消费量都是一个相当大的数字。根据国家卫生和计划生育委员会的预测，到2020年、2030年，我国人口将分别增加到14.5亿人、15.0亿人，进入人口数量最多的一段时期，特别是随着二胎政策的实行，人口年增长率下降的趋势将得到遏制，人口将继续保持增长态势。人口增长将导致粮食消费需求的刚性增长。另外，随着居民

生活水平的提高和健康意识的提高，城镇居民的人均口粮消费量在连续几年的下降后开始逐步回升。这意味着居民口粮的消费量不会一直减少，口粮增加对消费依然存在潜在的拉动力。另外，考虑到我国目前仍有部分处于营养不良甚至饥饿中的人口，彻底解决他们的吃饭问题也是我国粮食安全面临的任务，虽然这部分需求量并不突出，但也是拉动粮食需求量增加的一个重要部分。

消费升级拉动粮食需求激增。我国未来粮食需求仍处于较快增长期，消费结构升级是主要拉动力，虽然口粮消费将会明显减少，但饲料用粮和其他食物消费会明显增加。从图 1.25 可以看出，我国进入居民口粮消费下降但肉、蛋、奶消费增加，消费结构加快转型升级的新阶段。过去 30 年间我国居民膳食结构调整的趋势显示，居民口粮消费大幅减少，肉禽、蛋类、奶类、水产品和油脂消费量都呈现上升趋势，只有果蔬类的摄入量变化不大。可以看出，我国正在经历食物结构的明显变化期，高价值、高营养食物更多地替代了粮食。

从图 1.24 还可以看出，我国的食物变化可以以 2000 年为节点分为前后两个时期，在 2000 年之前，口粮的降幅相对平缓，肉禽、蛋类、奶类和水产品人均消费量的增加也较为平缓；在 2000 年之后，蛋白质性食物的摄入量从稳定增长转变为较快增长，口粮消费量的减少也更加迅速。由于肉、蛋、奶等食物均需粮食转化，粮食消费总量仍呈增长趋势。借鉴国际尤其日韩两国经验，未来 10~15 年我国蛋白质性食物的消费量将继续增加。根据预测，到 2020 年和 2030 年，我国谷物消费总量将分别达到 5.7 亿 t 和 6.7 亿 t，结合以往经验，因消费结构升级产生的增长将会占需求总增量的一半以上。

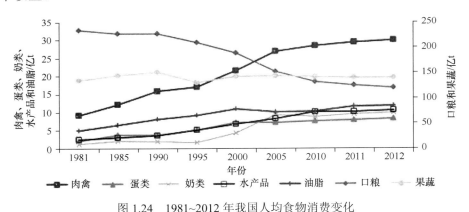

图 1.24　1981~2012 年我国人均食物消费变化

资料来源：根据国家统计局资料计算

损耗浪费现象加剧了粮食的供求失衡。虽然我国粮食安全现状并不乐观，但是，由于粮食消费在居民日常支出中所占的比例较低，国家为了保证民生又将粮食价格控制在一个相对稳定的水平，因此，我国居民普遍缺乏珍惜粮食的观念，粮食损耗浪费现象较为普遍。一是农户储存损耗较大。由于农户储粮装具简陋，保管水平低，受鼠害、虫害和霉变等因素影响造成粮食大量损失的情况尤为突出。根据国家粮食局的抽样调查，全国农户储粮损失率平均为 8% 左右，每年损失粮食约 2000 万 t，相当于 411 万 $hm^2$ 良田的粮食产量。农户储存的主要粮种中，玉米损失率最大，为 11%，稻谷平均损失率为 6.5%，小麦平均损失率为 4.7%，给我国粮食质量安全和食品安全带来很大隐患。二是运输装卸方式落后，撒漏损失较大。目前将我国东北地区的粮食运往南方销区一般需要 20~30 天，为发达国家同等运距所需时间的 2 倍以上。由于运输装卸方式落后，撒漏损失占 3%~5%，每年损失粮食 800 万 t（160 亿斤）左右。三是成品粮过度加工损耗大。由于消费习惯误区，成品粮过度追求亮、白、精，低水平粗放加工，既损失营养素又明显降低出品率，副产物综合利用率也很低，加工环节每年造成口粮损失 650 万 t 以上。四是食物浪费现象突出。中国科学院典型调查数据显示，居民食物浪费现象突出，全国每年浪费的食物相当于 9000 万~11 000 万 t 粮食。可以看出，我国的粮食消费中，有相当一部分的粮食并没有有效地被用于满足消费，这对于本来就不宽松的粮食供求状态来说无异于雪上加霜。

## （三）结构性矛盾不断加剧，地区供需失衡更加突出

粮食生产供需区域性矛盾突出。南方省份自古就是鱼米之乡，长期以来一直是我国粮食的重要主产区，改革开放 30 多年来，由于产业结构调整，南方粮食主产区的地位逐步被北方代替，我国粮食生产重心持续北移。据统计资料显示，北方粮食产量占全国的比例由 1980 年的 32.2% 增加到 2012 年的 46.4%；而同期南方粮食产量占全国的比例由 1980 年的 40.6% 下降为 29.4%（图 1.25）。目前，我国粮食的供求格局已大致形成：粮食供给有余的主要是东北地区（黑龙江、吉林和辽宁）、冀鲁豫地区（河北、河南、山东），长江地区（安徽、湖北、湖南、江西）和西北地区（甘肃、内蒙古、宁夏、山西、陕西、新疆）供给平衡略有余，供给不足的主要有东南地区（福建、广东、海南、江苏、上海、浙江）、京津地区（北京、天津）、青藏地区（青海、西藏）和西南地区（广西、贵州、四川、云南、重庆）。其中，东北地区、冀鲁豫地区在全国粮食安全保障中发挥着越来越重要的作用，东南地区、京津地区则相反，供求失衡日益严重，自给能力

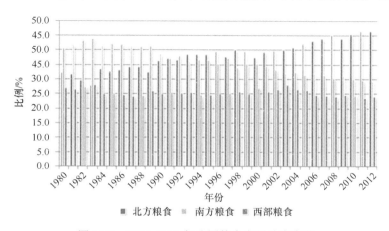

图 1.25　1980~2012 年我国粮食产量分布变化

资料来源：国家统计局

不断下降。这种分化最终导致了"南粮北调"向"北粮南运"的转变，并且，这一格局在进一步得到增强。

我国粮食重心北移虽然在很大程度上解决了南方经济发展对耕地的需求，但其后果是加剧了我国水资源与耕地资源在粮食中空间分布不匹配的局面。总体而言，耕地资源南方占40%，北方占60%，相应的，南方水资源占全国的81%，北方只占全国的19%。北方的水资源瓶颈更加突出。我国小麦主要分布在北方地区，生长期一般处于干旱季节，需要利用水库和抽取地下水进行灌溉，小麦用水占北方农业总用水量的70%以上，加剧了缺水的危机。由于超量开采地下水，华北地区已经形成了巨大的地下漏斗群，并成为世界4个严重缺水地区之一。由于稻谷的单产要远远高于大豆和小麦，而且东北稻谷一年一季，比南方的两季、三季稻谷口感好和销量好。因此原先种小麦、大豆的东北地区旱作耕地都改种稻谷这种高耗水的作物，黑龙江已经由一个水资源大省变成水资源稀缺大省。据预测，在未来10~30年，黄河每年缺水将达到40亿~150亿 $m^3$，北方其他江河流域的缺水问题也将逐渐加剧，地下水超采严重，湿地越来越少，资源保护与生态安全受到挑战。

粮食消费需求品种结构性矛盾加剧。随着我国居民生活水平的提高，我国粮食消费需求品种结构性矛盾也在不断加剧。一是口粮消费总体呈稳中有降态势，但粳稻的需求量上升较快。从近几年城乡居民的膳食结构来看，口粮消费总体已呈稳中有降态势。但值得注意的是，口粮消费中对粳稻的需求呈快速上升的趋势，特别是粳米在南方的消费比例越来越大。城乡居民的稻谷消费呈现由籼米向粳米转变的趋势。据统计资料显示，我国农村居民人均粮食消费由1981年的256kg下降到2010年的181.4kg，城镇居民人均粮食消费由1981年的145.4kg下降到2010年的81.5kg。城乡消费口粮总量也呈下降趋势，2000年城乡口粮总消费量为2.4亿t，2010年下降为1.77亿t。而随着居民生活水平的提高，人们对粳米的消费偏好增加。特别是进入20世纪90年代后，北方居民"面改米"和南方居民"籼米改粳米"，粳米消费不断增加。据测算，近20年人均年粳米消费量从17.5kg增加到30kg以上，人均消费量每年增长0.5kg以上。1980~2012年，我国粳米产量在稻谷总产量中所占比例由10.8%增至32.5%，籼米产量所占比例由89.2%降至67.5%。但是从全国稻谷生产发展形势来看，我国东北的黑龙江、辽宁、吉林三省稻谷产量占全国的16%左右，但水资源总量仅占全国的6%左右，"井灌稻"占了很大的比例，已造成地下水位持续下降，持续发展稻谷生产的能力堪忧。而南方稻谷主产区由于冶金、采矿业的发展，目前稻田土壤重金属污染日趋严重。由于稻谷一生的大部分时间处于水环境中，水体的存在导致重金属更容易被稻谷吸收并积累，严重影响我国稻谷质量和效益。二是饲料消费对粮食需求不断增长，玉米消费尤为突出。随着居民消费结构的改变，对动物性食品需求增加引发的饲料用粮消费迅速增长，饲料用粮已经成为我国粮食消费中增长最快的部分。我国每年饲料用粮消费约占粮食消费的40%，总量约为2亿t。其中，除生产豆类饲料大量依靠进口外，其他饲料用粮均应以国内自给为主。玉米作为饲料用粮的主力军，用作饲料用粮的玉米占全国玉米总产量的比例不断增加。20世纪80年代以前，我国玉米饲料消费量较低，之后快速增长，2003年消费量达到峰值，占玉米消费总量的76.6%。从2004年起在世界范围内出现寻求替代能源的热潮，刺激了我国玉米加工业的发展，玉米加工量年增长 20% 以上，年增加玉米消费量 300 万 t，2010 年国内工业消费量占消费总量的 26.22%，导致饲料消费开始回落，饲料消费量占总消费量的比例下降到 62.60%，但消费总量仍然呈现逐年上升势头，2012 年达到 12 040.2 万 t。玉米食用消费和种子消费多年变化不大，1999~2012 年年均食用消费 1061 万 t，占 7.48%，种子消费 119 万 t，占 0.86%。饲料用粮需求快速上升，成为推动粮食需求增加的最重要因素。此外，从地区平衡角度来看，我国饲料用粮主要输出区为东北地区和黄淮海地区，而长江中下游地区则是我国饲料用粮的主要输入区。这是因为我国南方一些畜牧业较为发达的省份并不是玉米和大豆等主要饲料作物的主产区。因此，除依靠进口的部分外，南方部分省份的饲料用粮只能依靠北方粮食的调运，这种情况正是我国"北粮南运"粮食流通格局形成的重要动因。目前，随着畜牧业规模经济的进一步发展，已经具有养殖业规模优势的省份更容易因"涓滴效应"而继续扩大规模，因此，照目前的情况来看，如果我国粮食产业和畜牧业格局不进行重大改善，"北粮南运"的情况在短期内不会改变。

# 三、制约粮食产业可持续发展的主要因素

## （一）资源短缺不可逆转，环境恶化进一步加剧

### 1. 耕地资源不断减少，耕地质量明显下降

耕地资源是粮食生产的最基础投入品，也是粮食生产的最基础载体，耕地资源的投入直接关系到我国粮食的产量和质量。但是，随着城镇化和工业化的发展，建设、居住、交通等各方面的发展不断增加对耕地的需求。虽然我国出台了极为严格的耕地政策，并提出了占补平衡等保护耕地的措施，但是，在城镇化、工业化的加速发展期，我国耕地资源不仅数量有所减少，耕地的平均质量水平也出现了下滑趋势。另外，由于城镇化的发展和居民生活水平的提高，蔬菜、水果、花卉等非粮食农产品需求的增加，也导致了种粮耕地面积的减少，进一步威胁粮食生产水平。

从长期来看，城镇化和工业化进程的推进，将会从以下三个方面给我国耕地带来长期的压力：第一，直接占用。城市的扩建、新城区建设、农村集体经济发展、交通发展都需要占用大量的耕地。第二，种植结构调整。由于城镇化发展和居民生活水平的提高，对农产品多元化的需求日益提高。转移的城镇中的居民对于蔬菜、水果、花卉等经济作物的需求日益增加，面对这种情况，种粮农民由于比较收益较低而将原本种粮的耕地投入其他农产品的生产中，减少了种粮耕地的数量。第三，质量降低。为了保证我国整体的粮食安全水平，我国东北、华北的粮食主产省面临着不断增产的压力，"北粮南运"成为我国粮食流通的主体趋势。在这种情况下，随着工业化和农业现代化的发展，我国粮食单产能力不断提高。但是，必须看到，农业科技进步和高产作物增加作用下的粮食增产，在一定程度上"掩盖"了我国很多地区有效耕层日渐变薄、耕地质量下降

的严峻现实。

## 2. 水资源短缺且时空分布不均，粮食主产区用水矛盾愈加突出

与耕地资源类似，水资源也是直接影响我国粮食生产的重要因素。虽然我国水资源比较丰富，但是，由于我国特殊的气候条件，我国水资源和粮食耕地资源分布错位、雨热不同季现象比较突出，影响了我国粮食生产中水资源的有效利用，水资源对粮食供给的制约问题日益突出。

首先，我国水资源人均占有量和单位面积国土水资源的拥有量都较低。根据《2011年中国水资源公报》，2011年，我国水资源总量为 23 256.7 亿 m³，在国际上属于水资源比较丰富的国家。但是如果按照人均水资源占有量来计算，我国 2011 年人均水资源占有量仅为 1726m³，不足世界平均水平的 1/4。另外，如果考虑我国单位面积国土的水资源拥有量，情况也不容乐观。以目前能获取到的最新数据（《2011年中国水资源公报》）来看，2011 年，我国平均每单位面积国土水资源的占有量仅为世界平均水平的 4/5。

其次，我国水资源和耕地资源分布错位，影响了水资源的有效利用。在我国，水资源分布南多北少，耕地资源也是南方优于北方。但是，20 世纪 90 年代以来逐渐出现了"北粮南运"的趋势，南方的粮食生产出现了较大的滑坡，粮食生产中心北移。南方一些水资源丰富的省份粮食生产规模却非常小，而北方一些水资源匮乏的省份却负担了极为重要的粮食生产任务，这无疑进一步加剧了缺水的矛盾。

最后，大量的北方水资源"随粮南运"加剧了我国粮食生产可持续发展的风险。改革开放后，一些东南沿海水资源条件较好的地区出现了粮食生产能力下降快、粮食需求增长多的现象。延续了近千年的"南粮北调"格局发生了改变，粮食流通系统出现了规模越来越大的"北粮南运"情况，这意味着相当数量的北方水资源被转运到了本不缺水的南方省份。这种资源错位使得本就水资源紧张的北方面临更大的水资源供求失衡。以华北平原为例，由于多年地下水超采，华北平原已经成为世界上最大的"漏斗区"。对于浅层地下水超采的问题可以通过降水等方法补充，但是深层的地下水补充非常困难，过度超采的地区将会面临地质沉降问题。长此以往，也必然会影响华北平原粮食的长期生产能力，威胁我国粮食安全水平（图 1.26）。

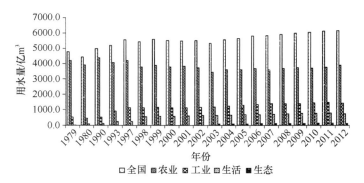

图 1.26　1979~2012 年我国水资源消耗用途变动图
资料来源：根据国家统计局资料计算

### 3. 气候变化异常，加剧粮食生产的波动性

全球变暖，极端气候频发，粮食生产环境和条件恶化，粮食生产的自然风险不断加大，给粮食安全带来了极大的压力。中国气象局国家气候中心首席专家徐影研究员称，21世纪我国极端气候可能更频繁，极端气候事件趋强趋多，气候变化的负面影响大于正面影响。气候变化使中国未来农业可持续发展面临三个突出问题：一是极端气候事件频率的变化直接影响农作物产量，致使农业生产能力的不稳定增加，产量波动加大。二是极端气候变化一方面导致病虫害发生规律性变化，引起农业生产条件的改变，另一方面增加了未来农业生产的自然风险，这些都导致农业成本和投资大幅度增加。三是极端气候的变化威胁水资源安全，水资源时空分布失衡的情况更加突出，干旱和洪涝发生的可能性加大，甚至改变中国主要作物品种布局和生产能力，严重影响粮食生产和供给。

### 4. 农业面源污染严重，工业污染对粮食生产的危害进一步凸显

近年来，我国部分地区农业环境污染状况严重，多种污染呈现不断蔓延累积的态势。近年来，我国化肥施用量达 $40t/km^2$，远超发达国家 $25t/km^2$ 的安全上限。秸秆焚烧、农膜残留、畜禽养殖粪便、农村生活垃圾和污水等已成为我国农业面源污染和农村生态环境恶化的主要因素。工业和城市对农业环境的污染有增无减，土壤重金属污染正进入一个"集中多发期"。以镉污染为例，与20多年前相比，西南地区增加了82.4%；沿海地区增加了69.0%；华北、东北、西北地区增加了10%~40%。重金属污染直接导致粮食减产或绝产，进一步加剧了我国农业生产环境的恶化。

多重污染累积叠加对粮食质量安全的影响不断凸显。2012年，农业部针对北京、天津等10个省（市）工矿与城镇生活密集区的调查显示，小麦、玉米及稻谷等60种800余个农产品样本中镉超标13.29%，砷超标19.34%，铅超标12.72%，汞超标5.34%，铬超标1.5%。粮食质量安全事件给相关产业发展带来巨大挑战。2013年，湖南万吨稻谷镉超标事件直接导致湖南最大的米市兰溪米市周边70%的米厂停工。农业生产环境污染日趋加剧，成为困扰粮食产业可持续发展的焦点问题之一。

## （二）劳动力和土地成本不断提升，种粮比较效益持续偏低

### 1. 劳动力投入严重不足

在我国农村存在大量的剩余劳动力时，劳动力的供给对粮食生产的影响并不明显。但是，随着城镇化和工业化的推进，大量的农村优质劳动力逐渐转移到了城市，脱离了粮食生产，农村出现了种粮劳动力数量减少、质量降低的情况。在经历30年的高速经济增长和成功的经济改革之后，坚持认为我国农村仍然有高比例、大规模的剩余劳动力的观点，已经成为缺乏经验证据的教条。因此，虽然从绝对数量上看，我国农村仍然存

在一定数量的剩余劳动力，但劳动力结构上存在明显的供求失衡。

在城镇化和工业化背景下，非农产业收入明显高于农业产业，导致农民从事农业劳动的机会成本增加，大量的优质劳动力从农村转移到城市，从事二三产业。另外，即使还有一部分农民仍然从事农业生产，但由于种粮的比较收益远远低于种植其他经济作物或者从事养殖业，相当一部分农民放弃了粮食生产而转为种植其他作物甚至退出种植业。我国的很多农村中，留在粮食生产中的劳动力被称为"三八六一九九部队"，即从事粮食生产的劳动力多为女性、儿童或者老人。可以看出，我国粮食生产的劳动力投入不仅面临着投入数量的减少，还面临着因劳动者自身劳动素质降低而导致的有效劳动投入不足的问题。

事实上，种粮劳动力的选择和转移也能够在一定程度上解释为何经济发达的地区在拥有更先进的农业机械和更充足的科技投入的情况下，粮食生产一再滑坡、耕地出现大面积的抛荒弃耕现象。这是因为在经济相对发达的地区，二三产业发展迅速，吸纳劳动力能力强，吸引了大量的农村转移劳动力，并使得这部分农村家庭的主要收入来源由农业转为非农产业。对于这些家庭来说，农业生产，尤其是粮食生产的积极性迅速降低，粮食生产被逐步兼业化和边缘化。相反，在一些城镇化和工业化滞后的经济欠发达地区，二三产业就业机会少，吸纳转移劳动力的能力有限，农业劳动力转移的难度高，农民种粮的机会成本低。因此，理性的农民就会选择继续留在粮食生产中，粮食生产在一定时间内也就呈现出了一种相对稳定的状态。但是，也必须考虑到，随着我国大范围城镇化的推进和农村劳动力转移的规模扩大，这些经济欠发达地区也会逐步出现农民劳动力大量外流的现象，使粮食生产受到冲击。

## 2. 土地租金进一步增高

城镇化和工业化对土地的需求增加，以及种植业内部不同作物的竞争，抬高了土地租金，增加了粮食生产的机会成本。根据黑龙江肇东市的调研数据，2009~2012年，该市土地租金每亩每年增长50元左右，3年间，每年每亩土地流转费在生产成本中所占的比例上升1个百分点。过去10年间，我国土地资源的机会成本年均上涨10%左右，成为制约粮食生产效益提高和影响农户种粮积极性的重要因素。

## 3. 种粮比较效益低

现阶段，由于农资、土地与劳动力成本不断攀升，我国粮食生产的收益受到挤压，农户种粮积极性受到影响，缩减种植面积和减少种粮投入的情况较为常见。目前，小农户生产仍是我国粮食生产的主力。随着近年来粮食最低收购价政策的推行和粮食生产支持政策的出台，粮农的生产收入已有较大幅度增长。但是，受国际石油价格上涨等原因的影响，种子、农药、化肥等农资成本居高不下，种粮收益始终偏低。2003~2010年，尽管粮食平均价格上涨了53.7%，但化肥价格指数上涨60.2%，农药价格指数上涨20%，农资成本的快速上涨较大程度地压缩了种粮收益的上升空间。

伴随着农村劳动力的大量转移及土地流转需求的增多，农业生产的劳动力和土地成本也由隐性转为显性，且在总成本中所占比例不断攀升。在劳动力方面，农业生产季节性用工普遍增多，价格不断攀升。据分析，粮食生产成本中，人工成本所占比例在2011年已达44.1%。劳动力价格上升也是种粮收益递减的重要因素。

### 4. 支持政策边际效益递减

2004年以来中央重视农业支持粮食生产的政策对促进粮食增产发挥了至关重要的作用。从2004年开始，财政"三农"投入总量不断增加，各项补贴规模不断扩大，中央财政用于"三农"的支出由2004年的2625.8亿元增加到2010年的8183.4亿元，粮食直补、良种补贴、农机具购置补贴和农资综合补贴"四补贴"由2004年的144.6亿元增加到2010年的1345亿元。同时我国不断深化农村改革，从2001年开始试点农村税费改革到2006年在全国范围内取消了农业税，2004年出台并实施了以最低收购价为主要内容的粮食托市政策，2008年以来实行粮食收储政策等，这些政策增加了种粮农民的收益，激发了种粮积极性，对保持粮食生产增长起到了关键作用。一旦政策支持强度减弱，或惠农政策不足以弥补市场波动给农民带来的效益损失时，粮食生产就可能会出现波动。

## （三）国内粮价高于国际市场，粮食安全风险进一步加大

近年来我国农业正进入生产成本快速上涨期，劳动力成本不断增加，农资价格总体上涨、物流成本不断提高，加之在最低收购价、临时收储等政策的作用下，我国粮食价格总体呈上涨趋势，价格竞争力受到一定程度的削弱。而同期国际粮价高位回落。从2010年起，我国所有粮食品种价格全都高于国际市场离岸价格（钱克明，2014）。在国内外市场联系越来越紧密的背景下，国际低价粮对我国粮食安全造成的风险进一步加大，不利于国内粮食安全和农业的长期稳定发展。

### 1. 主要农产品对外依存度必将进一步提高

小麦方面，美国小麦市场价格2007～2008年高出中国市场约1000元/t，美国小麦2008年暴涨至约2800元/t之后急剧回落，在长达数年的时间里，在1500元/t上下震荡，中国白小麦价格始终保持平稳上升的趋势。2013年底，中国小麦升至约2500元/t，美国小麦约为1300元/t，中、美两国小麦价格差异约为1200元/t。玉米方面，中国、美国玉米价格曲线在2008年经历了两次相交，价格约为1600元/t；但是之后，美国玉米价格开始下跌，在2009年中期跌至约900元/t，而中国玉米价格从2005年起保持稳中上涨的趋势，于2013年底攀升至约2250元/t，两国价格差额约为1250元/t。稻谷方面，美国生产的稻谷在国际市场影响有限，因此以越南稻谷作为比较对象。从2005~2013年的中、越市场价格对比来看，2005~2008年，中、越两国价位走势接近，越南破碎率为5%的稻谷离岸价格（FOB）（折算稻谷）略低于中国。2008~2009年，越南稻谷攀升至

约 5000 元/t 的高位后，大幅下降，至 2013 年底，中国稻谷约为 2900 元/t，而越南破碎率为 5% 的稻谷 FOB 价格（折算稻谷）则约为 1900 元/t，两国差价达到了 1000 元/t 左右（胡军华，2014）。

国内外较大的粮食差价导致我国粮食进口屡创新高。据海关统计数据显示，2011 年全国粮食总进口量达到 5809 万 t、金额为 318.78 亿美元。其中稻谷、小麦、玉米和大豆的进口量分别为 59.8 万 t、125.8 万 t、175.4 万 t 和 5264 万 t。而 2012 年分别猛增至 231.6 万 t、368.9 万 t、520.74 万 t、5838 万 t，同比增长 305%、193.2%、197.08%、11.2%（陈国发，2014）。我国 4 种粮食进口均呈现出增长趋势。总体上判断，随着国内农产品生产成本的提高和消费者对产品质量要求的提高，传统的以调节供求关系和品种调剂为目的的贸易格局已被打破，进口产品的同质性进一步增强，农产品贸易已开始由互补型向互补与竞争并存型转变，农产品对外依存度必将进一步提高。

### 2. 农民种粮积极性受影响，同时增加了政府的调控难度

一直以来我国坚持立足国内实现粮食基本自给的方针，年际产需基本平衡，加之国家实现大规模的粮食收储政策，起到了价格杠杆和稳定器的作用，我国粮食市场基本为"体内循环"，具有相对的封闭性和独立性，游离与国际大市场之外，农民的种粮积极性得到了一定的保护。从 2007 年以来，我国农产品生产价格除 2009 年外，均以两位数上涨，其中 2007 年高达 18.5%，虽然粮食产量增加和价格上升，但纯收益在下降。2011 年小麦每亩纯收益由上年的 471 元下降到 465 元。随着全球贸易一体化进程的加快，我国粮食市场与国际市场加速接轨，粮食进口的不断加大和种粮比较效益的持续降低势必影响农民种粮的积极性，粮食种植面积有可能下降，这反过来会进一步加大进口，进入恶性循环。如果政府继续提高粮食收购价，粮食的进口量势必增加；但是若不提高粮食最低收购价，又跟不上生产成本的上升，影响农民的种粮积极性，我国现行的粮食价格调控政策也将陷入"两难"的境地，最后可能导致类似大豆及其产业链被控制的不利局面。

# 四、世界粮食安全形势及其对我国粮食产业可持续发展的影响

## （一）世界粮食安全状况

### 1. 世界粮食安全总体形势不容乐观

近年来受国际金融危机、气候变化和能源政策等因素的影响，世界粮食供求在总体平衡情况下不断趋紧，尤其是区域性紧缺不断加剧。根据联合国粮食及农业组织数据，

2012 年全球饥饿人口为 8.7 亿人，主要分布在发展中国家，以南亚、东亚和撒哈拉以南非洲国家为主。亚洲地区目前有 5.6 亿人吃不饱肚子。中国农业部部长韩长赋在博鳌亚洲论坛 2013 年年会上表示，全球粮食库存目前降至 5 年来最低，国际粮价高位剧烈波动，世界粮食安全面临严峻挑战。

联合国世界粮食计划署（WFP）与英国风险分析公司 Maplecroft 于 2010 年 8 月公布了"2010 年粮食安全风险指数"。粮食高度安全的国家多位于北美洲及欧洲的发达经济体，其中芬兰最安全，其次是瑞典、丹麦及挪威等北欧国家。加拿大（排 159）和美国（排 158）也属于粮食高度安全国家。中国从 20 世纪 90 年代初的粮食高度安全国家，下降到中度风险国家，排在第 96 位。被评为高风险国家的有孟加拉国（排名 23）、巴基斯坦（排名 30）、印度（排名 31）、菲律宾（排名 52）。被评为极度高风险国家的以阿富汗居首，其次是刚果（金）民主共和国、布隆迪、厄立特里亚、苏丹、埃塞俄比亚、安哥拉、利比里亚、乍得和津巴布韦。50 个极度风险国家中有 36 个在撒哈拉以南的非洲。

英国经济学人智库（EIU）发布《全球食品安全指数》2013 年度报告，对世界 107 个国家粮食安全水平进行评分和排序。结果表明，美国和北欧国家粮食安全水平最高。中国得分 60.2，位居第 42 位，属于基本安全。印度得分 44.4，排名第 70 位。撒哈拉以南非洲国家仍然是粮食安全水平最低的地区，埃塞俄比亚、波茨瓦那、多米尼加共和国和尼日尔等非洲国家粮食安全水平的改善最为显著。刚果（金）民主共和国、乍得和多哥分别排在最后，是目前粮食安全最不安全的国家。

据世界银行、联合国粮食及农业组织和美国农业部的分析，国际市场高涨和动荡的粮食价格是粮食安全状况恶化的主要原因。今后粮食价格在高位上波动将会成为国际粮食市场的"新常态"，加之国际上大国博弈、政局动荡不稳，都加剧了维持粮食安全的难度。

## 2. 世界粮食供给长期低速增长且区域发展不平衡

联合国粮食及农业组织的数据表明，近 50 多年（1961~2011 年），全球耕地面积从 12.82 亿 hm$^2$ 提高到 13.96 亿 hm$^2$，年平均增长 0.17%。而此期间，人口的年平均增长率为 1.64%，远快于耕地的增长，人均耕地面积从 3.12 亩下降到 1.50 亩。全球谷物生产供给基本呈平稳波动增长，1961~2012 年谷物增长 1.9 倍，略高于同期的全球人口的增长（1.3 倍），年平均增长率维持在 2.11%，见图 1.27。

在北美和欧洲粮食安全较高的地区，作为粮食安全基础保障的耕地面积在不断减少，粮食安全不稳定地区的非洲和南美洲耕地面积在不断增加，亚洲耕地面积变化呈现先减后增的趋势，拐点出现在 1994 年。

从世界谷物生产增速来看（图 1.28），亚洲谷物生产增长最快，1961~2012 年的 50 多年间增长了近 3 倍（2.94 倍），年平均增长率高于世界平均水平，达到了 2.72%，产量也远超其他 4 个地区。北美洲和欧洲谷物生产年平均增长率分别为 1.61% 和 0.91%。

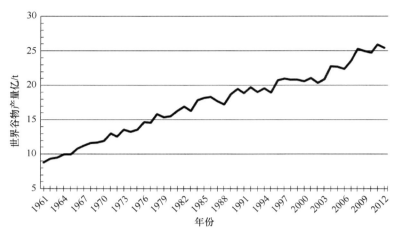

图 1.27　世界谷物的供给

资料来源：FAOSTAT

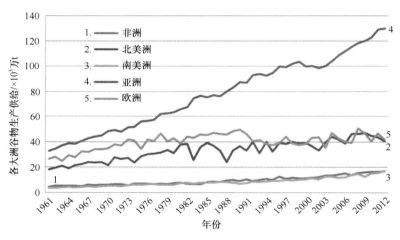

图 1.28　各大洲谷物生产供给

资料来源：FAOSTAT

　　单位面积谷物产量作为衡量谷物生产物质投入与技术水平的综合指标，世界主要地区生产水平的差距很显著。北美洲谷物单产最高，欧洲其次，其技术与耕地的优势是其他地区不可比拟的，是今后世界粮食安全最重要的依赖地区。以精耕细作为代表的亚洲地区并不是单产最高的地区，这突显了现代农业中技术和物质装备与投入的重要作用。

### 3. 全球粮食人均占有量和需求短缺呈现区域性特点

　　1961~2012 年，世界人均谷物占有量从 284.17kg 提高到 361.12kg，增长 27.08%。北美洲人均谷物占有量最高，虽然波动较大，但从未影响到这一地区的粮食安全，2012 年为 1161.0kg。欧洲人均谷物占有量为 566.05kg，也是粮食安全程度较高的地区之一。亚洲人均谷物占有量低于世界平均水平，2012 年为 305.29kg。中国人均谷物占有量从

321.89kg 增加到 783.97kg，是世界平均水平的 2.17 倍，年平均增长 1.76%。非洲在1961~2012 年，人均谷物占有量变化不大，基本徘徊在人均 150kg 水平，2012 年非洲人均谷物占有量为 156.50kg，仅为世界平均水平的 43.33%，是粮食最不安全的地区，见图 1.29。

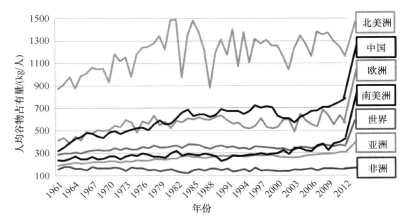

图 1.29　世界人均谷物占有量
资料来源：FAOSTAT

从五大洲消费需求看，由于非洲人口与经济增长的拉动，需求增长较快，生产供给长期不能满足本地区的需求增长，存在较大缺口，谷物的短缺还有扩大的趋势，2009年，非洲供需缺口达 1.06 亿 t。

亚洲谷物需求自 1961 年以来一直呈平稳增长的态势，但由于同期耕地面积和单位面积产量增长的双重作用，使得这一地区的生产供给与需求之间的缺口并没有呈现扩大的趋势。仅在 21 世纪初谷物供给有较大波动时，供需缺口达到了历史高位 1.2 亿 t（2003年），此后逐年下降，到 2009 年供需缺口维持在 4400 多万 t 的水平。

南美洲谷物需求长期以来呈现波浪式增长，且与供给高度同步。1961~1989 年这一地区谷物供给与需求基本持平，略有剩余。此后出现短缺，直至 1996 年才结束了短缺局面。从 1997 年开始又一轮的供给大于需求，生产供给剩余的阶段。此阶段谷物剩余量为 240 万~1700 万 t。

北美洲谷物供给与需求长期以来都处于过剩状态，是全球谷物最主要的出口地区。由于这一地区的美国和加拿大谷物自给率很高，谷物生产长期处于过剩状态，出口比例较大。因此其谷物产量对国际市场的依赖性很强，种植面积和产量严重依赖国际市场谷物价格。当国际市场谷物价格高时，其国内休耕地用于扩大生产；而当国际谷物价格下降时，通过扩大休耕地面积减少种植，压缩产量。

欧洲谷物供给与需求在 1961~2009 年经历先增长后下降，先短缺后过剩的过程。欧洲谷物需求在1990 年达到历史高位的 4.86 亿 t 后开始下降，经历 10 年的震荡下降后，于2000 年开始进入了缓慢增长时期。到 2009 年，这一地区谷物需求基本维持在 4.0 亿 t 的水平。进入 21 世纪后，谷物生产供给进入了过剩时期，多数年份在 4000 万~6000 万 t。

#### 4. 全球粮价高位运行加剧粮食安全风险

21 世纪粮食危机暴发后，世界粮食价格持续维持在高位运行。据 FAO 统计，国际谷物价格指数于 2007 年跃升至 163 之后，在波动中仍不断攀升，2012 年达到 236。与 21 世纪初相比，2012 年国际谷物价格指数增长 1.6 倍，国际食品价格指数增长 1.3 倍。世界粮食价格的攀升对粮食净进口国产生了巨大影响，在许多国家引发了不同程度的社会动荡和饥民抗议，甚至出现政权更迭。据世界银行统计，2010~2011 年，粮食价格上涨使近 7000 万人陷入极端贫困，而仅仅是 2010 年，全世界遭受饥饿的人口就高达 9.25 亿人。

#### 5. 全球粮食贸易格局趋于集中使全球粮食市场更加不稳定

20 世纪 90 年代以来，全球农产品贸易结构发生重大变化，谷物类农产品贸易占总贸易额的比例不断下降，但是谷物出口更为集中，最不发达国家对进口的依赖性迅速提高。2008 年，美国、澳大利亚、阿根廷、法国、德国、俄罗斯、乌克兰等少数国家谷物出口量占全球总出口量的比例达到 71.3%。据 FAO 研究，2003 年最不发达国家 17% 的粮食依赖进口，比 1970 年提高 9 个百分点。谷物出口国的集中和欠发达国家对外依存度的提高使全球粮食市场的风险加大。同时，由于粮食属于敏感产品，国际市场的任何风吹草动都容易造成恐慌，影响到各主产国的粮食政策，不利于全球粮食市场的稳定。

#### 6. 饲用粮需求快速增长及生物燃料开发影响全球粮食安全

伴随以中国为代表的发展中国家经济快速增长和收入提高，对畜产品的需求也越来越大，畜产品需求提高拉动了饲料用粮的快速增长。饲料用粮的需求增长必将进一步提高国际粮价，加剧国际粮食供求的紧张关系。

随着国际油价攀升，近年来发达国家加大了对生物燃料生产的支持。1980/1981~2010/2011 年，美国用于生产乙醇的玉米消耗量由 88.9 万 t 增加到 1.28 亿 t，占玉米总产的比例由 0.53% 提高到 40.3%，达到全球玉米产量的 25%，能源玉米的大量消耗，降低了全球粮食贸易量，加剧了全球粮食安全的严峻形势。

#### 7. 粮食贸易政策不确定影响全球粮食安全稳定

2008 年前后，全球出现 30 年来最大的粮价波动，据报道当时有 18 个国家降低了谷物进口关税，17 个国家实施了粮食出口限制；在消费政策方面有 11 个国家降低粮食税，8 个国家实施了价格控制。例如，阿根廷一直对玉米和小麦出口实行配额限制；印度于 2011 年对小麦粉出口进行了限制；乌克兰于 2012 年 2 月暂时禁止运粮火车出境以确保国内供应充足。2009 年由于金融危机和国际粮价暴涨，全球饥饿人口上升到 10.2 亿人。

## （二）未来增长前景

采用粮食和农业政策研究所（FAPRI）数据库，对 2015~2020 年世界主要粮食，即小麦、玉米、稻谷和大豆 4 个品种的未来增长前景进行分析。未来 4 个主要粮食品种生产与消费情况见表 1.6。

表 1.6　未来小麦、玉米、稻谷和大豆的生产与消费预测

| 粮食品种 | 变量 | 2015 年 | 2016 年 | 2017 年 | 2018 年 | 2019 年 | 2020 年 |
|---|---|---|---|---|---|---|---|
| 小麦 | 生产量/万 t | 70 529.70 | 71 343.26 | 72 218.08 | 72 988.78 | 73 516.65 | 74 409.65 |
| | 消费量/万 t | 69 705.64 | 70 549.30 | 71 354.23 | 72 193.19 | 72 764.46 | 73 612.13 |
| | 生产量–消费量/万 t | 824.07 | 793.96 | 863.85 | 795.60 | 752.19 | 797.52 |
| | 人均占有量/kg | 96.29 | 96.34 | 96.49 | 96.51 | 96.22 | 96.43 |
| 玉米 | 生产量/万 t | 92 863.69 | 93 829.26 | 95 953.02 | 96 816.79 | 98 543.98 | 99 918.36 |
| | 消费量/万 t | 91 934.95 | 93 439.49 | 95 236.54 | 96 458.02 | 98 005.70 | 99 437.09 |
| | 生产量–消费量/万 t | 928.74 | 389.78 | 716.49 | 358.78 | 538.28 | 481.27 |
| | 人均占有量/kg | 126.78 | 126.71 | 128.21 | 128.02 | 128.98 | 129.48 |
| 稻谷 | 生产量/万 t | 45 776.82 | 46 170.09 | 46 627.16 | 46 962.48 | 47 405.47 | 47 668.07 |
| | 消费量/万 t | 45 856.28 | 46 236.58 | 46 621.63 | 46 997.40 | 47 409.75 | 47 762.19 |
| | 生产量–消费量/万 t | −79.46 | −66.50 | 5.53 | −34.91 | −4.29 | −94.12 |
| | 人均占有量/kg | 62.50 | 62.35 | 62.30 | 62.10 | 62.05 | 61.77 |
| 大豆 | 生产量/万 t | 27 414.69 | 27 982.96 | 28 402.56 | 28 906.69 | 29 325.98 | 29 832.61 |
| | 消费量/万 t | 27 680.10 | 28 191.77 | 28 632.70 | 29 118.30 | 29 561.24 | 30 048.25 |
| | 生产量–消费量/万 t | −265.41 | −208.81 | −230.15 | −211.61 | −235.26 | −215.65 |
| | 人均占有量/kg | 37.43 | 37.79 | 37.95 | 38.22 | 38.38 | 38.66 |

资料来源：2012 FAPRI-ISU World Outlook，人口来源：FAOSTAT

### 1. 小麦生产与消费基本平衡，略有剩余

根据粮食和农业政策研究所（FAPRI）的预测，未来 7 年小麦生产与消费基本平衡，略有剩余。到 2020 年世界小麦生产量达到 7.44 亿 t，年平均增长 0.97%，人均 96.43kg。消费需求达到 7.36 亿 t，年平均增长 1.10%，消费需求增长略快于生产供给的增长，供需处于紧平衡。

2020 年全球小麦进出口量将达到 1.18 亿 t，年平均增长 1.0%。主要出口国家和地区为俄罗斯、美国、澳大利亚、欧盟、乌克兰和阿根廷，这些主要国家和地区小麦出口量占世界小麦贸易量的 99%以上。

全球小麦的进口国主要集中于非洲、亚洲的国家和地区，埃及、阿尔及利亚、巴西和日本年进口小麦量都要在 500 万 t 以上。世界进口小麦前 10 名国家的进口量占世界小麦总贸易量的 40%。

### 2. 玉米消费快速增长，下降趋势明显且波动较大

2014 年玉米供需存在 400 多万 t 的缺口，2015~2020 年玉米生产供给大于消费需求，表现为生产供给过剩。到 2020 年世界玉米生产量达到 9.99 亿 t，年平均增长 1.52%，人均占有量维持在 129kg 左右。消费需求达到 9.94 亿 t，年平均增长 1.59%。由于未来玉米消费增长快于生产供给的增长，玉米剩余量有下降的趋势，且波动较大。

玉米出口主要集中于美洲国家。2020 年玉米进出口量达到 1.01 亿 t，年平均增长 2.52%。主要出口国家为美国、阿根廷、乌克兰和巴西，玉米出口量占世界玉米贸易量的 92% 以上。

玉米进口主要集中于日本、墨西哥、韩国、埃及和中国台湾是玉米主要进口国家和地区，其次为马来西亚、中国大陆，其进口量占世界玉米贸易量的 50% 以上。

### 3. 稻谷供需基本持平，但供需缺口仍波动较大

2014~2020 年稻谷消费需求略大于生产供给，缺口最多的年份不足 200 万 t（2014 年），稻谷供需基本持平。到 2020 年世界稻谷生产量达到 4.77 亿 t，年平均增长 0.75%，人均占有量维持在 61kg 左右。稻谷消费增长主要在亚洲和非洲地区，消费需求达到 4.78 亿 t，年平均增长 0.78%。未来一段时期稻谷供需虽然基本持平，但供需缺口仍波动较大。

2020 年稻谷进出口量将达到 3670.5 万 t，年平均增长 1.80%。主要出口国家为泰国、印度、越南、巴基斯坦、美国、缅甸、中国、乌拉圭、柬埔寨和埃及。年出口稻谷 500 万 t 以上的国家为泰国、印度、越南，出口量占世界稻谷出口量的 65% 以上。

稻谷进口主要集中于亚洲和非洲国家，菲律宾、尼日利亚和伊朗是稻谷进口最多的国家。

### 4. 需求略大于生产供给，大豆供需少量短缺

2014~2020 年大豆消费需求略大于生产供给，大豆供需少量短缺。到 2020 年世界大豆生产量达到 2.98 亿 t，年平均增长 1.62%，人均占有量维持在 38kg 左右。消费需求达到 3.0 亿 t，年平均增长 1.63%，由于人口和食物消费的改善呈刚性增长，大豆供需会长期处于短缺状态。

2020 年大豆进出口量达到 1.11 亿 t，年平均增长 1.95%。主要出口国家为巴西、美国、阿根廷、葡萄牙和加拿大，主要国家出口量占世界大豆贸易量的 96% 以上。

大豆进口主要集中于亚洲和欧洲国家及地区，中国大陆、欧盟是大豆主要进口国家和地区，年均大豆进口量均在 1000 万 t 以上，其进口量占世界大豆贸易量的 78% 以上。其次为墨西哥、日本、中国台湾和韩国。

## （三）对我国的影响及机会

目前，我国按加入世界贸易组织的承诺，取消了所有非关税措施，平均关税水平仅

为 15%，仅为世界平均水平的 1/4，是世界上最为开放的市场之一，粮食生产、加工和消费与国际市场的联系日益紧密，一方面，我国可以从国际市场调剂粮食满足国内需求；另一方面，国际粮食市场供求和粮价波动也会给我国粮食生产和需求带来巨大冲击。

### 1. 把握国际市场小麦价格波动周期，适当进口

据海关统计，2012 年中国进口小麦 368.9 万 t，2013 年全年共进口小麦 550.7 万 t，创历史新高。进口猛增的主要原因是进口小麦价格和质量的优势明显。依据 FAPRI 的预测数据，中国未来几年小麦供给与需求基本维持平衡，适量进口优质强筋、弱筋小麦，到 2020 年我国小麦净进口量维持在 160 万 t 左右，占国际小麦贸易量的 1.38%。而且这一比例呈不断增加的趋势，而国际市场小麦价格的可能变化趋势是先缓慢增加然后缓慢下降，与农业生产周期性变化有很大关系。从长远趋势看，国际市场小麦价格周期性波动，把握好波峰和波谷的变动规律，对我国小麦进口是有利的。

### 2. 玉米进口持续快速增长，适当挖潜国内生产潜力

中国是世界第二大玉米生产国，2009 年前中国玉米长期供大于求，处于净出口状态。由于国内玉米供需偏紧，玉米价格不断上涨，2010 年第一次从玉米净出口国转变为净进口国。此时国际玉米丰收，贸易量猛增，进口玉米价格具有明显优势，造成中国玉米进口量激增。

据中国海关数据计算，2010 年、2011 年玉米净进口量分别为 157 万 t 和 175 万 t，2012 年净进口量猛增为 514 万 t，2013 年玉米进口量为 330 万 t，比 2012 年有所下降。根据 FAPRI 的预测，未来中国玉米供需长期偏紧，玉米净进口将成为常态。虽然中国进口玉米增长较快，占国际贸易比例并不高，但这一比例会逐步增长，到 2020 年可能会达到 3.1%。随着中国经济快速发展和收入提高，对肉制类需求高速增长，这也拉动了对饲料用粮和玉米的需求，未来我国粮食缺口最大的是饲料用粮，而饲料用粮中缺口最大的品种是玉米。如果我国玉米进口持续快速增长，将会改变原有的国际玉米市场甚至国际粮食市场的格局，使玉米价格大幅提高，对我国粮食安全产生不利的影响，致使玉米有可能成为"第二个大豆"。

### 3. 保口粮，稳供给，合理引导稻谷生产贸易

中国是世界最大的稻谷消费国，也是世界最大的稻谷生产国，产量占世界稻谷生产量的 1/4。从 2004 年开始稻谷生产量逐年减少，2011 年由净出口转为净进口。2012 年我国稻谷生产量达到了 2.04 亿 t，同年稻谷进口量达到了 236 万 t，从越南、泰国进口占 7 成以上，东盟国家已经成为中国最大的进口稻谷来源国。USDA 的数据显示，2013 年中国稻谷进口量为 320 万 t，成为世界最大的稻谷进口国。近两年中国稻谷由净出口转变成为净进口，并不是由于国内生产供给不足造成的，主要原因是东南亚稻谷价格优势和区位优势，但净进口不会成为常态。

对中国未来几年国家粮食政策和稻谷生产进行分析，根据亚洲开发银行（ADB）的预测，中国稻谷供需基本平衡。2014 年稻谷出口会略大于进口，到 2020 年，约 30 万 t 的稻谷净出口。由于国内需求增长迅速，政策会严格限制稻谷出口，加之中国稻谷出口量较低，占国际稻谷贸易量不足 1%，因此，国际稻谷贸易对中国稻谷生产影响很有限。

### 4. 大豆进口持续增加，需要增强市场影响力

中国从 1996 年开始由大豆净出口转变为净进口大国，海关公布的数据显示，2013 年大豆进口量为 6338 万 t，约为国内产量的 5 倍。国务院办公厅 2014 年 1 月 28 日颁布的《中国食物与营养发展纲要（2014—2020 年）》的发展目标要求"确保谷物基本自给，口粮绝对安全"。在耕地有限的情况下，为口粮的种植腾出耕地，放开大豆市场。中国政府粮食安全战略决定了中国大豆消费高度依赖进口。

根据 FAPRI 的预测，未来中国大豆生产供给增长空间有限，而消费需求增长迅速，大量进口的局面难有改观，在国际贸易中所占比例还会不断增长，到 2020 年将会达到 67.6%。中国大豆进口占世界贸易 2/3 的市场格局会对国际大豆市场价格产生举足轻重的影响。可以说，近期和未来世界增产的大豆主要是为了满足中国市场的需求。

### 5. 国内外市场发展趋势为充分利用两种资源和两个市场提供可能

中国的粮食安全状况面临的主要矛盾是：一方面，面临着人口增长、城乡居民收入增加和膳食结构改善带来的消费需求的刚性增长，特别是饲料用粮和工业用粮的增加；另一方面，中国城镇化进程加速守住耕地红线（18 亿亩）的难度加大、主要粮食作物增产遭遇瓶颈，从而增加了保证粮食安全的难度。

尽管国内粮食连续 10 年增产，2013 年中国粮食总产量达到 60 193.5 万 t，但粮食供给日趋紧张的基本国情没有得到根本改善，要保障日益庞大的国内粮食需求市场，单纯依赖自给自足不仅成本高昂，而且不现实。国际农业分工和农业生产的比较优势为解决我国粮食安全问题带来新机会。

一方面，我国应该充分利用国际粮食贸易，适当进口粮食；另一方面，利用比较优势，积极进行粮食种植结构调整，综合使用国际、国内两个市场来解决中国粮食安全问题。

## ■ （四）国际经验借鉴

近年来，随着全球粮食供求波动加剧和粮食危机的隐患增大，确保粮食安全已经成为各国政府农业政策的首要目标。西方农业发达国家中的美国、法国和荷兰所制订的粮食政策措施具有较强的代表性，对于我国粮食安全政策措施设计具有重要的借鉴意义。

### 1. 美国的经验

建立完善的粮食安全的政策框架和有效措施如下。

**（1）实行生产控制和价格与收入支持政策**

1933 年罗斯福"新政"制定了《农业调整法》，对主要农产品，包括小麦、玉米、稻谷、烟草、棉花和花生等，实行农业生产控制和价格支持。这种支持政策延续时间很长，在第二次世界大战后美国农业生产过剩，政府也在继续这种做法干预生产。另外，美国也对农场主收入进行支持，先由政府制订一个能够保证农场主收入的合理价格作为"目标价格"，当市场价格低于"目标价格"时，政府就对农场主进行差额补贴。

**（2）完善农作物灾害保险政策**

1938 年美国推出《联邦农作物保险法》，明确了通过农作物保险制度促进农业经济稳定发展，提高国家福利的政策目标。美国政府本着发展、公平、效率的原则，对私人保险公司给予财政支持和税收优惠，并对投保农民实行保费打折等一系列的福利政策。

**（3）以立法推进农业科研和技术推广**

1855 年国会通过《赠地法》，每个州均设立赠地大学；1887 年国会通过《汉奇法案》，在赠地大学建立农业试验站，开展有关动植物病虫害及防治措施的研究；1914 年国会通过《史密斯和勒沃尔法》，规定在州立大学建立农业合作推广站，通过田间示范、发行出版物等形式，向农民提供农业生产方面的知识和信息。以上三个法案，促进美国形成了以州立大学为依托，教育、科研、推广有机结合的一体化推广模式，有效促进了粮食生产。农业科研、推广的经费随国民经济增长的比例增减；农技推广经费由联邦政府与州政府提供，州政府按一定比例划拨经费与联邦政府的农技推广经费配套，同时农技推广活动还欢迎私人企业、农牧场主等自愿资助。

### 2. 法国的经验

第二次世界大战时法国农产品供给不足。法国政府通过实行一系列政策，使农业生产快速发展，粮食供给充足，法国成为欧洲农业大国和农产品出口大国。法国保证粮食安全的政策框架和相关措施如下。

**（1）重视发展农业机械化**

在 1947 年开始实施的第一个经济发展计划中，法国政府把农业机械列入优先发展项目，并专门设立农业机械指导委员会，促进本国农业机械化发展。

**（2）实行促进土地集中政策**

法国是个小农数量众多的国家，第二次世界大战初期土地还比较分散。1960 年法国颁布了《农业指导法》，设立"土地整治与农村安置公司"直接干预地产市场，收购"没有生命力"的小农场土地，转卖给"有生命力"的大农场。此外，政府还鼓励农民合作经营，建立"农业共同经营集团"，随着这些政策的实施，大量小块土地被合并，大农场逐年增多，土地集中化大大加快。法国还推行"实行农场主退休制"，通过对退休农场主支付退休金补贴以让其出让土地。

**（3）制定保障农场主利益的价格政策**

遵循 1962 年欧洲共同体的共同农业政策，法国建立了以干预价格、目标价格和门槛价格为基础的价格政策，成为保障粮食价格的安全阀。这些价格政策刺激了粮农的种植热情，并能够直接、迅速地保护粮食市场，促进粮食增长。

**（4）制定促进粮食生产的金融和税收优惠政策**

法国政府向新的农场主和年轻农民提供低息贷款，实行优惠的税收政策；并建立农民社会保障体制，鼓励农民安心务农。农民在进行农场结构调整、整治土地、提高耕作现代化水平、防灾抗灾等方面实施的项目，只要符合政策要求和国家规划标准，均可得到优惠贷款。

**（5）实行粮食作物的强制性保险**

制定《农业保险法》，由法律规定保险责任、再保险、保险费率、理赔等，并规定了对主要农作物（稻谷、小麦、大麦、果树等）和主要饲养动物（牛、马、猪、蚕等）实行强制保险。对所有农业保险部门都实行了对其资本、存款、收入和财产免征一切赋税的政策。政府预算中列支的农业社会保险基金，约占农业预算的 50%，主要用于灾害救济、农业劳动力保护、雇工管理机构开支等。

**（6）扶持农业合作社发展**

法国政府采取倾斜政策促进农业合作社组织发展。《农业指导法》明确了要发展农业合作，并要求"由国家和农业组织共同管理农业"。1967 年法国《合作社调整法》提出要将农业合作社置于农业综合体中，以便将合作社同农村的工商活动联系在一起。

在法国，通过合作社销售产品量占总销售量的 70%。农业合作社成为联系粮食生产和消费的重要纽带，在粮食流通方面发挥了重要作用。

**（7）设立农业从业人员资质要求**

全国各地普遍设立相当于高中的农业技术学校，让农民接受文化知识的教育。并规定相当于高中一年或两年的"农业职业能力证书"和"农业职业文凭"持有者方能在农庄和农业企业中当雇工，只有相当于高中两年以上的"农业技师证书"持有者或通过农业职业和技术会考的学生才有资格独立经营农场、庄园。

**3. 荷兰的经验**

荷兰是一个比较典型的人多地少、农业资源贫乏的小国。由于荷兰地势比较低，不利于种植小麦等粮食作物。第二次世界大战后，为了增加粮食生产，荷兰政府出台了一系列政策，如运用科技手段提高土地质量，加强新品种研究提高粮食产量等。20 世纪 50~80 年代，荷兰小麦产量增长近 2 倍，土豆产量增长近 1 倍。目前荷兰是世界上的农业大国和强国，有"欧洲菜园""欧洲花匠"之称，是世界上的花卉、乳制品、土豆、猪肉、蔬菜、鸡蛋出口大国。

荷兰保证粮食安全的政策框架和相关措施如下。

### （1）制定法律，严格保护耕地

荷兰耕地十分短缺，有 1/3 的农田是靠围海造田得来的。因此，荷兰对土地利用的管理十分严格。农业用地统一归农业部管理，地方政府和企业无权随意占用。例如，新建或扩建企业需占用耕地，必须向农业部申报并获准，然后再依法开垦一块面积相同的耕地交给农业部或交纳开垦相同土地所需的资金。荷兰的农用地面积始终保持在 200 万 hm$^2$ 左右，乱占农业耕地的现象很少发生。此外，政府还利用财政、税收等手段，鼓励农业开垦和改良土地。

### （2）集约化、高投入和高效率的农业生产

在生产、加工和流通领域，荷兰政府对财力、人力、物力和智力都实行集约发展政策。在有限的土地上投入较多的资金和技术，用资金和技术替代土地。据 FAO 统计，早在 20 世纪 80 年代初，荷兰每公顷耕地农业固定资本投入量最多的高达 1953 美元，相当于美国的 12.3 倍。集约化经营有效地提高了荷兰农业生产效率。按 FAO 的国际美元计算，1991 年荷兰的土地生产率为 2468 美元/hm$^2$，劳动生产率为 44 339 美元/人，同期美国的两个指标值分别为 410 美元/hm$^2$ 和 51 561 美元/人，法国分别为 892 美元/hm$^2$ 和 26 331 美元/人。

### （3）健全的粮食价格保护机制

政府制订保护消费者利益、指导粮食生产的上限价格、保护农场主利益的下限价格，以及限制国际市场粮食低价冲击国内市场的门槛价格。这些价格政策，对于维持荷兰市场粮食价格稳定、保障荷兰粮食生产具有重要作用。

### （4）适度的贸易保护政策

荷兰需要进口粮食，为保障本国一定的粮食生产能力，政府实行了贸易保护政策。具体包括：征收进口差价税、征收进口关税和实行进口配额等。

### （5）农业金融政策

1951 年，荷兰农渔部设立了农业保证基金，目的是向那些不能从其他途径获取农场发展所需贷款的农民提供银行担保。截至 1982 年，农业保证基金已先后为 5.2 万个农场发展项目提供了财政担保，担保总金额累计为 24 亿荷兰盾。该项基金已成为促进农场发展的重要因素。

### 4. 经验借鉴

### （1）进一步完善我国耕地保护的相关法规，确保耕地总量保持稳定

可借鉴荷兰的做法，对土地利用加强管理。农业用地统一归中央管理，地方政府和

企业无权随意占用。例如，新建或扩建企业需占用耕地，必须向农业部申报并获准，并将土地出让金的相当一部分用于新耕地开发和改良，改变我国当前耕地被占用后，土地出让金主要用于城市建设的现状。政府利用财政、税收等手段，鼓励农业开垦和改良土地。

### （2）积极引导和培育为家庭式农场服务的合作社组织

在西方国家现代农业建设过程中，农业合作社的作用十分重要，发达的农业合作组织也是现代农业的重要特征之一。我国应进一步健全相关的法律法规，鼓励农民成立多种形式的合作组织；使农业合作社成为我国联系粮食生产、消费和流通的重要纽带；并成为粮食生产、加工和流通的重要载体。

### （3）使用多种价格手段和收入补贴政策，保证农民利益，稳定粮食生产

建立多种价格手段并用的价格政策，维持市场粮食价格稳定，保障农民利益。有效的价格政策不仅可以刺激粮农的种植热情，并能够直接、迅速地保护粮食市场，促进粮食增产。相关的价格手段主要有：干预价格、目标价格和门槛价格等。条件成熟时，引入农民的收入补贴政策。

### （4）完善粮食作物的保险政策

扩大主要农作物（稻谷、小麦、大麦、果树等）保险范围；对所有农业保险部门实行税收减免，对其资本、存款、收入和财产实行免征一切赋税的政策；在政府预算中列支的专门的农业社会保险基金，主要用于灾害救济、农业劳动力保护、雇工管理机构开支等；政府大幅增加对粮食作物的保险补贴范围和幅度。条件成熟时，在一定范围内实施粮食作物的强制性保险。

### （5）加强粮食作物的金融支持力度

政府向农民提供低息贷款，实行优惠的税收政策；并建立农民社会保障体制，鼓励农民安心务农。农民在进行农场结构调整、整治土地、提高耕作现代化水平、防灾抗灾等方面实施的项目，只要符合政策要求和国家规划标准，均可得到优惠贷款。设立官方的农业保证基金和担保机构，是向那些不能从其他途径获取农场发展所需贷款的农民提供银行担保。

### （6）促进土地流转，稳步推进农业土地的集中化，尝试农民退休制度

土地流转机制不畅，小规模兼业经营方式等是当前制约我国粮食生产力进一步提高的重要因素。建议设立耕地流转补贴资金，鼓励和引导零散耕地向种粮大户、家庭农场、合作组织的流转集中，推进粮食生产经营专业化、规模化。加大财政投入力度，建立农民退休制度，有效流转即将退休的农民的土地，并加快培育和发展新型粮食生产经营主体。

### （7）支持发展集约、高效的粮食生产模式

提高劳动生产效率是确保粮食安全的必由之路。在有限的耕地上要解决中国人口的吃饭问题，促进粮食集约化、高效化生产，对于提高粮食生产能力意义重大。政府应继续扶植与助推粮食生产高资本投入，鼓励集约化、高效化生产模式，积极培育新型农业经营主体从事粮食生产经营活动，引进外部资本进入农业种植行业。

# 粮食产业可持续发展战略布局调整设想[*]

## 一、粮食供求预测结果的综述

国际上，布朗、罗斯基朗、美国农业部、日本海外经济协力基金及世界银行等都对中国未来粮食供求情况进行过研究，而国内学者梅方权、姜长云、陈永福等也对此进行过研究。绝大多数的学者认为未来中国粮食供求缺口显著。

对 2020 年产量的预测，除布朗预测值偏小外，其余研究者的预测值集中在 4.4 亿~6.75 亿 t；2030 年除布朗外，也大都集中在 5.94 亿~7.34 亿 t。对 2020 年需求量的预测，比较均匀，研究者的预测值集中在 4.9 亿~7.27 亿 t；2030 年除布朗外，也大都集中在5.70 亿~7.34 亿 t（表 2.1）。

表 2.1　我国 2020、2030 年粮食预测结果对比　　　（单位：亿 t）

| | | 2020 年 | | | 2030 年 | | |
| --- | --- | --- | --- | --- | --- | --- | --- |
| | | 生产量 | 需求量 | 余缺 | 生产量 | 需求量 | 余缺 |
| 《国家粮食安全中长期规划纲要（2008-2020 年）》（2008） | | 5.4 | 5.725 | -0.325 | | | |
| 美国农业部 | | 5.026 | 5.631 | -0.625 | | | |
| 布朗 | | 2.997 | 5.582 | -2.584 | 2.756 | 6.496 | -3.74 |
| M PACT | | 4.489 | 4.9 | -0.411 | | | |
| 黄等 | | 5.7 | 5.94 | 0.24 | | | |
| Nyberg/GTAP | | 6.61 | 7.27 | 0.66 | | | |
| 陈永福（2004） | | 4.40 | 5.05 | 0.65 | | | |
| 梅方权（1995） | | | 6.93 | | 7.34 | 7.34 | 0.00 |
| 陈锡康（1996） | （高） | 6.75 | 7 | -0.25 | 7.25 | 7.8 | -0.55 |
| | （低） | 6.25 | 6.75 | -0.50 | 5.75 | 7.25 | -0.50 |
| 朱希刚（1997） | | | | | 5.94 | 5.70 | -0.25 |
| 康晓光（1998） | | 4.73 | 5.64 | -0.91 | 6.14 | 5.86 | 0.28 |
| 黄佩民等（1997） | | | 6.18 | | | 6.82 | |
| 朱杰、聂振邦等（1999） | | | | | 6.625 | 7.258 | -0.633 |
| 国家统计局[9] | | | 5.58 | | | | |
| 农业部课题组[9] | | | 5.65 | | | | |
| 中国水稻研究所和斯坦福大学[10] | | 5.52 | 5.94 | -0.42 | | | |
| 姜长云（2006） | | | 5.56 | | | | |

---

[*] 主持人：戴小枫。
　　主笔人：闫琰、贾金龙。

关于生产量和需求量方面，绝大多数学者认为未来中国粮食供求存在缺口，其中，布朗的预测值最大，他认为 2020 年为 2.584 亿 t，2030 年为 3.74 亿 t，并提出了"谁来养活中国"的著名疑问，引起国际社会的普遍关注。但是布朗的预测并非基于明确的供求模型效应，而是基于一定的人口、人均需求和产量假设。对 2020 年供求缺口的预测，除布朗预测值偏大外，其余研究者的预测值集中在 0.3 亿~0.6 亿 t；2030 年的偏差最大，甚至有学者认为到 2030 年中国国内生产的粮食有剩余。

# 二、粮食产业发展趋势预测

## （一）生产预测

影响产量的因素非常多，但可以归纳为单产和面积两类，本研究采用时间序列的 ARIMA 模型，分别对单产和面积进行预测，最后将其相乘得到最后的预测结果。预计我国 2015~2030 年谷物单产将从 6035.98kg/hm$^2$ 增加到 6998.26kg/hm$^2$。预计我国 2015~2030 年谷物播种面积变化不大，基本维持在 9160 万 hm$^2$ 左右。谷物总产量等于单产和面积的预测结果相乘，得到我国 2015 年、2020 年和 2030 年的谷物产量（表 2.2）。

表 2.2　我国 2015 年、2020 年和 2030 年我国粮食生产量预测　（单位：万 t）

| 科目 | 2015 | 2020 | 2030 |
|---|---|---|---|
| 粮食 | 61 446.07 | 64 442.79 | 71 229.29 |
| 谷物 | 55 301.459 2 | 57 998.509 1 | 64 106.359 7 |
| 稻谷（胡培松） | 20 760 | 21 510 | 23 040 |
| 小麦（肖世和） | 12 503 | 13 032 | 14 000 |
| 玉米（李新海） | 23 135 | 24 442 | 27 992 |
| 大豆（韩天富） | 1 390 | 1 500 | 1 800 |

我国未来粮食生产还是会逐步保持上升的趋势，但是，年均增长率放缓。2015~2030 年谷物产量将从约 55 301.46 万 t 增加到约 64 106.36t。近年来我国连续保持谷物占粮食产量的 90%，因此按照此比例，2015~2030 年粮食产量将从 61 446.07 万 t 增加到 71 229.29 万 t。与 2012 年相比，2020 年我国谷物生产总量的缺口近 3000 万 t，这也是今后一段时期我国谷物生产发展努力的方向及增产目标要求。

### 1. 稻谷生产量预测

2012 年，我国稻谷种植面积为 3013.7 万 hm$^2$，总产为 20 423.6 万 t，分别占全国粮食面积和总产的 27.1% 和 34.6%；单位面积产量为 6777kg/hm$^2$，是我国三大粮食作物（稻谷、玉米、小麦）中单产水平最高的品种。预计 2020 年、2030 年我国稻谷播种面积能够稳定在 3000 亿 hm$^2$ 左右，按照 2000 年以来我国稻谷单产年均增幅 0.7% 进行测算，预计 2015 年、2020 年、2030 年我国稻谷总产分别达到 20 760 万 t、21 510 万 t、23 040 万 t。其中，面积增加的区域主要集中在黑龙江三江平原，江西、湖北、湖南等双季稻主产区，以及四川、重庆等再生稻产区；面积减少的区域主要集中在东南沿海的浙江、广东等经济发达地区。

### 2. 小麦生产量预测

2012 年，我国小麦种植面积为 2426.8 万 hm$^2$，总产为 12 102.3 万 t，分别占全国粮食面积和总产的 27.1% 和 34.6%；单位面积产量为 4986.9kg/hm$^2$。1997~2011 年 14 年间中国小麦单产年均增长率为 1.28%，2003~2011 年 8 年恢复性增长期间中国小麦单产年均增长率为 2.88%，但是随着生产水平的提高，未来小麦单产增加的幅度将逐步下降。2011~2020 年仍按每年平均增长率 1.28% 计算，预计 2015 年小麦单产将达到 5181kg/hm$^2$，2020 年小麦单产将达到 5400kg/hm$^2$，如果面积稳定在 24 133×10$^3$hm$^2$ 左右，2015 年小麦总产将达到 12 503 万 t，2020 年小麦总产将达到 13 032 万 t。2020~2030 年按年平均增长率 1.0% 计算，2030 年小麦单产将达到 5940kg/hm$^2$，如果面积稳定在 23 666×10$^3$hm$^2$ 左右，预计总产将达到 14 000 万 t。

### 3. 玉米生产量预测

截至 2012 年，我国玉米播种面积达到 3503 万 hm$^2$，总产为 20 561 万 t，总产首次超过稻谷成为我国种植面积和总产量均居第一位的粮食作物，玉米增产对粮食增产的贡献率高达 58.1%，玉米在我国农业生产中占据了重要地位。过去 20 多年，我国玉米总产量逐年提高，其核心在于玉米种植面积的增加。最近 4 年来，种植面积平均增速为 4.01%，但今后继续扩大玉米种植面积的空间越来越小，最多可能达到 5.5 亿亩。随着玉米育种、栽培技术创新及中低产田改造，未来 10~20 年我国玉米在单产和总产上将会呈现缓慢增长趋势。据预测，我国 2015 年玉米总产量将达到 23 135 万 t，2020 年达到 24 442 万 t，2030 年达到 27 992 万 t（种植面积达 5.5 亿亩为极限）。但提高单产将是我国玉米再次增长的核心动力。

### 4. 大豆生产量预测

2012 年，我国大豆总产为 1305 万 t，2013 年有所下降。按照常年大豆播种面积 800 万 hm$^2$ 测算，要确保大豆总产稳定在 1500 万 t，每公顷需保持 1875kg 的水平。在面积相对稳定、单产不断提升的前提下，预计我国到 2015 年、2020 年、2030 年分别能够达到 1390 万 t、1500 万 t 和 1800 万 t 的大豆产量。

## （二）消费预测

我国粮食消费受到各个层次的众多因素影响，如人口增长、国民经济发展水平、城镇化水平及政策因素等。而粮食总需求主要可以分为直接需求和间接需求，直接需求就是指城乡居民口粮的需求，间接需求主要是指饲料用粮、工业用粮、种子用粮、储运和加工损耗等几个方面。粮食消费的影响因素相互作用，表面看来随机波动很大，但若对大量样本进行统计，则其中蕴含着一定的客观规律，具有明显的灰色特征。因此，本研究按照粮食的直接需求和间接需求，采用灰色模型来分析和预测我国未来粮食消费情况。

根据灰色预测结果，我国的谷物消费量会呈现出平缓的上升趋势，不会出现突然的明显上升，到 2030 年将会达到约 6.7 亿 t（表 2.3）。

表 2.3　我国 2015 年、2020 年和 2030 年我国粮食消费量预测　（单位：万 t）

| 科目 | 2015 | 2020 | 2030 |
| --- | --- | --- | --- |
| 粮食 | 57 660.91 | 64 159.14 | 74 732.83 |
| 谷物 | 51 894.821 0 | 57 743.226 5 | 67 259.548 3 |
| 口粮 | 23 145.021 3 | 24 104.884 6 | 25 115.719 4 |
| 饲料用粮 | 18 415.904 1 | 19 722.822 5 | 20 653.387 8 |
| 加工 | 3 344.156 8 | 5 074.225 6 | 7 792.669 2 |
| 其他 | 6 989.738 8 | 8 841.294 1 | 13 697.772 9 |

### 1. 口粮消费量预测

口粮消费稳步增加。根据上述分析，在粮食需求构成项目中，口粮需求所占比例最大。从口粮消费来看，20 世纪 90 年代中期以来，我国城乡居民人均口粮消费量趋于减少，口粮消费占粮食消费的比例也一直呈现下降趋势。如果未来人均口粮消费保持稳定，随人口增长，口粮总需求仍将不断增加。因此，人口数量的上升是拉动口粮消费量增加的最直接动力。据预测，2015 年口粮消费量达 23 145 万 t，2020 年为24 104.9 万 t，2030 年为 25 115.7 万 t，基本上按照年均 1.37% 的速度增长。

### 2. 饲料用粮消费量预测

饲料用粮将继续呈增加趋势。目前我国进入居民口粮消费下降但肉、蛋、奶消费增加的消费结构升级的新阶段，由于肉、蛋、奶等食物均需粮食转化，饲料用粮的消费需求仍呈增长趋势。因此人们对畜产品消费、水产品消费的快速增长，拉动了饲料用粮消费的稳步增长。据预测，我国 2015 年饲料用粮消费量将达到 18 415.9 万 t，2020年达到 19 722.8 万 t，2030 年达到 20 653.4 万 t，年均增长 243 万 t。

### 3. 工业用粮消费量预测

工业用粮迅速增长。我国已经进入工业化、城镇化加速发展的阶段，经济发展和居民收入水平的提高，引发了工业用粮的快速增长，工业用粮占三大粮食消费总量的比例达到 14.6%。目前我国粮食加工业取得了快速发展，粮食加工产品达 2000 多种，但与现代农业的要求和发达国家相比，仍然存在较大差距，因此我国粮食加工产业依然有很大的发展势头。据预测，我国 2015 年工业用粮消费量将达到 3344 万 t，2020 年达到 5074 万 t，2030 年达到 7793 万 t，2030 年比 2009 年增长 8.9%。

### 4. 其他消费量预测

种子用粮、粮食中间消耗、其他用途等粮食消耗呈增加趋势。据统计，全国每年浪费的食物相当于 1800 亿~2200 亿斤粮食，在粮食的储藏和运输过程中损耗浪费极为严重。因此，综合考虑人口总量增加、消费结构升级、农业功能拓展、国际市场影响等因素，种子用粮、粮食中间消耗、其他用途等粮食消耗，预计 2015 年为 6989.7388 万 t，2020 年为 8841.2941 万 t，2030 年为 13697.7729 万 t，2030 年比 2011 年总消费量增加 2231 万 t，也即在现行产量基础上未来平均每年约需增加消费量 127 万 t。

### 5. 消费的影响因素分析

粮食消费的总需求量受到人口增长、国民经济发展水平、城市化进程和价格及消费等因素的影响。粮食消费量一般取决于人口数量及人均粮食消费水平，而人均粮食消费水平受居民收入、城市化进程和市场发育程度、价格及消费政策等因素的影响。

#### （1）人口增长

在人均粮食消费数量一定的情况下，人口越多，粮食需求量越大。由于我国人口基数大，人口增长的问题仍然十分严峻，从 1978 年的 96 259 万人到 2007 年的 132 129 万人，净增加 35 870 万人，年均增长率为 1.1%。据预测，2020 年我国总人口将增加到 14.2 亿人左右、2030 年近 15 亿人。这是我国粮食增长，尤其是口粮增长的最直接的拉动力，也对社会和经济产生巨大的压力。

#### （2）国民经济持续增长

国民经济持续增长，人民购买力成倍增加。随着我国经济的持续发展，城乡居民收入水平不断提高，我国居民对粮食的需求也会不断增长，其中农村居民收入增长，使玉米、小麦等口粮的消费量下降，稻谷、小麦口粮消费增加，口粮消费总量增加。此外，收入增长对粮食需求的影响还表现为对饲料用粮、工业用粮需求的增加。

#### （3）城镇化水平

城镇化过程中，每年1700万农民进城成为市民之后，从农产品的生产者转成了农产品的消费者，间接地导致粮食需求量的增长。此外，随着居民生活水平的提高和健康意识的提高，城镇居民的人均口粮消费量在连续几年的下降后开始逐步回升，而且随着经济发展和城乡居民收入水平的提高，对饲料用粮的需求将会呈现持续增长的态势。

### （4）其他相关产品的价格

在消费者偏好一定的情况下，其他相关产品价格的变化会影响到粮食需求。若相关产品与粮食是互补品，相关产品价格上升将导致粮食需求减少，相关产品价格下降将导致粮食需求提高；若相关产品与粮食是替代品，相关产品价格上升将导致粮食需求提高。例如，酒、畜产品等价格的上升，将导致粮食需求的增加。

## （三）谷物和口粮的供需平衡分析

2015 年、2020 年和 2030 年我国能够达到口粮（主要指稻谷、小麦）完全自给，谷物自给率保持在 95%以上。

按照生产和消费发展趋势预测，2015 年和 2020 年的谷物生产总量大于消费总量，2015 年我国谷物富余 3407 万 t，2020 年富余 255 万 t，2030 年出现 3153 万 t 的缺口，这也与之前部分学者的预测较为一致。

但是，如果按照我国"谷物基本自给、口粮绝对安全"的战略要求，我国谷物自给率要在 95%以上；口粮的自给率要基本达到 100%，我国 2015 年、2020 年和 2030 年的口粮和谷物安全都能够完全保障（表 2.4）。这说明本报告认为我国粮食产业发展能够达到保障国家粮食安全的要求，表明了我国选择以保障谷物安全为支撑的粮食产业可持续发展战略目标具有重要的意义。

表 2.4　我国 2015 年、2020 年和 2030 年谷物平衡分析表　（单位：万 t）

| 科目 \ 年份 | | 2015 | 2020 | 2030 |
|---|---|---|---|---|
| 口粮（100%自给率） | 生产量 | 33 263 | 34 758 | 36 765 |
| | 需求量 | 23 145.02 | 24 104.88 | 25 115.72 |
| | 剩余 | 10 117.98 | 10 653.12 | 11 649.28 |
| 谷物（95%自给率） | 生产量 | 55 301.46 | 57 998.51 | 64 106.36 |
| | 需求量 | 49 300.08 | 54 856.07 | 63 896.57 |
| | 剩余 | 6 001.38 | 3 142.44 | 209.79 |

# 三、粮食产业可持续发展战略构想

## （一）总体思路

我国政府历来高度重视粮食安全和粮食产业可持续发展问题，确立了"主要依靠自己的力量解决吃饭问题"的粮食发展方针，并多次提出粮食安全和粮食产业可持续发展目标。1996 年，我国颁布了《中国的粮食问题》白皮书，提出"粮食自给率不低于 95%，净进口量不超过国内消费量的 5%"的目标；2008 年颁布的《国家粮食安全中长期规划纲要 2008—2010 年》，提出了 2020 年谷物自给率 100%的目标；2014 年的我国政府工作报告又提出"确保谷物基本自给、口粮绝对安全"的粮食安全目标。为实现政府工作报告的目标，在粮食总量上，到 2020 年全国需要实现谷物总产 5.9 亿 t，人均谷物产量应不低于 415kg，才能实现把中国人的饭碗牢牢端在自己手上。

为保障国家粮食产业可持续发展，需要坚持以下原则。

### 1. 五位一体原则

结合目前我国的经济发展水平和粮食生产消费状况，构建五位一体的中国特色粮食安全观，即数量安全、质量安全、生态安全、产业安全和营养安全。"数量安全"：指能够保障提供市场足够满足需求的粮食供给量，有效解决粮食的供给来源问题。"质量安全"：指既要保障产品具备足够的营养价值，又要保障产品无公害，进一步达到绿色、有机要求，达到安全使用标准。"生态安全"：指在粮食生产、运输、存储、加工、消费过程中保障生态系统的稳定、健康和完整，不造成生态破坏和环境污染。"产业安全"：指粮食产业在公平的经济贸易环境下平稳、全面、协调、健康、有序地发展，使我国粮食产业能够在公平的市场环境中获得合理的发展空间，从而保证国民经济和社会全面、稳定、协调和可持续发展。"营养安全"：指提供给居民基本、准确的健康膳食信息，保障居民拥有合理的膳食模式，引导科学饮食、健康消费，抑制粮油不合理消费，提高居民健康生活水平和营养水平。

### 2. 以我为主原则

必须坚持"确保谷物基本自给、口粮绝对安全"的目标，解决粮食安全问题要立足国内，适度进口。我国是谷物生产和消费大国，目前全球谷物贸易量（3.1 亿 t 左右）为我国谷物总产的 58%左右，稻谷贸易量为我国稻谷消费量的 27%左右，靠国际市场调节空间有限。从全球供求来看，由于谷物"产不足需"、区域发展不平衡，全球仍有 35 个处于危机需要外部援助的国家、9 亿多饥饿人口。我国作为负责任的发展中大国，不应与缺粮国争粮。从进口可能来看，国际谷物市场存在巨大的风险和不确定性。据对联合国粮食及农业组织资料分析，1960 年以来，全球谷物减产年份有 13 年，其中有 9 年与我国谷物减产年相重合，我国缺粮时国际市场谷物同时短缺，加上谷价飙升、谷物出口国发布出口禁令，即便我国少量进口都会引发全球震动。考虑到谷物进口配额 2215.6 万 t 及优质品种贸易调节等因素，坚持国内实现谷物基本自给、口粮绝对安全，饭碗牢牢端在自己手里的方针。另外，在确保谷物基本自给的前提条件下，可有效利用国际市场，适度进口粮食。

### 3. 提能增效原则

为实现我国粮食生产的可持续发展，需要稳步提升粮食产能，持续提高生产效率。稳步提升粮食产能需要从以下两方面入手：一是大力进行中低产田改造；二是努力提高粮食单产。目前，我国现有耕地中，约 8000 万 hm$^2$ 用于发展粮食生产，其中高产粮田面积仅为 1670 万 hm$^2$ 左右，中低产田占 80% 左右，大部分中低产田分布在西北、西南及渤海区域的非主产省，可以通过开垦梯田、节水灌溉、治理盐碱地等大规模改造中低产田，将其建设成为高产稳产农田。因此中低产田改造对提高粮食综合生产能力、保障粮食和主要农产品稳定供应非常重要。另外，我国与美国、埃及和比利时相比，玉米、稻谷、小麦的单产差距分别是 4365kg/hm$^2$、3315kg/hm$^2$、3930kg/hm$^2$，这反映出我国主要粮食作物单产仍有较大增长空间。

近 10 年来粮食全要素生产率增长下降，技术进步缓慢。相关研究表明，2000~2010 年全国有 21 个省份的粮食生产全要素生产率是下降的；只有 9 个省份（除辽宁外均是粮食非主产省）的全要素生产率呈上升趋势。粮食主产省的粮食全要素生产率下降主要是由技术进步倒退引起的，非主产省的全要素生产率下降主要是由技术效率下降引起的。因此我国粮食生产要加快科技进步的侧重点如下：对粮食主产省来说，关键要加快科技创新，开发增产新技术，提高综合生产能力；对粮食非主产省来说，关键要加快科技成果转化推广，提高种植户的科技知识水平，因地制宜地采用适用技术，提高科技的应用效率，切实把生产技术转化为实际生产力。

### 4. 科技支撑原则

粮食产业可持续发展需要以创新作为驱动，科技创新对于保障食物安全的支撑作用十分突出。2013 年，我国农业科技进步贡献率达到 55.2%。农业科技创新在提高土地产出率、资源利用率和劳动生产率方面发挥了重要作用，有效地促进了农业发展方式的转变。同时，农业科技专业化、社会化服务能力不断增强，科技服务的质量和水平日益提高，有效满足了现代农业发展的科技需求。2013 年中央经济工作会议和中央农村工作会议提出了"以我为主、立足国内、确保产能、适度进口、科技支撑"的食物保障新战略。这个战略预期迫切需要强化农业科技的支撑地位，将科技支撑作为粮食产业可持续发展的根本支撑。

我国需要继续加大财政对粮食科技创新的投入，充分调动广大科技人员的创新积极性和主动性，重点在品种培育、耕作栽培、植物保护、土壤培肥、农机作业、生态保护、防灾减灾等领域形成一大批突破性成果。通过加强技术集成和示范，良种、良田和良法统一，农机、农田和农艺结合，将良种、良田、良法和良防集成为技术规程，能够最大限度地发挥资源和技术的潜能。依靠科技创新驱动，因地制宜地摸索出成熟配套的大面积均衡增产模式，并根据生产条件扩大示范，实行整县整市推进，进一步挖掘我国粮食增产的潜力。

## ■（二）主要战略

从加快转变粮食生产方式的关键环节入手，重点加强事关粮食产业可持续发展全局、影响长远的八大战略建设。

## 1. 综合生产能力提升战略

我国推动粮食综合生产能力建设，需要加强农业资源保护、依靠科技及重点提升主产区生产能力。第一，转变粮食生产增长方式，强化耕地、水资源和生态环境保护，综合运用多种手段提高资源利用效率，走一条资源节约型、环境友好型的粮食发展新路子。第二，大力推进农业科技进步，增强科技创新和储备能力，围绕提高单产，加快品种改良，推广实用技术。第三，完善农业基础设施建设，加强中低产田改造和农田水利建设，提高土地资源和水资源的利用率，进一步提升粮食增产能力。第四，坚持向主产区倾斜的战略选择。根据区域特点和比较优势，调整和优化粮食生产区域布局和品种结构，提高粮食生产的集中度，培育有竞争力的粮食产业带。实施差别政策，加大对粮食主产区的投入，保护和调动主产区政府和农民重农抓粮的积极性，稳定全国粮食生产大局。

## 2. 区域均衡增长战略

在依靠单产水平提升、实现总产增长的目标下，考虑我国不同地区资源环境承载力及其技术潜力，应以"北方稳定性增长、南方恢复性增长、西部适度性增长、全国均衡增长"为总体发展思路。第一，北方实行稳定性增长，即努力缓解我国北方水土资源压力，放缓目前较快的谷物增长态势，降低对北方谷物年均增长率的要求，减轻北方地区农业用水和耕地资源的压力。第二，南方实行恢复性增长，即与北方相比，南方更适宜发展谷物生产，应充分发挥南方光热资源丰富、雨热同季的优势，实现谷物产量恢复性增长。因此，南方省份应重视粮食生产，提高粮食生产效率，即使保持现有播种面积不变，仅依照全国平均单产增速计算，未来南方主产区、主销区的增产能力仍然不容忽视。第三，西部实行适度性增长，即充分利用水资源高效利用这一关键性技术，实现西部谷物大面积增产。目前，我国西部旱作农业多为雨养农业，大范围推广全膜覆盖技术、双垄沟播技术等高效用水技术，改变西部地区靠天吃饭的现状，使其谷物单产水平迅速提高。

## 3. 资源高效利用与环境保护治理战略

为协调我国粮食生产与资源环境保护，缓解水资源与土地资源短缺、环境恶化等问题的约束，应遵循依靠科技进步、开展粮食产地环保工作、多环节防治的主体思路。第一，加强农业环境保护，重点是推广节约型技术，加大面源污染防治力度，改善农业生态环境。第二，深入开展粮食产地环境保护工作，推进农产品产地土壤重金属普查与分级管理，建立预警机制，创新修复技术，探索农产品禁止生产区划分，建立禁产区补偿机制。第三，从源头预防、过程控制和末端治理等环节入手，开展农业面源污染定位监测，实施农村清洁工程，推进农村废弃物资源化利用，重点发展生态农业、能源生态工程、休闲农业，整治乡村环境，培育农村生态文化，提高农业生产资源利用率。

### 4. 科技创新与支撑战略

加强粮食科技进步，不断提高农业科技的自主创新能力、成果转化能力和农业技术推广服务能力，应加大科研投入力度、推进合作交流、加快科技转化和推广，以及知识产权保护，不断提高科技贡献率和资源利用率。第一，加大储藏、物流、加工、检测等关键技术和装备的研发力度，增强粮食科技创新能力，以高新技术为着力点，以节能环保技术为切入点，改造和提升传统产业，提高现代化科技水平。第二，强化粮食科技对现代粮食购销、仓储、物流、加工产业跨越发展的支撑作用，推进建立稳定的粮食行业科技创新资金支持机制，加强粮食科技国际合作交流，加快科技成果的转化和推广普及。第三，实施知识产权质押等鼓励创新的金融政策，加强知识产权的创造、运用、保护和管理，完善科技成果评价奖励制度，加强科研诚信建设。

### 5. 新型经营体系创新战略

加快构建新型农业经营体系，应以农村基本经营制度为根本，推动承包土地经营权流转，发展多元化的规模经营，加快要素的市场取向改革，营造农业创业和就业环境，以及积极引导工商企业进入农业。第一，坚持和完善农村基本经营制度，要坚定不移地维护农民的土地承包权，尊重农民意愿，切实保护农民的集体资产权益。第二，加快农业组织与制度创新，因地制宜地发展多种形式的适度规模经营。要在严格保护耕地特别是基本农田的同时，积极稳妥地推进土地流转，要按照依法自愿有偿的原则，采取转包、出租、互换、转让、股份合作等多种方式，使土地向种粮大户、种田能手、家庭农场、农民专业合作社流转。第三，要加快要素的市场取向改革，创新体制机制，促进要素更多地向农业农村流动，为新型农业经营主体的发展奠定物质技术和人才基础。第四，投资农业的企业家、返乡务农的农民工、基层创业的大学生和农村内部的带头人是农村新型农业经营主体的主要来源，政府要加大对他们的培育和投入力度，营造农业创业和就业的良好环境，尤其是建立农业职业经理人队伍。第五，引导工商企业规范有序地进入现代农业，鼓励工商企业为农户提供产前、产中、产后服务，壮大社会化服务组织，投资农业农村基础设施建设，但不提倡工商企业大面积、长时间直接租种农户土地，更要防止企业租地"非粮化"甚至"非农化"倾向。

### 6. 外向型发展战略

目前我国已成为世界最大的粮食进口国。为促进国内外粮食的互通有无、调剂余缺及资源转换，我国应加强国内外合作，加快实施农业"引进来"和"走出去"战略，分别利用国际和国内两个市场、两种资源，优化资源配置。第一，完善粮食进出口贸易体系，加强政府间合作，与部分重要产粮国建立长期、稳定的农业（粮油）合作关系，更加积极地利用国际农产品市场和农业资源调节国内供需。第二，在保障国内粮食基本自给的前提下，加强进口农产品的规划指导，优化进口来源地布局，有效调剂和补充国内粮食供给，建立稳定可靠的进口粮源保障体系，提高保障国内粮食安全的能力，未来粮食净进口量不应超过国内消费量的 5%。第三，加快实施农业"走出去"战略，扩大对外直接投资规模，培育并支持具有国际竞争力的粮、棉、油等大型企业到境外特别是与周边国家开展互利共赢的农业生产和进出口合作。

### 7. 消费节约与引导战略

国情和粮情决定了我们在任何情况下都不能忘记节约粮食，即使在粮食充裕的时候，也没有理由去挥霍浪费，我国在农户储粮、物流运输、餐饮消费三个环节坚持粮食增产与节约的可持续发展战略。在农户储粮方面，粮食部门要加快研制推广适合农户使用的新型储粮装具和新药剂、新技术，通过示范推广的方式引导农民科学储粮。在粮食物流运输方面，各级粮食部门要继续按照《粮食现代物流发展规划》和《粮油仓储设施规划》的要求，加快建设粮食现代物流体系，推广散粮运输和先进实用的仓储、装卸、运输技术和装备，提高粮食运输效率，降低粮食物流损失。在餐饮消费环节方面，党和政府在政策、资金、技术、信息、舆情等方面应加强引导，广泛开展以爱粮节粮等为主题的宣传、普及，增强公众爱粮节粮和健康消费的意识，抑制粮油不合理消费，提高居民健康生活水平和营养水平，促进全社会珍惜粮食、节约粮食风气的根本好转。

### 8. 品种决策战略

稻谷、小麦和玉米是我国最重要的谷物品种，三者产量占谷物总产量的 85%以上，它们的安全水平直接决定着我国粮食安全水平。第一，稻谷的战略选择上应着重引导"稳北增南"，着力建设东北平原、长江流域和东南沿海三个优势产区。在稳定南方籼稻生产的基础上，努力恢复双季稻，扩大粳稻种植面积，适度推进在东北地区"旱改稻"、在江淮适宜区实行"籼改粳"。第二，小麦的战略选择上应遵循"稳中调优"的原则。重点在黄淮海、长江中下游、西南、西北、东北 5 个优势区大力发展优质专用小麦种植，确保全国小麦播种面积保持稳定。第三，玉米的战略选择上应遵循"两增一稳"的原则。随着我国消费结构升级，玉米将是今后一个时期消费需求增长最快、自给难度最大的主粮品种。受国际贸易环境影响，玉米的进口风险远大于其他农产品，进一步挖掘玉米增产潜力是实现更大程度的自给水平的重要途径。以东北、黄淮海和西北 3 个优势区为重点，在东北和黄淮海地区推进结构调整，适当扩大玉米的种植面积；在西北积极发展覆膜种植，提高玉米单产，强化饲料用粮的保障。

## ■（三）重大工程

围绕重点建设任务，以最急需、最关键、最薄弱的环节和领域为重点，组织实施一批重大工程，全面夯实粮食可持续发展的物质基础。

## 1. 高标准农田建设工程

加强高标准农田建设对提高我国粮食综合生产能力作用重大。要以可持续提升全国粮食综合生产能力为目标，因地制宜地加大中低产田改造，力争到 2030 年建成 6700 万 $hm^2$、每公顷产量达 7500kg 以上、使用年限达 30 年以上的高标准粮田。建设内容应分为两部分：一是在土肥条件较好的粮食核心产区，主要提升土壤有机质含量，培肥地力，改善土壤养分结构，逐步提高耕地质量，持续加大建设力度，力争在"十三五"期间建成 2700 万 $hm^2$ 高标准农田，确保现有粮食主产区稳定增产。二是重点对农业生产潜力较大的地区进行中低产田改造，通过亩均 5000 元左右的财政投入开展土地整理改造，在保留耕层熟土、保持土壤质量的前提下，在南方丘陵等地区逐步推进机械化，通过盐碱综合治理，使环渤海地区低产田的综合生产能力提升，在原有单产基础上谷物产量亩均提高 100kg 左右。

## 2. 旱作节水与水肥一体化科技工程

近年来的生产实践表明，我国西北适宜地区实施地膜覆盖、土壤培肥、保护性耕作等旱作农业综合措施，可使粮食产量大幅增加。我国北方旱作区如采用全膜双垄沟播、膜下滴灌等旱作节水技术，可使现有种植的地膜玉米每公顷增产 3000kg、露地玉米每公顷增产 6000kg，这对稳定北方旱作农区粮食供给、支撑西部养殖业发展、保障国家粮食安全，具有重要的战略意义。建议以膜下滴灌、全膜双垄沟播、农膜回收及梯田建设技术为重点，在生态稳定恢复的情况下，力争使西北地区成为我国粮食生产的重要基地之一。海河流域光热条件良好，农业发展潜力大，若能解决水资源短缺问题，可使谷物单产提高 100kg 左右，建议实施海河流域水肥一体化科技工程，通过发展现代节水灌溉系统等措施，对作物水肥需求进行有效管理。

## 3. 玉米优先增产工程

随着工业化、城镇化快速发展和人民生活水平的不断提高，我国已进入玉米消费快速增长阶段。2010 年我国玉米贸易已经发生逆转，而且净进口数量不断增加。从未来发展看，玉米将是我国需求增长最快而且增产潜力最大的粮食品种，抓好玉米生产，就抓住了粮食持续稳定发展的关键。根据玉米供需长期趋势，在坚持立足国内、保障基本供给、充分利用国际市场资源的原则下，建议实施玉米优先增产工程。首先，加快培育玉米新品种，通过玉米种质资源引进、挖掘和创新利用，着力培育抗逆、高产、优质、适于密植和机械化作业等具有重大应用价值和自主知识产权的突破性新品种。其次，积极推进机械化，大力推广玉米机械整地和精量播种，推广农机、农艺融合模式化作业，把发展玉米机收作为推进玉米生产全程机械化的重点，组织开展玉米收获关键技术和机具的研发。

### 4. 全国农牧结合科技示范工程

目前，我国农业生产存在饲料用粮需求快速增加与秸秆浪费严重、土地肥力逐步下降，以及畜禽粪便污染资源化利用偏低等矛盾，同时存在秸秆焚烧和畜禽废弃物处理不当对生态环境造成严重污染等问题，应尽快实施农牧结合工程，促进种植业和畜牧业的循环发展。一要大力推进三元种植结构，充分发挥饲料作物籽粒和秸秆的双营养作用，建议将农户牧草种植纳入粮食生产优惠政策予以支持，大力推进优质牧草和饲用玉米种植，鼓励南方冬闲田种植牧草，加强饲料青贮窖设施的建设，到 2020 年争取使耕地种植的饲料作物（牧草、青贮玉米等）面积增加一倍，有效缓解国内饲料用粮紧缺的状况。二要优化粮田和畜禽养殖场布局，根据土壤肥料需求和吸纳能力，合理控制养殖总体规模，配套建设畜禽养殖场，实行农田和养殖场布局一体化建设。三要对畜禽粪便有机肥的使用实行补助，推广畜禽粪便无害化和资源化利用技术。

### 5. 农田生态系统恢复与重建工程

近年来，我国化肥施用量已超过发达国家安全上限的 15% 以上。化肥、农药的不合理使用，农村生活垃圾和污水灌溉等加剧了农业面源污染和农村生态环境的恶化。污水灌溉、工业固体废弃物的不当处置、不合理的矿业生产活动等，造成一些地区严重的土壤重金属污染。应尽快实施农田生态系统保护与重建工程，积极探索农业生态补偿等政策措施，大力推进农业清洁流域建设。首先，采取减量、循环和再利用技术，加强对水土资源的保护，大力发展生态农业与循环农业，充分发挥农田生态系统对氮、磷的吸纳和固定等生态服务功能，减少农业面源污染，提高水土资源可持续发展的综合生产能力。其次，推动采用控源、改土、生物修复、加工去除等综合技术，加大对南方稻作区等的重金属污染的综合治理，促进粮食安全生产和可持续发展。

### 6. 粮食重大科技创新工程

我国粮食科技将强化基础研究和科技储备，加强基础研究、应用研究和转化推广，着力突破粮食产业发展的技术瓶颈。首先，以品种培育、耕作栽培、植物保护、土壤培肥为重点，提升粮食基础研究的科技创新水平，保障国家粮食安全。其次，以农机、农艺结合为重点，提升农业机械技术水平，提高农业生产效率；以节本增效为重点，提升循环农业技术水平，促进农业可持续发展；以防控病虫害和应对气象灾害技术为重点，提升农业防灾减灾技术水平。最后，鼓励引导社会力量参与农业科技服务，深入实施科技入户工程，加快重大技术的示范与推广，继续探索农业科技成果进村入户的有效机制和办法，大力发展农村职业教育，完善农民科技培训体系。

# 粮食作物产业可持续发展对策与措施研究*

## 一、加大政策支持力度，提高种粮积极性

充分认识加强农业和粮食生产的极端重要性，把思想认识统一到中央的决策和部署上，加大政策支持力度，调动和保护农民种粮的积极性，促进农业和粮食生产稳定发展。国家必须持续加大对粮食生产者的补贴力度，使其达到社会平均收入水平，确保种粮有收益；提高粮食调出区的转移支付，形成调入区支持调出区的政策氛围，调动主产区地方政府抓粮和农民种粮的积极性。

## 二、加快科技成果转化推广，提高综合生产能力的科技支撑

重点突破作物分子育种技术、精准农业生产技术、作物代谢调控技术、生物灾害控制技术、肥料高效利用技术、粮食高效转化技术；加强现代生物技术与常规技术结合，集中攻克粮食产业中的关键性共性技术难关，以新品种、新技术、新产品引领粮食产业健康持续发展。采用行政主导的手段，多方参与，加快科技成果转化，特别是重大专项所形成的高新成果，实行良种、良法配套，保证植保土肥技术，使其最大效益地发挥对生产的支撑作用。建设与粮食安全保障发展相适应的规模稳定、结构合理、高素质科技队伍，形成良好的科研氛围，为我国粮食发展提供充分的人才保障和智力支持。

## 三、加强国家财政投入，提升国家粮食安全的条件支撑能力

要像建设高速公路、高速铁路那样实施高标准农田建设规划，形成 10 亿亩左右的高标准农田并划为永久农田，作为国家粮食安全最坚实的基础。完善气象灾害、土壤灾

* 主持人：梅旭荣、严昌荣。
　主笔人：吴敬学、严昌荣。

害、生物灾害的监测预警能力，保障粮食稳产高产能力；建立健全粮食安全动态监测、风险评估、预警预报和危机防范机制，提升抵御粮食安全市场风险的反应能力；建立粮食战略储备、运输等应急机制，提高抵抗市场风险的应变能力。

# 四、严守土地红线，确保国家粮食安全的生产基础

近年来，有专家呼吁利用国际资源、放开国内耕地红线，这对国家粮食安全将构成巨大威胁。在工业化和城镇化快速推进的背景下，必须牢固树立将中国人的饭碗端在自己手里，保护耕地就是保护农业综合生产能力、保障国家粮食核心安全的战略理念，必须严格落实耕地保护责任制。建议国务院成立专门领导小组对粮食安全进行统筹管理，明确将播种面积及粮食产量，尤其是单产纳入省长"米袋子"考核指标；在维护生态的基础上，通过盐碱地开发和荒山荒坡治理等途径，适当增加耕地；创新耕地保护机制，积极探索"先补后占、质量相等、谁补谁占"的长效机制，确保耕地生产能力占补平衡，禁止异地占补；严格耕地红线制度和土地变性审批制度的督查，将实施高标准农田建设的地块划入永久粮田。

# 五、科学编制全国粮食生产区域规划，
## 明确界定各区域战略方向

将"北方稳定、南方恢复、西部适度"作为"十三五"时期我国粮食生产的总体战略，整合多部门力量，在对全国各省（区）粮食供需及其增长潜力进行测评的基础上，加快编制全国粮食生产区域规划，进一步明确各省（区、市）粮食生产总体战略和发展方向，强化保障措施，加快制定粮食主产区利益补偿政策，确保主产区和主销区利益平衡，促进全国粮食生产稳定增长。建议开展预研究，为 2016 年发布新的中国粮食白皮书提供科学支撑。

# 六、实施创新驱动，整建制大面积均衡增产

继续加大财政对粮食科技创新的投入，充分调动广大科技人员的创新积极性和主动性，重点在品种培育、耕作栽培、植物保护、土壤培肥、农机作业、生态保护、防灾减灾等领域形成一大批突破性成果。加强技术集成和示范，良种、良田和良法统一，农机、农田和农艺结合，将良种、良田、良法、良防集成为技术规程，最大限度地发挥资源和技术的潜能。要因地制宜地摸索配套的大面积均衡增产模式，并根据生产条件扩大示范，实行整县整市推进。

## 七、加快农业组织和制度创新，着力培育新型农业经营主体

随着农村劳动力大量转移就业，今后"谁来种粮"将是一个重大而紧迫的难题。要在坚持和完善农村基本经营制度的基础上，加快农业组织与制度创新，加大政府对新型经营主体的培育，支持粮食大户和家庭农场改善生产设施条件，支持农民合作社兴建加工储藏、冷链运输等服务设施，支持农机、植保、生产资料配送等社会化服务组织的发展壮大，着力构建集约化、专业化、社会化相结合的新型农业经营体系。

## 八、深化体制改革，推进粮食生产服务体系建设

随着城镇化、工业化的快速发展，农业经营正加快向专业化、社会化生产模式转变，因此要建立完善的粮食生产服务体系，通过拓展规模化农机服务、植保合作社等，为粮食生产提供全程服务；加强农业保险制度建设，降低极端气候、病虫害等带来的风险；扩大农业信息化覆盖范围，提高农产品产供销等各个环节的经营效率。

## 九、加强教育宣传，科学引导粮食消费

按照建设资源节约型社会的要求，加强宣传教育，提高全民节约粮食的意识，形成全社会爱惜粮食、反对浪费的良好风尚。积极倡导科学用粮，控制粮油过度精细加工；坚决禁止生物能源加工与人争粮，提高粮食综合利用效率和饲料转化水平。提倡合理的膳食模式，引导科学饮食、健康消费，促进形成科学合理的膳食结构，把由消费结构变动引致的粮食需求增速控制在 0.5%以下，通过科学引导消费维护长期国家粮食安全。

## 十、加深体制改革，建立粮食安全预警预测机制

在经济全球化背景下思考粮食安全问题，在战略上研究和破解国际粮食生产的制约和挑战方面存在的新问题，通过监测动态、评估风险、准确预警、预防危机，建立国家粮食安全的"预警机""防火墙"和"灭火器"，发展反制手段和机制，建立系统的国家战略和技术对策，为保障国家粮食安全核心利益和经济安全提供可靠支撑。

**分 报 告**

# 四大粮食作物产业可持续
# 发展战略研究

# 稻谷产业可持续发展战略研究*

我国是世界稻谷生产和消费的双重大国。稻谷基本功能在于满足人们的主食需求，世界其他国家稻谷生产增长有限，世界稻谷市场规模小、出口国家少而需求国家多，在未来 10 年内难有突破，因此，必须长期坚持大力发展稻谷产业、为国家粮食安全作贡献的战略思路。

中国粮食安全绝不能完全依靠世界来解决，更不能完全依靠其他任何一个国家来解决，只能依靠自己。解决中国粮食安全问题要有两种思想和两种准备。

一是改革传统粮食安全观念，根据现实发展变化精准定位，以"粮食基本自给"为指导，坚持"谷物基本自给、口粮绝对安全"的战略目标，加速我国粮食安全战略的实施。目前，我国稻谷播种面积和总产分别约占粮食的 27%和 35%，我国 60%的人口以稻谷为主食。坚持以稻谷产业发展保国家口粮安全就显得特别重要。

二是有所为有所不为的粮食安全发展观。粮食产业开放已成必然之势，适当开放中国粮食市场，坚持口粮进出平衡，小杂粮全部放开由国际粮食市场决定。

三是充分利用两种资源、两个市场，支持国外发展稻谷生产，在解决世界粮食安全的基础上，必须会增加这些国家的稻谷出口，或间接进口部分稻谷，缓解我国稻谷生产压力。

课题以稻谷为研究对象，在充分吸收国内国际粮食安全研究成果、综合调研的基础上，深入研究国内稻谷供给、消费及供需平衡状况，结合国际稻谷供需和贸易状况，合理研判我国未来供给、消费及供需发展趋势（2020 年、2030 年）；在充分考虑国际粮食安全走势对我国稻谷供需影响的基础上，以可持续发展、确保国家粮食安全为目标，构建稻谷产业可持续发展战略框架，提出具有指导意义的国家粮食安全战略、重大工程和支撑体系；针对我国粮食安全面临的问题、发展趋势及机遇挑战，建立起粮食安全的长效机制，提出保障我国粮食安全可持续发展的重大保障措施和政策建议。

# 一、稻谷产业发展现状

## ◤（一）稻谷生产状况

稻谷是我国最重要的粮食作物之一。全国 60%以上人口以稻谷为口粮。确保口粮绝对安全必须提高稻谷综合生产能力。2012 年，我国稻谷种植面积为 45 205.7 万亩，总产

---

* 主笔人：胡培松。

为 20 423.6 万 t，分别占全国粮食面积和总产的 27.1% 和 34.6%；亩产为 451.8kg，比粮食作物平均亩产高出 98.6kg，是我国三大粮食作物（稻谷、玉米、小麦）中单产水平最高的品种。

分析我国稻谷品种、季节、区域等变化情况，主要体现在以下几个方面：一是季节结构"单季化"。长期以来，双季稻一直是我国稻谷生产的主体，但受耕地面积减少、农业产业结构调整、比较效益偏低和劳动力大量转移等多种因素影响，南方双季稻主产区出现大量"双改单"现象，早稻和晚稻面积开始双双下滑，一季中稻面积呈现持续增长态势。早稻、中稻和双季晚稻总产占稻谷总产的比例，分别从 1973 年的 36.8%、34.1% 和 29.2% 发展为 2012 年的 16.3%、65.4% 和 18.3%，早稻和双季晚稻比例分别下降了 20.5 个百分点和 10.9 个百分点，中稻的比例提高了 31.3 个百分点。二是品种结构"粳稻化""杂交化"。改革开放以来，随着人们生活水平的提高，粳米消费需求快速增长，促进粳稻生产快速发展。2012 年全国粳稻种植面积达到 933.34 万 hm²、总产为 7116 万 t，分别占全国稻谷面积和总产的 31% 和 35% 左右。特别是东北地区粳稻发展迅速，黑龙江、吉林、辽宁三省的粳稻面积从 1978 年的 1329 万亩迅速扩大至 2012 年的 443.27 万 hm²，总产增加了 2807 万 t。此外，我国杂交稻品种推广数量和面积也呈现逐年扩大趋势。2012 年推广面积在 0.67 万 hm² 以上的品种中，杂交稻有 556 个，比 2000 年增加 340 个；累计推广面积为 1389.07 万 hm²，比 2000 年增加 16.33 万 hm²。三是区域结构"北移化"。我国稻谷生产一般可以分为东北、华北、西北、长江中下游、西南及华南等六大稻区。改革开放以来，我国稻谷生产的生产格局发生了较大变化，稻谷生产呈现"北增南减""东减、中增、西平"的区域变迁趋势。2012 年，东北产区稻谷总产为 3284 万 t，比 1949 年增加了 3225 万 t，占全国稻谷总产的比例由 1949 年的 1.2% 增加到 2012 年的 16.1%，上升了 14.9 个百分点，成为我国稻谷新的增长中心。

## （二）稻谷消费状况

我国稻谷的消费构成主要包括口粮消费、饲料用粮消费、工业消费、种子消费和贮运损耗。一般来说，在我国稻谷消费构成中，口粮占 85% 左右，饲料用粮为 6%~8%，工业、种子和贮运损耗为 7%~9%。其中，早籼稻消费用途最多，可以用作口粮、饲料用粮、工业用粮和种子用粮等；中晚籼稻和粳稻主要用作口粮，其他用途较少。近年来我国稻谷消费趋势总体呈现以下几个显著特点：一是消费总量稳定增长。综合国家粮油信息中心、郑州粮食批发市场等机构预测结果，预计 2013 年国内稻谷消费总量达到 20 033 万 t，比 1980 年的 13 000 万 t 增加了 7000 多万 t，增幅高达 54.1%。其中，食用消费 16 845 万 t，占 84.1%；饲料消费 1545 万 t，占 7.7%；工业用粮 1335 万 t，占 6.7%。二是口粮消费粳稻化趋势明显。20 世纪 80 年代我国稻谷种植基本上是籼稻。随着居民生活水平的提高，人们对粳米的消费偏好增加。特别是进入 20 世纪 90 年代后，北方居民"面改米"和南方居民"籼米改粳米"，使粳米消费不断增加。据测算，近 20 年人均年粳米消费量从 17.5kg 增加到 30kg 以上，人均消费量每年增长 0.5kg 以上。

1980~2012 年，我国粳米产量在稻谷总产量中所占比例由 10.8%增至 32.5%，籼米产量所占比例由 89.2%降至 67.5%。三是饲料用粮和工业用粮有所增加。饲料用粮消费主要是指早稻，占全部稻谷饲料用粮的 60%左右。从发展趋势看，早稻的口粮需求逐年减少，饲料用粮和工业用粮逐年增加。与小麦、玉米和大豆相比较，工业生产中用稻谷作为初级原料的非常少，但是近年来也呈逐年增加的趋势，尤其是早籼稻。稻谷的工业用粮中有 90%以上是早稻，主要用作生产米粉、啤酒和糖浆等。四是种子用粮和贮运损耗逐年减少。随着农业科技的进步和优良品种的更新换代，单位用种量呈逐年减少的趋势。贮运损耗也会随着贮藏、运输技术的进步而逐年减少，一般估算为总量的 3%~5%。

分析影响我国稻谷消费的关键因素：第一，人口刚性增长促进稻谷消费增加。我国人口基数庞大，随着我国进入人口数量最多的时期，人口的增长必然导致稻谷需求总量持续增长。2012 年，我国总人口达到 135 404 万人，比 1990 年增加 21 071 万人，年均增加 950 多万人。仅这一项，按照人均消费 100kg 稻谷测算，年均净增加稻谷消费 95 万 t。第二，稻谷消费的区域结构可能增加稻谷消费。北方部分地区"面改米"消费习惯的改变在一定程度上增加了对稻谷的消费，特别是我国稻谷消费的区域性特征明显，稻谷消费量较大的 18 个省（区、市）有 15 个在南方，其余是东北三省，稻谷消费量共占全国稻谷消费量的 95%以上，而从区域性人口增长情况看，南方经济发达地区人口增速要明显快于北方，也就是稻谷消费主要地区的人口增长率较高，也可能增加我国稻谷消费量。第三，人均口粮消费减少。随着居民消费习惯和膳食结构的不断调整，人均口粮消费总体将呈下降趋势。特别是从稻谷消费的城乡区别看，乡村居民粮食和稻谷的人均直接消费量均显著大于城镇居民。而我国城镇化趋势明显，城镇人口已经从 1990 年的 30 195 万人增加至 2012 年的 71 182 万人，年均增长 6.2%。城镇化水平的提高，将在一定程度上减少居民稻谷口粮消费，增加饲料用粮消费。第四，人口老龄化可能减少稻谷口粮消费。全国 65 岁以上人口已经从 1990 年的 6368 万人增加到 2012 年的 12 714 万人，占总人口的比例提高了 3.8 个百分点。综上所述，未来我国稻谷消费保持稳定略增的可能性较大。

## （三）稻谷加工物流发展状况

一是产销布局极不平衡。我国的稻谷产销布局很不平衡，主产区较为集中，消费区较为分散，稻谷流通格局非常复杂。其中，早籼稻生产主要分布在长江以南 13 个省（区），其中江西、湖南、湖北三省产销平衡有余，广东、广西、福建、海南 4 个省（区）缺口较大，各省（区）之间就近进行产销衔接；中晚籼稻生产主要分布在长江以南的 14 个省（区），主要销出省有江西、湖北、湖南三省，主要购入省（区、市）有上海、浙江、广东、广西、福建、海南、云南、贵州、重庆，在产销衔接上，江西的中晚籼米主要销往广东、广西、福建、浙江等地，湖南、湖北的中晚籼米主要销往广东、广西、福建、海南、云南、贵州等地；粳稻生产省份共有 24 个，能大量销出的主要是东北三省，江苏和安徽也有少量粳稻外销，在产销衔接上，东三省粳米主要销往北京、天津、河北、陕西、新疆、江西、浙江、上海、福建、广东、云南、贵州、四川，江苏和安徽的少量结余粳米主要销往上海、浙江、福建、广东。三大品种的产销衔接，形成了当前我国稻谷"早籼南下、中晚籼东输南下、北粳南运"的稻谷流通格局。二是稻谷加工产量与加工产能持续增加。近年来我国稻谷加工产能逐年增加。2012 年稻谷加工业年处理稻谷能力共计 3.07 亿 t，比 2011 年增加 2325 万 t，增幅 8.2%；稻谷加工企业共计 9788 个，比 2011 年增加 398 个，同比增幅 4.2%，大、中型企业的数量、产能、产量占比与 2011 年同期相比均有所提高。从地域上看，产能和产量仍主要集中在东北地区及长江中下游地区。民营企业占主导地位，产能和产量所占比例超过 85%。三是国内稻谷流通能力不足。我国稻谷主产区主要集中在长江中下游地区、东北地区，而主销区主要为东南沿海、北京、天津、上海等省（市），稻谷跨省流通主要靠铁路和铁水联运。但我国铁路运能明显不足，特别是"北米南运"严重受限，导致主产区的储备粮不能及时运到销区，销区的粮食需求不能被及时得到满足，易造成区域性、结构性短缺。特别是稻谷运输以包粮流通方式为主，散粮运输仅占 15%左右，机械化作业水平低、成本高、损耗大。

# 二、稻谷产业可持续发展中存在的重大问题

## （一）缺乏全产业链设计的顶层政策

从产业化角度看，我们将水稻等同于稻谷，从产业化或产业链视角出发，我们将水稻产业类似地映射到稻谷产业上。因此，在政策制定和实践两个方面来看，稻谷产业政策最为突出的问题，就是中国稻谷产业政策缺乏顶层政策设计。

长期以来，我国十分重视稻谷生产环节，这是稻谷全产业链的基础，本来无可厚非。尤其是从近期来看，我国稻谷生产政策效果十分突出，特别是稻谷生产发展政策在保障稻谷自主供给方面发挥着基础性作用。但在稻谷产业政策方面，显得很不够，原因是基于稻谷的整个产业链（稻谷产业）政策存在着很大差异，对稻谷整个产业政策缺乏一致性的全面认识。由于稻谷产业不同环节归于不同的政府部门管理，稻谷产业链涉及 10多个部门，稻谷产业的块块之间虽然都有相关政策，但不同地区（条条之间）的稻谷产业发展各有侧重，表现为稻谷产业发展的政策缺位，或者政策目标差异，进而在以稻谷产业为主体的"块与条"之间存在着巨大的政策差异。细究个中原因，主要还是目前以稻谷生产的政策为主，尚未形成全产业链的政策，更缺乏稻谷产业链设计的顶层政策思想、政策战略和决策机制。

## （二）自然因素

一是耕地面积持续减少、质量持续下降。人多地少是我国的基本国情，从长远看，人增地减的矛盾仍十分突出。全国耕地面积从 1996 年的 19.5 亿亩降至 2008 年 18.26 亿亩，

年均减少 1100 万亩,目前人均耕地面积 1.38 亩,不到世界平均水平的 40%。随着工业化和城镇化进程加快,耕地仍将继续减少。与此同时,我国是世界上耕地复种率最高的国家之一,耕地利用强度大,导致土壤养分失衡、耕层变薄、地力下降。东北地区黑土层已由新中国成立初期的 80~100cm 下降到 20~30cm,土壤有机质含量比 20 世纪 90 年代初下降了 35 个百分点。二是水资源总量不足、区域性缺水严重。稻谷是耗水量最大的粮食作物,用水占农业用水的 65% 以上,无水难种稻。我国水资源总量不足、分布不均等问题突出。从总量上看,2012 年我国用水总量为 6141.8 亿 $m^3$,比 2000 年增加 644.2 亿 $m^3$;其中农业灌溉用水为 3880.3 亿 $m^3$,占用水总量的 63.2%,每年农业生产缺水超过 300 亿 $m^3$。从分布上看,我国属大陆性季风气候,降水主要集中在 6~9 月,加上受地形影响,存在严重的季节性和区域性缺水。例如,我国东北的黑龙江、辽宁、吉林三省稻谷产量占全国的 16% 左右,但水资源总量仅占全国的 6% 左右,持续发展稻谷生产的能力堪忧。特别是随着工业化、城镇化的快速推进,工业与农业争水的矛盾将更加突出,城镇居民生活用水也将进一步增加,稻谷生产可持续发展的空间受到严重限制。三是气候变化不确定性增强。我国是水旱灾害频繁的国家,受季风气候影响,降水年际年内变化大。特别是在全球气候变暖背景下气候不确定因素进一步增多,稻谷生产不稳定性增强。据科技部、气象局和中国科学院联合评估报告,如果不考虑适应措施,温度升高 2.5℃,粮食单产最高下降幅度将达 20%。从近 10 年国内生产实际看,2003 年南方高温干旱天气导致江苏、安徽稻谷单产分别下降 11.6% 和 24.8%;2006 年重庆、四川出现了有气象记录以来最严重的高温伏旱,当年稻谷单产分别大幅下降 26.4% 和 11.0%。四是生态环境约束性增强。我国北方稻谷主产区地下水严重超采、农田掠夺性经营,以及化肥、农膜等长期大量使用,导致耕地质量下降,土壤沙化退化,水土流失严重。例如,近年来我国稻谷生产发展最为快速的黑龙江省,"井灌稻"占了很大的比例,已造成地下水位持续下降,稻谷生产可持续发展能力担忧;而南方稻谷主产区由于冶金、采矿业的发展,目前稻田土壤重金属污染日趋严重。而由于稻谷一生的大部分时间处于水环境中,水体的存在导致重金属更容易被稻谷吸收并积累,严重影响我国稻谷质量和效益。2013 年湖南"镉大米"事件的暴发就是南方土壤重金属污染的直接后果。

## （三）经济因素

一是政策激励效应持续下降。随着工业化和城镇化进程的不断推进,农民工资性收入增幅较大,占农民人均纯收入的比例迅速提高,同时也降低了政策性补贴带来的政策激励效应。2012 年农村居民家庭人均工资性收入为 3447.46 元,比 2011 年增加 484.03 元,对农民增收的贡献率为 51.3%;与此同时,农业收入为 2106.83 元,比 2011 年增加 210.16 元,对农民增收的贡献率仅为 22.4%。此外,化肥、农药、农机和劳动力等价格的大幅提高,部分抵消了政策性补贴给农民带来的实惠,政策激励效应下降。二是比较效益始终偏低。随着农资价格、人工、土地流转、机械作业费用的持续增加,我国稻谷生产成本呈逐步上升的趋势,而稻谷价格涨幅低于成本增幅,种稻比较效益将长期偏低,不利于保护和调动农民种粮积极性。2012 年，我国稻谷亩均总成本为 1055.10 元，比 2011 年增加 158.12 元；净利润为 285.73 元，比 2011 年还减少了 85.54 元，甚至还不如农民外出务工两三天的收入，稻谷生产口粮化、兼业化，制约稻谷增产潜力的发挥。三是外资高成本投机我国稻谷产业。随着市场化深入、国际竞争加剧和粮食市场全球化，我国缺乏针对外资有力的宏观调控机制和应对措施，在粮油相关领域引入外资的门槛过低，控制外资份额和外企进入领域的相关法律法规缺位。目前，跨国企业已悄然渗透我国粮食流通市场，并向全产业链进发。特别是从 2006 年开始，益海嘉里开始布局进入国内稻谷加工产业，由益海（佳木斯）粮油工业有限公司正式推出"香满园"稻谷，到 2009 年底正式推出"金龙鱼"稻谷。

## （四）社会因素

一是劳动力大量外流、素质低下。一方面，留守农村的适龄农村劳动力加速减少。随着城市化进程的加快，农村务农人数以年均 2% 的速度递减，农村青壮年劳动力大量外出，农业兼业化、农村空心化、农民老龄化"三化"现象已加快显现。另一方面，从事稻谷生产的农村劳动力质量下降。农村青壮年劳动力的加快转移，老、妇、幼成为稻谷生产主力军，身体素质、科技素质低，接受新知识、新技能的能力差，直接影响到新品种、新技术的推广，严重制约稻谷生产的可持续发展。二是粮食损失、浪费现象严重。从储备方面看，我国农户存粮约占全国粮食年总产量的 1/2，由于储存设施简陋，缺乏技术指导服务，损失比例在 8% 左右，每年因虫、霉、鼠、雀造成损失 400 亿斤以上；从物流运输看，我国散粮运输比例约为 15%，大多采用包粮运输方式，抛洒、遗留损耗大。全国粮食企业有近 1800 亿斤仓容属危仓老库，储粮条件差、损失大。这些环节损失损耗逾 150 亿斤；此外，由于消费习惯误区，成品粮过度追求亮、白、精，低水平粗放加工，既损失营养素又明显降低出品率，副产物综合利用率也很低，加工环节每年造成口粮损失 130 亿斤以上。三是人口增长导致消费刚性增长。根据国家卫生和计划生育委员会的预测，到 2020 年、2030 年，我国人口将分别增加到 14.5 亿人、15.0 亿人，进入人口数量最多的一段时期，特别是随着二胎政策的实行，人口年增长率下降的趋势将得到遏制，人口将继续保持增长态势。人口增长将导致稻谷消费需求的刚性增长。

## （五）稻谷产业新型主体培育发展不快

从稻谷生产到稻谷流通销售的稻谷产业各相关环节，整个稻谷产业链建设都面临着培育新型主体的巨大挑战。

在稻谷生产方面，由于中国小农的国情所在，虽然早在 20 年前就开始实施农业产业化政策，包括农业龙头企业带动稻谷发展政策，"十一五"时期开始发展农业专业合作社的支持政策，初步形成了种粮大户、粮食专业合作社、农业龙头企业和家庭农场等新型主体，但稻谷产业政策仍然很宽泛和极为分散，不适应现代化条件下的新型经济主体要求，没有建立起适应市场化要求的、针对新型主体的经营管理能力建设、长期培训和知识更新教育等方面的支持政策。许多地方仍然以传统农民和小规模分散化经营为主。

稻谷收贮与加工环节的主要问题是储粮利用效率不高和过度加工等。稻谷主要是由国家粮食部门国有粮食企业收购和储藏，包括国家和地方两级收储，主要问题是储藏利用效率不高，缺乏鼓励农户储粮的政策。稻谷加工，主要是国家粮食加工企业，民营稻谷加工企业有增长态势。加工领域的主要问题是，从技术层面看是过度加工，在体制方面主要是国企收储与加工不同程度地存在政企不分等。

在稻谷流通与市场销售环节的主要问题，一是稻谷无序调运引起的不经济，二是市场体系建设不完善。

# 三、未来稻谷安全发展趋势分析

随着工业化、城镇化的快速发展，以及人口增加、居民生活水平的提高，稻谷口粮消费需求将呈刚性增长，而耕地减少、水资源短缺、气候变化等对稻谷生产的约束日益突出。我国稻谷供需将长期处于紧平衡状态，确保口粮绝对安全面临严峻挑战。

## （一）稻谷生产中长期趋势变化及不同情景预测

根据我国稻谷的发展历程、品种结构改变、季节结构改变、生产区域调整等进行分析。一是增产情景预测。预计 2020 年、2030 年我国稻谷播种面积能够稳定在 3000 万 hm² 左右，按照 2000 年以来我国稻谷单产年均增幅 0.7% 进行测算，预计 2020 年、2030 年我国稻谷亩产能够分别达到 478kg、512kg，稻谷总产分别达到 21 510 万 t、23 040 万 t。其中，面积增加的区域主要集中在黑龙江三江平原，江西、湖北、湖南等双季稻主产区，以及四川、重庆等再生稻产区；面积减少的区域主要集中在东南沿海的浙江、广东等经济发达地区。二是品种结构预测。预计 2020 年、2030 年粳稻种植面积将进一步扩大。根据近年来我国粳稻面积占全国稻谷面积的比例年均提高 0.6 个百分点的增幅进行测算，预计 2020 年、2030 年全国粳稻面积分别达到 1053.34 万 hm² 和 1240.01 万 hm²，分别占全国稻谷种植面积的 35% 和 41% 左右。三是生产区域变化预测。在政策扶持、市场需求和产业发展的带动下，我国稻谷生产布局日趋集中。特别是东北和长江中下游稻谷产区将成为未来我国稻谷生产的核心区域。2012 年，东北、长江中下游稻区稻谷面积分别达到 452.2 万 hm²、1484.8 万 hm²，分别占全国稻谷面积的 15.0% 和 49.3%。预计到 2020 年、2030 年，东北和长江中下游稻区占全国稻谷生产的比例将更大，我国稻谷生产区域将进一步集中。

## （二）稻谷消费峰值预测及变化趋势

根据发达国家在经济发展中的经验，稻谷消费的变化趋势并非不断增加或是长期稳定不变，而是在达到中等收入阶段之后，人均稻谷消费量开始明显下降。例如，日本人均稻谷消费量已经由 1961 年的 113kg 降至目前的 57kg 左右，每年减少 1.1kg；韩国人均稻谷消费量由 1961 年的 99kg 降至目前的 77kg 左右，每年减少 0.4kg。因此，随着我国城乡居民收入的不断增长，肉禽、蛋、奶、鱼等动物性食品及其他食品的消费量增加，我国稻谷的人均消费量将稳步下降，稻谷消费将会朝着优质化的方向发展。2012 年，我国稻谷人均占有量大约为 151kg，折合稻谷约为 106kg，人均稻谷消费量下降的空间还是很大的。根据我国人口和计划生育委员会的预测，到 2020 年、2030 年我国人口总量将分别达到 14.5 亿人、15.0 亿人。按照 2020 年人均消费 100kg 左右稻谷、2030 年人均消费 95kg 左右稻谷的标准，分别需要稻谷 14 500 万 t、14 250 万 t，折合稻谷 20 714 万 t、20 357 万 t。

## （三）供求平衡态势及其趋势

对于我国未来稻谷供需平衡态势及趋势，国内很多学者都从不同角度进行了分析研究，尽管方法、数值不尽相同，但基本一致认为随着我国工业化、城镇化及居民生活水平的不断提高，稻谷口粮消费将逐年下降，但粳米在口粮消费中的比例将稳定增加；中长期内我国稻谷消费总量将呈下降趋势，稻谷口粮消费绝对数量下降但在稻谷消费总量中仍占较大比例，稻谷饲用量和比例呈下降趋势，而稻谷工业用量和比例则持续增加，种子用量数量减少。预计到 2020 年、2030 年我国稻谷生产量分别能够达到 21 510 万 t、23 040 万 t，消费量分别为 20 714 万 t、20 357 万 t，总体供需平衡有余。

# 四、国际稻谷供需发展趋势及其对我国的影响

## （一）国际稻谷安全状况及变化规律

稻谷是世界上最重要的粮食作物之一，生产分布很广，多集中在温带季风、热带季风和热带雨林地区，产稻国家或地区有 110 个左右，尤以亚洲的东亚、东南亚和南亚地区最为集中，约占世界稻谷产量的 90%。分析世界安全状况：一是供给增速放缓。从世界稻谷生产变化情况分析，稻谷生产总体呈现稳中有增的趋势，但增速有所减缓。1960~1970 年、1970~1980 年、1980~1990 年、1990~2000 年每 10 年世界稻谷面积的年均增长率分别为 1.04%、0.88%、0.17%、0.34%；稻谷单产的年均增长率分别为 2.83%、1.67%、2.85%、1.08%；稻谷总产的年均增长率分别为 4.17%、2.7%、3.07%、1.45%，世界稻谷面积、单产和总产的年均增长率逐步下降。2000~2012 年，世界稻谷面积、单产和总产的年均增长率分别为 0.5%、1.0% 和 1.5%。二是消费量稳定增加。从消费趋势看，受人口增长、生活水平提高等多因素作用，预计世界稻谷消费量仍将持续增加。若以 2030 年世界人口数 83 亿人、人均稻谷消费 65kg 测算，则总消费量将达到 5.39 亿 t，比 2013 年的 4.73 亿 t 增加 0.66 亿 t，增幅为 14.0%。但与此同时，世界稻谷消费量增速

也将放缓。1960~1970 年、1970~1980 年、1980~1990 年、1990~2000 年每 10 年世界稻谷消费量的年均增长率分别为 3.44%、2.87%、2.72%、1.45%，增长率呈下降趋势，2000~2012 年，世界稻谷消费的年均增长率仅为 1.30%左右。三是库存消费比逐年下降。库存量与消费量之比是联合国粮食及农业组织提出的衡量粮食安全水平的一项重要指标。联合国规定的世界粮食库存消费比的安全警戒线是 17%~18%。近年来，世界粮食作物库存消费比呈现下降趋势，安全状况不容乐观。据美国农业部报告，2013/2014 年世界三大粮食作物（稻谷、小麦、玉米）库存消费比从 2000 年的 31.7%降至 2013 年的24.6%，下降了 7.1 个百分点，世界粮食满足供给的压力越来越大。

## （二）未来世界稻谷安全的变动趋势及其对我国的影响分析

2013 年中央经济工作会议和中央农村工作会议均强调要做到"谷物基本自给、口粮绝对安全"。对于我国来说，在稻谷实现"十连丰"的大背景下，国内稻谷库存充裕，现阶段稻谷供给基本平衡有余，世界稻谷生产、市场变动对于我国基本无法构成较大威胁。从世界稻谷安全的变动趋势进行分析，主要是供给增速将进一步放缓、消费总量将保持稳步增长及稻谷价格的不稳定，世界稻谷安全供给的形势将越来越严峻。从全球范围看，利用国际市场弥补国内稻谷产需缺口不仅成本高、风险大，而且空间小。一方面，国际稻谷市场粮源有限，无法满足国内需求。我国既是稻谷生产大国，又是稻谷消费大国，国际市场的稻谷贸易量仅为 3000 万 t 左右，不到国内消费的 15%，可供我国进口的稻谷数量十分有限。另一方面，国际稻谷市场波动加剧，反复无常。近年来国际市场稻谷价格波动起伏较大，2008 年国际稻谷价格从 1 月的每吨 375.4 美元暴涨至 5 月的 895美元，涨幅高达 138.4%。然而近期国际稻谷价格持续低迷，也导致了近两年我国进口低价稻谷数量剧增，对国内市场形成了较大冲击。从中长期来看，影响国际稻谷市场价格波动的因素日益复杂，利用国际市场弥补国内产需缺口具有较大的不确定性。

为此，要在确保稻谷消费基本自给的基础上，利用好国际国内两种资源、两个市场，最大限度地分享国际贸易带来的利益，缓解国内紧缺资源的利用强度，改善农业生态环境，如从泰国、印度等地进口高端优质米来满足国内部分需求，但仅作为品种调剂，同时，在满足国内需求的基础上，适当出口具有我国优势的优质粳米，增加国家外汇储备。

## （三）世界各国（地区）确保粮食安全的政策框架、主要做法及经验借鉴

一是美国。美国是世界上农业最发达的国家，粮食总产量和出口量均居世界前列，是世界粮食出口大国。因此，促进本国粮食生产和出口、增加农民收入成为美国粮食生产支持政策的核心目标。围绕政策目标，美国除了通过科技研发、资源保护等支持粮食生产外，还采取了直接支付政策、价格支持政策、反周期补贴制度、农业保险制度、贸

易促进等措施。二是欧盟。欧盟由 20 世纪 50 年代的农产品净进口地区转变为世界农产品出口地区，其共同农业政策发挥了巨大作用。经过多年发展，欧盟在粮食生产支持方面制定了一套行之有效的政策措施，主要包括价格支持、直接补贴、休耕补贴、结构调整补贴和环保补贴等。三是日本。由于土地资源匮乏，国内农业生产者规模小，竞争力弱，日本对其粮食生产，特别是稻谷生产采取了高度保护的政策，主要包括旱田作物补贴、水田活用补贴、稻谷种植收入补贴、稻谷价格变动补贴、附加补贴和集落营农（即农村经营组织）法人化支援等。

# 五、稻谷作物产业可持续发展战略构想研究

## （一）总体思路

实施"以我为主、立足国内、确保产能、适度进口、科技支撑"的国家粮食安全战略，确保"谷物基本自给、口粮绝对安全"，强化政策支持，加大投入力度，改善基础条件，转变发展方式，稳定扩大稻谷种植面积，优化品种与区域布局，主攻单产，提高品质，加快形成区域化布局、标准化生产、社会化服务、产业化经营的产业发展格局，促进稻谷生产持续稳定发展。

## （二）基本原则

一是立足国内生产。必须坚持立足国内解决稻谷供给，坚定不移地发展稻谷生产，保证国内口粮稻谷自给率保持在 100%、确保口粮绝对安全。二是扩大面积与提高单产并举。既要依托资源优势扩大稻谷种植面积，又要依靠科技提高单产水平，充分挖掘增产潜力。科学有序地推进南方地区"单改双"、北方地区"旱改水"等，确保稻谷播种面积的稳定。强化农业科技支撑，加快推广良种、良法和先进适用技术，确保稻谷综合生产能力稳步提升。三是优化布局与突出重点相结合。综合考虑区域自然资源条件、经济社会发展水平和稻谷生产基础，进一步推进稻谷优势区域建设与商品粮基地建设，促进稻谷生产布局向优势产区集中。四是提高生产能力与调动积极性相结合。既要加强优势产区的基础设施建设，重点是骨干水利工程建设和现有稻田的设施改造，改善生产条件；又要强化政策扶持，调动农民务农种粮的积极性和地方政府重农抓粮的积极性，促进稻谷生产持续稳定发展。五是农艺与农机相结合。既要加快推广东北大棚育秧、南方稻谷集中育秧等集约化生产技术，又要大力推广机插秧、机械收获等高效技术，提高生产效率。六是生态适应性和可持续发展相结合。立足资源优势，坚持生态优先，正确处理稻谷发展与生态保护的关系，实现资源的合理高效利用，避免无序盲目扩张，做到资源节约、环境友好、科学推进。

## （三）发展目标

力争到 2020 年全国稻谷播种面积稳定在 3000 万 hm² 左右，亩产 480kg 左右，稻谷产量达到 21 600 万 t，产略大于需；力争到 2030 年全国稻谷播种面积稳定在 3000 万 hm² 左右，亩产 500kg 左右，稻谷产量达到 22 500 万 t，满足国内消费需求。

## （四）区域与品种布局

一是东北平原优势区。主要是稳定扩大面积，不断提高粳稻的单产和品质；供应东北、华北、西北及南方大城市粳米市场，出口韩国、日本、俄罗斯市场。二是长江流域优势区。主要是进一步稳定双季稻面积，提高单季稻产量水平，逐步扩大江淮粳稻生产。长江上游地区要提高稻谷自给水平；长江中游地区要提高对南方优质籼米市场的供给水平；长江下游地区在满足区内稻谷自给的基础上，提高对东南沿海粳米市场的供给能力。三是东南沿海优势区。主要是稳定稻谷面积，着力提高单产水平；大力发展优质籼粳稻，不断改良稻谷品质；积极发展稻谷生产，提高区域稻谷自给率。

## （五）重大工程

一是水利建设重大工程。东北稻区要加大灌区骨干工程和田间配套工程建设力度，改进灌溉方式，扩大地表水灌溉面积，减少井灌稻面积；长江流域稻区要围绕大中型灌区续建配套工程，增加灌溉面积，稳定增加双季稻播种面积；西南稻区要加快以灌溉水源为主的中型水库建设，解决季节性、工程型缺水问题。二是基本农田建设重大工程。加强以小型农田水利设施为基础的田间工程建设，配套实施土地平整、机耕道、农田林网工程，以及土壤改良，增施有机肥、测土配方施肥等技术措施，逐步把稻谷生产主产区的中产田建成旱涝保收的高产田，将低产田改造成产量稳定的中产田。三是科技创新能力建设重大工程。加强基础性研究，突破分子技术、亲本创制等育种技术瓶颈，加快培育高产、优质、广适、抗逆、抗病的优良稻谷品种；加快成熟技术的凝练提升、集成组装，形成区域性、标准化高产高效模式，在更大面积、更广范围推广应用，整体提高稻谷单产水平。四是重大技术推广建设重大工程。加快推进基层农技推广服务体系改革，完善省一级、县一级和乡镇一级农业技术推广网络体系，改善工作条件，增加工作经费，进一步稳定基层农技推广队伍；鼓励科技人员到基层工作，加强科研与推广的紧密衔接，提高农技公共服务能力。

# 六、稻谷产业可持续发展对策与措施研究

今后，进一步构建保障我国稻谷供给安全的长效机制，确保国家稻谷产业可持续发

展，确保口粮绝对安全。

## （一）稳定扩大面积

### 1. 严格耕地保护制度

国家要求到 2020 年，耕地保有量不低于 18 亿亩，稻谷面积稳定在 3000 万 hm² 左右。要实现这个目标，必须构建最严格的耕地保护机制，要严格耕地占补平衡制度，明确补充耕地的质量要求，对达不到标准的要给予惩处；要把基本农田落实到地块和农户，整理撂荒稻田，加强对南方中低产水田的改造，提高稻田地力；要更新改造稻田水利基础设施，确保基本农田面积不减少、用途不改变、质量不降低。

### 2. 挖掘现有面积潜力

一是"单改双"在南方双季稻主产区推行"单改双"，恢复双季稻面积，重点是针对湖北、湖南、浙江、安徽、福建和江西等六省；二是"旱改水"。重点是提高适宜地区的灌溉水平，扩大水田面积，主要在黑龙江省和吉林省、安徽省沿淮和淮北地区、河南省沿黄灌区，江西和湖北也有部分地区存在"旱改水"发展潜力；三是发展再生稻。在"一季有余、两季不足"的一季中稻主产区发展再生稻，重点地区是四川、重庆、福建、湖北、云南等省（市）。

### 3. 加强后备产区建设

目前，全国池塘养殖面积为 233.33 万 hm² 以上，估计水深在 0.5~1.5m、原稻田改池塘的可种池塘专用稻的面积在 66.67 万 hm² 左右，通过加大政策扶持、加快技术推广等可以发展池塘稻谷 33.33 万 hm² 以上。此外，在保护生态环境的前提下，在新疆北部、东北西部和三江平原等地的后备耕地资源区，科学合理配置水资源，完善田间灌溉微小工程，有效解决水的问题，则稻谷生产仍有一定的潜力可挖。

## （二）加强制度保障

### 1. 完善政策保障体系

按照"存量适度调整、增量重点倾斜"的原则，新增资金分配应与各地的稻谷平均播种面积、产量、商品量等因素挂钩，做到播种面积越大、产粮越多、商品量越高、补贴越多；与化肥、农药等农资价格挂钩，提高农资综合直补标准；提高稻谷最低收购价标准，稳定农民种稻收入预期，提高种稻积极性；建立集中育秧、统防统治、再生稻推广、池塘稻发展等重大技术推广补贴制度。同时，各项政策要具有持续性和稳定性，避免政策反复对稻谷生产发展的冲击。

### 2．加大财政资金投入

加大中低产田改造、农田小水利工程修缮与建设等稻谷生产基础条件改善的投入，改善生产条件；加大政策性农业保险保费补贴的投入，集中解决农业保险"险种不足、覆盖面不广"的问题，建立稻谷生产的市场化风险分担机制，控制稻谷生产风险；增加基层农技推广体系经费投入，保障农技人员收入，加大农民技术培训投入，不断提高农民素质。

### 3．培育新型经营主体

在稳定传统种粮队伍的基础上，通过发展租赁式、股份式、季节性等多种形式的土地流转，扶持培育一批种植大户、家庭农场、种粮合作社，使不想种的田有人种、想多种的大户有田种，推进规模化经营。此外，在我国小规模经营格局短期内难以改变的背景下，相对于土地流转来讲，通过"生产环节外包"实现集中规模经营更容易些。要通过积极扶持一批育秧、植保、农机等专业化服务组织，通过对代耕、代育、代插、统防防治、代收代储等环节提供低成本、便利化、全方位的服务，不断提高生产环节规模化水平。

## （三）强化科技支撑

### 1．加强技术集成创新

抓紧集成点片分散的成熟技术模式和高产经验，尽快集成一批适宜不同区域、不同季节，可在更大范围普及推广的成熟技术模式，加快技术的集成推广应用；要从品种选育入手，选育一批符合机插、机收技术的单季杂交稻优良品种，选育一批生育期短、早生快发、穗粒兼顾或穗数型的双季稻早熟品种，切实推进稻谷全程机械化集成技术推广，再生稻生产还要解决头季稻机收难的问题；建立种稻与养殖相结合、冬季旱作与稻谷轮作相结合的新型农作制度，大力推广秸秆还田技术，着力提高稻田的综合生产力、产出效益和稻田生态健康水平，实现稻田生态和经济的可持续发展。

### 2．强化技术指导服务

进一步明确各地稻谷主推的播栽方式，突出重点技术与关键环节，加大技术指导力度，适时制订技术指导意见，确保关键田管措施落实到位；结合稻谷产业技术体系、高产创建、粮食增产模式攻关等项目实施，组织科研、教学、推广等单位专家，在关键季节深入田间开展科技服务和技术指导，提高技术入户到位率；创新培训方式，多形式、多层次开展技术培训，提高科技种田水平，发挥科技的增产潜力。

### 3. 强化防灾减灾机制

坚持预防为主的基本原则，在稻谷主产区（县）建立农业气候灾害的预警和应急系统，研究新土改良技术在气候变动条件下的减灾效果；通过病虫草生长、繁衍及成灾规律和病虫草与寄主、天敌间的信息联系及相互作用机制研究、探索基于农业生态系统的病虫草害生态控制的调控技术，开发环境友好、安全的生物农药，发展基于地理信息系统（GIS）、互联网等计算机技术的病虫测报、预警技术，建立适合不同稻谷主产区的病虫害可持续治理体系。

## （四）完善宏观调控

### 1. 构建合理的双向补贴机制

综合考虑种粮农民（生产者）和城市贫困人口（消费者）的利益，一方面要保护农民生产积极性，另一方面要确保所有人在任何时候都能买得起所需要的粮食。双向补贴机制首先要确定稻谷价格的合理波动范围，这一范围包括一个最高价和一个最低价。当市场价格高于最高价时，启动对城市贫困人口的补贴，以保障他们获得稻谷的能力；而当价格下跌到低于最低价时，政府除实行最低收购价政策外，还要启动对种粮农民的补贴。补贴的最高价和最低价，要根据城乡居民的平均收入水平、消费水平，农业生产资料价格水平，城市平均消费价格水平等多种因素综合制订。

### 2. 完善市场调控体系

做到全国一盘棋，兼顾各方面利益，在实施"北粮南运"扶持政策的基础上，实施有利于促进"中粮南运""中粮东运"的运费补贴等政策措施；优化中央、省、市、县储备的比例结构，尤其是扩大县级粮食储备规模，提高粮食市场调控的即时性、有效性，特别是强化特殊地区的粮食储备能力，尤其是生态脆弱区、边疆地区、偏远农村地区等，确保特殊地区粮食安全、社会稳定；鼓励城乡居民适度增加家庭储粮，大力倡导节粮消费；规范外资进入粮食产业的行为，对粮食安全要防范于未然。抓紧修订相关法律法规，界定外资进入粮食产业的投资规模、市场行为等，确保国家粮食产业安全。

### 3. 发展"四散"物流，促进粮食运输无缝化

"四散"（散装、散线、散储、散运）是粮食物流的发展方向，要大力发展散粮火车、散粮汽车、散粮集装箱、集装袋无缝化连接的运输。在东北地区重点发展散粮火车运输方式；在东南沿海提高粮食水运（海、江）份额，逐步推广和发展散粮汽车、集装箱等

运输方式；在全国重点是衔接粮食的多种运输方式，完善相关的配套设施，在主要粮食物流通道上实现公路、铁路、水路无缝化连接的粮食运输方式。

## （五）建立开放高效的现代稻谷产业

必须看到，稻谷是国粮，既是最紧缺的资源，也是国家重要的基础性产业。同时要看到，当今世界更加开放，全球经济一体化进程加快，农业市场化势不可挡。根据比较优势原理和中国现代化建设需要，必须走改革开放和主动融入世界潮流的发展道路，建设一个更加开放的稻谷产业体系。

### 1. 走出去发展稻谷产业

稻谷产业走出去发展的战略选择之一是扶持一批科研型稻谷生产企业到东南亚、南美洲和非洲地区发展大规模现代化稻谷生产企业。世界一些地方尚有相当数量的土地资源适合种植稻谷，许多国家稻谷产量有很大的提升空间，通过利用国内技术和投资到国外去发展现代稻谷生产，可以减轻国内生产压力，有计划地保护稻区资源。对于走出去开拓现代稻谷产业的中国企业，择优给予政策支持。这些支持，既可以世界粮食援助的名义支持低收入国家改善营养，又可以支持按一定数量进行稻谷回购。

### 2. 充分利用国际稻谷市场

中国稻谷市场要开放，而如何开放需要战略安排。如果进口率（进口稻谷占国内使用量的比例）达到3%，将进口400万t稻谷，约占世界出口市场的10%（世界稻谷出口量按4000万t计算）。如果将进口量控制在300万t，主要解决国内难以生产的高端稻谷用于口粮调剂，这一数量约占8%。因此，中国稻谷进口战略应选择高端主食稻谷，不鼓励或应限制低价稻谷进口，从2012年开始国内企业大量进口低端稻谷的现象应予以重视。可以在进口配额安排、关税管理制度等方面出台相应政策支持这种战略安排。

# 小麦产业可持续发展战略研究*

中国是世界上最大的小麦生产国和消费国，在世界小麦安全中占有举足轻重的地位。2012 年，中国小麦产量达到 12 102.3 万 t，占粮食总产量的 20.5%，仅次于玉米和稻谷。小麦在口粮中的地位更加突出。一般而言，口粮主要包括小麦和稻谷，在中国，小麦在口粮中占 40%以上，仅次于稻谷；但从全球范围来看，小麦在口粮中所占比例超过 60%，具有绝对优势地位。与其他粮食品种相比，小麦更耐储存，因此在中国粮食库存中，小麦往往占一半以上，对于保障国家粮食供求安全具有重要意义。

改革开放以来，中国小麦产业快速发展，国家对小麦产业的宏观政策引导、科技投入的增加和生产条件的改善起到重要作用，特别是小麦单产水平的提高主要依靠科技进步，未来中国小麦仍有一定的增产潜力，这对确保国家粮食安全具有十分重要的意义。当前中国已进入工业化、城镇化、信息化及农业现代化同步推进的关键时期，我们要在充分认识新环境、新挑战、新任务及新要求的前提下，科学定位未来中国小麦产业的发展战略、目标和重点，并积极采取相应的保障措施。

# 一、小麦产业发展状况

## （一）小麦生产发展特点

改革开放以来，在国家加强政策扶持及农业科技进步等因素的综合作用下，中国小麦产量快速增长，单产大幅提高。

### 1. 总产快速增长

1978 年中国小麦产量仅为 5384 万 t，2012 年达到 12 102.3 万 t，比 1978 年增长 1.25 倍，年均增长 2.4%，比 2003 年增长 39.42%，年均增长率为 3.76%，增量是新中国成立以来最多的时期。特别是近年来，在极端天气频发、外部环境复杂等多重考验下，中国小麦生产在国家加强政策扶持及农业科技进步等因素的综合作用下实现历史罕见的 9 年连续增产，累计增产达 3409 万 t，对于保供给、稳物价、实现经济平稳较快增长做出了重要贡献。

---

＊主笔人：肖世和。

### 2. 面积先减后增

从 1978 年开始中国小麦播种面积呈现明显下降趋势，2004 年降到 1978 年以来的最低值，比最高的 1991 年下降了 30%。2004 年以来，中国小麦播种面积呈现恢复性增加趋势，2011 年播种面积达到 2427 万 $hm^2$，比历史最低点 2004 年的 2162.6 万 $hm^2$ 增加了 264.4 万 $hm^2$，增长了 12.2%，年均增长 1.9%，是历史上增长最快的时期。2012 年小麦播种面积略有减少，为 2426.8 万 $hm^2$，较 2011 年减少 0.2 万 $hm^2$。近年来，播种面积增加对中国小麦增产起到了稳定作用。

### 3. 单产连创新高

改革开放以来，随着国家农业生产支持政策的逐步完善，水肥、农药等物质投入的增加，以及一批小麦新品种的大面积推广，小麦单产水平快速提高，特别是小麦高产栽培技术的推广，对单产增长起到了重要作用。2004 年以来，全国小麦单产连续多年创新高，这是新中国成立以来的首次。2011 年小麦亩产达到 325kg，比 2003 年增加 62.9kg，增长 24%，年均增幅为 2.72%。2012 年单产继续呈增长态势，亩产约为 333kg，同比增长 2.46%。小麦在粮食作物中单产增加最多、增幅最大。

## （二）小麦区域布局

### 1. 中国小麦种植区域分布

由于中国各地自然条件不同，形成了具有不同栽培特点的小麦种植区。1936 年，有关专家学者依据气候及小麦生产状况把中国小麦分为 7 个区域，其中有 6 个冬麦区、1 个春麦区；1937 年又根据 100 多个小麦品种在 8 个省 9 个地点进行 3 年区域适应性试验的结果，把 6 个冬麦区归为 3 个主区。这是中国小麦区划的最早研究。1943 年依据小麦冬春性、籽粒色泽和质地软硬，将全国主要麦区划分为硬质红皮春麦区，硬质冬、春麦混合区，软质红皮冬麦区 3 个种植区。20 世纪 60 年代初，《中国小麦栽培学》将全国小麦划分为北方冬麦区、南方冬麦区和春麦区 3 个主区和 10 个亚区，这为中国较完整的小麦分区奠定了基础，尤其是冬、春小麦分界线和各主要麦区的划分得到重新确定。之后气象、育种和栽培等学科的科学工作者根据各自学科的特点相继提出不同的区划。《中国小麦品种及其系谱》一书以《中国小麦栽培学》的区划为基础，将中国小麦直接划分为 10 个麦区，有的区还进一步划分了若干副区。20 世纪 80 年代以来，全国小麦区划的资料不断丰富，认识也不断深化。金善宝于 1996 年主编的《中国小麦学》和刘巽浩和陈阜于 2005 年主编的《中国农作制》，结合各地自然条件、种植制度、品种类型和生产水平，将中国小麦划分为东北春麦、北部春麦、西北春麦、新疆冬春麦、青藏春冬麦、北部冬麦、黄淮冬麦、长江中下游冬麦、西南冬麦及华南冬麦等 10 个区及若干副区。

根据降水量、温度、日照、纬度、海拔、土壤类型、质地、肥力水平、消费、市场、交通、商品率，以及小麦品种优势、发展趋势等条件对小麦品质的影响，按照农业部《专用小麦优势区域发展规划（2003—2007 年）》对北方强筋、中筋冬麦区（包括华北北部强筋麦区，黄淮北部强筋、中筋麦区和黄淮南部中筋麦区 3 个亚区），南方中筋、弱筋冬麦区（包括长江中下游中筋、弱筋麦区，四川盆地中筋、弱筋麦区和云贵高原麦区 3 个亚区），中筋、强筋春麦区（包括东北强筋春麦区，北部中筋春麦区，西北强筋、中筋春麦区和青藏高原春麦区 4 个亚区）进行划分，选择具有比较优势的华北北部麦区、黄淮北部麦区、黄淮南部麦区、长江中下游麦区和东北春麦区，构成黄淮海、大兴安岭沿麓和长江中下游三大专用小麦优势产业带，前两个以强筋为主，后一个以弱筋为主。

## 2. 小麦优势区域分布

农业部发布的《全国优势农产品区域布局规划》（2008—2015 年）根据自然资源条件和小麦产业发展特点，将中国小麦产区划分为黄淮海、长江中下游、西南、西北和东北等 5 个优势区。

黄淮海小麦优势区包括河北、山东、北京、天津全部、河南中北部、江苏和安徽北部、山西中南部及陕西关中等地区。该区光热资源丰富，年降水量为 400~900mm，地势平坦，土壤肥沃，耕地面积为 2368.33 万 $hm^2$，其中水浇地面积为 1092.7 万 $hm^2$，生产条件较好，单产水平较高，是中国发展优质强筋、中筋小麦的最适宜地区之一。2009 年该区域小麦种植面积为 1562.75 万 $hm^2$，占全国种植总面积的 68.06%；单产为 329.2kg，比全国平均单产高 25.9kg；产量为 7716.8 万 t，占全国总产量的 74.2%。种植制度以小麦玉米一年两熟为主。影响小麦生产的主要因素是水资源短缺，干旱、冻害、干热风等自然灾害频发，条锈病、纹枯病、白粉病危害较重。该区是中国优质强筋、中强筋和中筋小麦的优势产区，市场区位优势明显，商品量大，加工能力强。

长江中下游小麦优势区包括江苏和安徽两省淮河以南、湖北北部及河南南部。该区气候湿润，热量条件良好，年降水量为 800~1400mm；地势低平，土壤以稻谷土为主，有机质含量为 1% 左右，耕地面积为 534.6 万 $hm^2$。小麦灌浆期间降水量偏多，有利于小麦低蛋白和弱面筋的形成，是中国发展优质弱筋小麦的最适宜地区。2009 年小麦种植面积为 253.98 万 $hm^2$，占全国种植面积的 11.06%；单产为 304.42kg，比全国平均单产高 1.12kg；产量为 1159.71 万 t，占全国总产量的 11.10%。种植制度以稻谷、小麦一年两熟为主。影响小麦生产的主要因素是渍害和湿害，穗发芽时有发生，赤霉病、纹枯病、白粉病危害较重。该区是中国优质弱筋、中筋小麦的优势产区，市场区位优势明显，交通便利，小麦商品量大，加工能力强。适宜优先发展适合加工优质饼干、糕点、馒头的优质专用小麦。

西南小麦优势区包括四川、重庆、云南、贵州、西藏等省（区、市）。该区气候湿润，热量条件良好，年降水量为 800~1100mm，但地势复杂，生态类型多样，土壤多为红壤、黄壤、紫色土和稻谷土，耕地面积为 693.8 万 $hm^2$。以生产中筋小麦为主，也可以生产弱筋小麦。种植制度以水田稻麦两熟和旱地"麦/玉/苕"间套作为主。影响小麦生产的主要因素是日照不足，雨多雾大晴天少，易旱易涝，是中国小麦条锈病的主要越夏、越冬区之一，条锈病危害严重。该区是中国优质中筋小麦的优势产区之一，适宜发展馒头、面条加工用优质专用小麦，对确保区域口粮有效供给作用显著。

西北小麦优势区包括甘肃、宁夏、青海、新疆全部，以及陕西、内蒙古部分地区等。该区气候干燥，蒸发量大，年降水量为 50~250mm；光照充足，昼夜温差大，有利于干物质积累；地势复杂，有高原、盆地、沙漠，土壤以灰钙土、棕钙土、栗钙土为主，耕地面积为 708.13 万 hm²，其中水浇地面积为 80 万 hm²。适宜发展优质强筋、中筋小麦。种植制度以一年一熟为主。影响小麦生产的主要因素是土壤瘠薄、干旱少雨及条锈病。该区是中国优质强筋、中筋小麦的优势产区之一，对确保区域口粮有效供给、老少边贫地区社会稳定作用突出，适宜发展优质面包、面条、馒头加工用优质专用小麦。

东北小麦优势区包括黑龙江、吉林、辽宁全部及内蒙古东部，是中国重要的优质硬红春小麦产区。该区气候冷凉，无霜期短，年降水量为 450~650mm，日照充足；土壤肥沃，以黑土和草甸土为主，有机质含量多为 3%~6%；耕地面积为 812 万 hm²，人均、劳均耕地面积大，具备规模种植的优势，以大型农场和大面积集中连片种植为主，农业机械化程度较高，生产成本相对较低。种植制度以一年一熟为主。影响小麦生产的主要因素是春季干旱，收获期常遇阴雨，影响商品品质。该区是中国优质强筋、中筋小麦的优势产区之一，籽粒品质好，商品率高，适宜发展优质面包、面条、馒头加工用优质专用小麦。

## （三）小麦消费发展变化

20 世纪 90 年代以来，中国小麦消费量持续增长，2012 年达到 12 670 万 t，比 1992 年增长 22.66%。其中食用消费、饲用消费、工业消费、种子用量和损耗分别为 8400 万 t、2300 万 t、1200 万 t、470 万 t 和 300 万 t。

### 1. 消费总量经历了"上升—下降—再上升"的过程

中国是世界上最大的小麦生产国和消费国，随着中国人口增长及城乡居民收入水平的提高，小麦消费量由 1992 年的 10 329 万 t 增加到 2000 年的 10 920 万 t，这一消费量是当时历史最高值；随后从 2001 年开始小麦消费量迅速下降，到 2005 年下降至 9852 万 t，年均下降 1.88%；2006 年之后，小麦消费量明显增长，2012 年小麦消费量已达到 12 670 万 t。20 年来，国内小麦消费量经历了"上升—下降—再上升"的变化过程。

### 2. 直接消费下降，间接消费上升

1992 年以来中国小麦消费表现出新的变化特点：一是直接消费总量从 1998 年开始

下降。1992 年中国小麦直接消费量为 9000 万 t，之后逐年稳步增长，到 1998 年达到最高的 9500 万 t，年均增长 0.91%，随后缓慢下降，到 2012 年下降为 8400 万 t，年均下降 0.86%。二是直接消费量占总消费量的比例从 1994 年开始下降。1994 年中国小麦直接消费量占总消费量的 87.86%，之后呈明显的下降趋势，到 2012 年已下降为 66.3%。三是间接消费总量和比例呈波动上升趋势，间接消费量从 1992 年的 1329 万 t 增加到 2012 年的 4270 万 t，年均增长 6%，占总消费量的比例也由 12.87% 增加到 33.7%。

### 3. 消费结构变化显著，主要用途消费比例增减不一

在小麦消费结构中，口粮、种子和损耗消费所占比例下降，饲用和工业消费所占比例稳步提高，尤其是饲用消费增长最快。2005 年以后，小麦口粮消费比例迅速下降，由 2005 年的 88.3% 下降到 2012 年的 66.3%，下降了 22 个百分点；种子及损耗消费比例也有所下降，由 2005 年的 7.0% 下降到 2012 年的 6.08%，下降了 0.92 个百分点；饲用和工业消费比例快速上升，由 2005 年的 2.0% 和 2.6%，分别上升到 2012 年的 18.15% 和 9.47%，分别上升了 16.15 个百分点和 6.87 个百分点。小麦口粮消费呈下降趋势主要是由于随着居民生活水平的不断提高，人均面粉消费量有所下降，而饲用消费显著增长不仅取决于畜牧业的快速发展，同时还受到小麦与玉米比价关系的影响，近年来国内玉米价格快速上涨，小麦与玉米价格出现倒挂，小麦替代玉米用作饲料的消费量显著增加。工业消费增加主要受居民生活水平提高、科技进步和加工产品拓宽的影响，小麦淀粉、谷朊粉、酿酒、工业乙醇、调味品等产品的消费量不断增长。

### 4. 居民人均消费量下降

20 世纪 90 年代以来，中国居民人均小麦消费量基本呈下降趋势。1995 年中国城乡居民人均小麦消费量分别为 69.05kg 和 81.11kg，2010 年分别下降为 55.32kg 和 57.52kg，分别下降了 19.9% 和 29.1%。其中 1995~2000 年，中国城镇居民人均小麦消费量下降幅度较大，年均下降 2.4%，而 2001~2010 年年均下降 1.7%；1995~2000 年，农村居民人均小麦消费量下降速度较慢，年均下降 0.2%，而 2001~2010 年下降速度加快，年均下降 3.2%。

## （四）小麦物流发展状况

经过多年市场化取向的粮食流通体制改革，中国已经形成了郑州、大连、上海三大粮食交易期货市场和哈尔滨、长春、广州、西安、成都、武汉六大区域性粮食交易市场，粮食流通多渠道、流通主体多元化格局初步形成，国有粮食企业在流通中仍然发挥主体作用。

### 1. 小麦多渠道流通格局初步形成

小麦从生产者到消费者手中，一般要经过多个环节，小麦权属要经过多次转移。目前中国小麦的流通大致有以下几个级别的渠道。

一级渠道，麦农—消费者：是指农民将生产出来的小麦直接卖到消费者手中，这种交换方式大多发生在各地的农贸市场或集市上，规模小而且分散。

二级渠道，麦农—加工企业—消费者，是指农民将小麦出售给小麦加工企业，企业将小麦加工后，直接供应给消费者。

三级渠道：麦农—加工企业—零售商—消费者或麦农—批发商—加工企业—消费者，这里的批发商包括国有粮食收购企业、非国有粮食收购企业和私商粮贩；零售商是指直接面对消费者的超市、集贸市场和个体商贩等。

四级渠道：麦农—批发商—加工企业—零售商—消费者；小麦加工企业将加工好的面粉销售到超市、面包糕点等面食制品企业、工业企业及饲料加工企业，这些企业进行再次加工或包装，再到消费者。

2004 年中国粮食全面市场化改革以后，国内小麦购销主体多元化，自由交易，小麦流通多渠道并存的格局也已经形成。但小麦四级渠道是小麦流通中最普遍的形式，并且随着小麦流通覆盖地区范围的逐渐扩大，小麦流通渠道的级数也相应增多。

### 2. 粮食市场体系初步形成

20 世纪 90 年代以来，中国先后在郑州、大连和上海建立起了三大期货市场，在哈尔滨、长春、广州、西安、成都和武汉建立了六大区域性粮食交易市场。这些全国性和区域性的粮食交易市场分布在中国粮食主产区和主销区，具有贯穿南北、连接东西的桥梁作用，对于形成全国统一有序的粮食市场体系起到了积极的推动作用。继续发挥好这些骨干交易市场的作用，对于建立和完善粮食市场体系、加速小麦流通的健康发展、促进粮食主产区和主销区的区域平衡和中国粮食总量平衡，都具有重要作用。

### 3. 小麦流通渠道逐步多元化

计划经济时期，中国小麦流通遵循从"麦农—国有粮食收购企业—国有粮食加工企业—国有粮店—消费者"的模式，其中流通主体包括麦农、国有粮食收购企业、国有粮食加工企业、国有粮店等。粮食市场化改革以来，国有粮食流通企业在流通中的垄断地位已经被打破，其他经济成分迅速发展壮大，小麦流通主体日趋多元化。流通主体不仅包括麦农、国有粮食收购企业、国有粮食加工企业，同时也涌现出了许多非国有粮食收购企业，如私商粮贩、各类粮食加工经营企业、超市等市场主体，对于搞活中国小麦流通起到了重要作用。目前，除中央储备粮、地方储备粮移库调拨，以及接受进口粮和组织出口粮源外，基本没有计划流通的成分，非国有经济从事粮食流通加工运销的也越来越多。

从近几年的小麦购销数据看，国有企业仍然是小麦购销的主渠道。2009年国有企业收购量占全社会小麦收购量的86%，以最低收购价收购的量占全年商品量的59%。国家最低收购价收购的小麦定期在河南和安徽两个粮食批发市场（在河北、湖北、江苏等省设分会场）公开拍卖，自2006年11月起，除节假日外，基本每周都在两个市场拍卖。国家掌握了市场粮源的50%以上，再定期有序投放市场进行调控，有效稳定了市场粮价。2007年国际粮食供应紧张，价格大幅上涨，而国内粮价相对平稳得多。据统计，国际市场小麦价格从2007年6月至2008年3月最高上涨幅度超过150%，而国内从2007年5月至2008年5月，三等普通白麦价格上涨幅度为8.5%左右，远低于国际市场波动幅度。同时，最低收购价小麦拍卖也成为加工企业的重要粮源。2011年中国安徽与河南交易市场临储小麦累计拍卖成交量为1427万t，比上年的3199万t下降55%。一是因为上半年定向销售为部分大型制粉企业提供了较充足的粮源。二是因为2011年新麦性价比较高，贸易商和制粉企业手中存粮增加，市场供应充足，减少了对临储小麦的竞拍需求。2012年安徽与河南交易市场临储小麦累计拍卖成交量为1470.8万t，同比增加43.8万t。

### 4. 小麦流通方式日趋现代化

近年来，随着信息技术日新月异的发展及现代流通形式的逐步推广，小麦流通领域也采用了许多先进的经营方式。在交易方式上，批发市场推行网上竞价拍卖，区域性小麦交易实行"网上交易"；交易形式上，既有自主交易，也有委托和代理交易等形式；在经营方式上，有单体经营，也实行连锁经营，全国建立粮食连锁店5000多个，配送中心200多家；在经营管理上，采用了多种以电子商务形式进行各种小麦销售和小麦经营企业内部管理；还有预购、赊销、分期付款；有即期交易、远期交易及期货交易等形式；还建立了"科贸工农、产供销、国内外"一体化和一条龙的粮食产业化模式，延长了粮食产业链条。

# 二、小麦产业可持续发展中存在的重大问题

农业生产高度依赖资源条件和自然环境。随着工业化、城市化步伐加快，工农业在耕地资源、水资源、劳动力资源等方面的竞争日益明显，加之生态环境的恶化和气候不确定性的增加，小麦生产面临的资源环境约束越来越突出。

## （一）自然因素

### 1. 耕地数量减少、质量下降

中国耕地资源短缺，人均占有耕地远低于世界平均水平。近年来，受非农建设占用、

农业结构调整、自然灾害损毁等因素的影响，中国耕地资源逐年减少。据国土资源部统计，2011 年全国耕地面积为 12 173.33 万 hm²，比 1996 年减少 800 万 hm²。目前人均占有耕地仅为世界平均水平的 40%。随着工业化和城镇化进程的加快，预计今后建设用地仍要增加，耕地面积将继续减少，宜耕后备土地资源日趋匮乏，今后稳定或提高小麦播种面积的空间极为有限。在耕地数量减少的同时，耕地质量也在下降。据农业部调查分析，目前中国有 67% 左右的耕地为中低产田。有机肥与无机肥使用比例失衡，全国农田有机质含量仅为 1%，不及发达国家的 1/4。

### 2. 水资源短缺、分布不均

2011 年，中国人均占有水资源量为 1787m³，仅为世界平均水平的 1/4，每年农业生产缺水 300 亿 m³，是世界上 13 个贫水国家之一。水资源季节性和区域性分布严重不均，土壤缺水现象日益严重，中西部黄土高原深层土壤干旱化，华北地区地下水位持续下降。按每生产 1kg 粮食耗水 1t 计算，未来 10~20 年，农业缺水将达到 300 亿~500 亿 m³。未来水资源对中国小麦生产的制约日益明显。中国小麦主要分布在北方地区，生长期一般处于干旱季节，需要利用水库和抽取地下水进行灌溉，小麦用水占北方农业总用水量的 70% 以上，加剧了缺水的危机。由于超量开采地下水，华北地区已形成了巨大的地下漏斗群，并成为世界 4 个严重缺水地区之一。据预测，21 世纪中国可能转入相对枯水期，旱涝灾害特别是干旱缺水状况呈加重趋势，水资源短缺将成为阻碍小麦生产发展的最大限制因素之一。

### 3. 生态环境脆弱、污染增加

工业"三废"的排放、北方部分地区地下水严重超采、农田掠夺性经营，以及化肥、农膜等长期大量使用，导致耕地质量下降，土壤沙化退化，水土流失严重，面源污染加重，水环境恶化，城市周边、部分交通主干道，以及江河沿岸耕地的重金属与有机污染物严重超标，农业生态环境整体呈恶化趋势。据环境保护部调查，目前全国受污染的耕地约为 1000 万 hm²，污水灌溉污染耕地 216.67 万 hm²，固体废弃物堆存占地和毁田 13.33 万 hm²，合计约占耕地面积的 1/10 以上。据估算，全国每年被重金属污染的粮食达 1200 万 t，造成的直接经济损失超过 200 亿元。具体到小麦，山东、河南、河北等小麦生产大省都曾经发生工业"三废"污染小麦的事件，小麦生产面临的生态环境形势比较严峻。面对耕地质量下降、水资源短缺、生态恶化、污染加剧等严峻的生态环境问题，迫切需要保护生态环境，推进发展方式转变，缓解生态环境压力，实现小麦产业健康可持续发展。

小麦生产水平取决于遗传（品种）潜力、气候与土壤等自然生态环境因素及病虫草害等生物因素的共同影响，同时受生产技术因素和生产方式等的制约。明确这些限制因子，对于制定小麦生产发展方向与发展政策有着重要意义。

## （二）经济政策因素

中国小麦产业的稳定发展主要得益于政策扶持，但现有的小麦产业政策体系仍不完善，在政策投入、补贴方式、市场调控等方面还存在一些问题。

### 1. 政策投入力度不足，缺乏稳定的增长机制

近年来中国不断加大农业投入力度，但是真正用于改善农业生产条件，作用于提高农产品产出水平的投入并不大，而且在国家财政支出中的比例呈现下降趋势。与发达国家的农业财政支出相比，绝对数额也有很大差距。目前，中国农业国内支持总量约占农业增加值的15%，而按同口径计算，发达国家一般为30%~50%，美国和欧盟分别为50%和60%，日本更是高达70%以上；巴基斯坦、泰国、印度、巴西等发展中国家也在20%以上。具体到补贴政策，扣除税费减免、对种粮农民的直接补贴和农资增支综合直补之后，生产性专项补贴规模很小。尽管从总量上看，财政支农资金不断增加，但具体到粮食或小麦领域或各个主产区方面，补贴资金规模其实很小，而且增长缓慢。

### 2. 补贴方式不科学，对生产者缺乏激励机制

部分专项补贴政策的操作方式与政策目标不符。例如，良种补贴，政策目标是提高农民采用优良品种的积极性，但大部分省份均按照农户的历史种植面积直接发放现金补贴，成为种植补贴，与农民是否采用优良品种并不挂钩。农资综合补贴是补贴政策中的最大一项补贴，但也是依据农户历史种植面积给予补贴，与现在的生产并不直接挂钩，在土地流转和规模经营加快发展的背景下，这项政策无法让小麦合作社、大户及家庭农场等新型经营主体获得收益，因为他们无法拿到补贴。部分政策在实施过程中，执行主体的操作方式还不够完善。例如，在最低收购价政策执行过程中，小麦在收购过程中混收混储导致品种混杂、品质不一，优质专用小麦供应不足；执行主体目标与国家政策目标不一致，导致最低收购价小麦出库难，新麦上市时期出现"抢购"现象等。

### 3. 最低收购价调控效果短期有效，长期堪忧

2007年以来，农民种粮成本因农资涨价和用工成本攀升而明显提高，再加上国际粮价大幅度上涨的外部环境，因而小麦最低收购价水平不断提高，这在短期内可以保障种粮农民的最低收益。但从长远来看，受对外开放程度不断提高的影响，国内外农产品市场的联系日益紧密，小麦产业面临越来越激烈的国际竞争，最低收购价的提价空间将越来越有限，而农业生产成本却持续提高，这意味着未来通过价格支持进一步提高农民种粮积极性的政策空间也将越来越有限，政策效果不容乐观。

### 4. 评价机制不健全，科技产业结合不紧密

目前中国小麦产业的产、学、研分割严重，科研机构和企业的联系不密切，上游科研单位较注重新品种、新技术的研发，缺乏产业化能力，下游的种子企业技术创新力量薄弱，导致研发与成果转化环节出现断层，大量的科研成果没有获得高效的转化利用。在这种产、学、研分离的情况下，科研单位仍然是科技创新的主体，但由于其与市场需求脱节，导致科技成果推广应用水平不高，运行机制不完善，科研、教育、推广的衔接不够。

### 5. 国际竞争压力越来越大，贸易政策空间非常有限

随着世界贸易组织（WTO）和自贸区谈判的推进，未来中国小麦还将面临着进一步开放市场的压力，特别是在与澳大利亚等小麦主产国和出口国的自贸区谈判中面临开放的压力更大。从供需形势来看，未来全球小麦仍将处于紧平衡状态，世界小麦价格将继续上涨，但受非传统因素影响波动幅度和频度加大。与此同时，中国正处于"四化同步"的关键时期，水、土、劳动力等各种投入因素正处于成本快速上涨时期，这将使得中国小麦未来的国际竞争力处于一个持续下降的通道。当前中国已经承诺了近千万吨的进口关税配额，配额内关税只有 1%，即使配额外关税也只有 65%，这种关税保护水平在WTO 所有成员中也不算高，因此在未来的多双边关税谈判中一定要保护好中国小麦产业仅有的政策空间，为中国小麦产业的持续健康发展创造良好的政策环境和国际环境。

## （三）社会因素

从今后发展趋势看，随着工业化、城镇化的发展，以及人口增加和人民生活水平的提高，粮食消费需求将呈刚性增长，而耕地减少、水资源短缺、气候变化等对粮食生产的约束日益突出。中国粮食的供需将长期处于紧平衡状态，保障粮食安全面临严峻挑战。根据中国人多地少的基本国情，必须坚持立足国内粮食基本自给的方针，着力提高粮食生产能力，完善宏观调控机制，加快构建供给稳定、储备充足、调控有力、运转高效的粮食保障体系，确保国家粮食安全。

在小麦消费结构中，口粮、种子和损耗消费所占比例下降，饲用和工业消费所占比例稳步提高，尤其是饲用消费增长最快。2005 年以后，小麦口粮消费比例迅速下降，由2005 年的 88.3%下降到 2012 年的 66.3%，下降了 22 个百分点；种子及损耗消费比例也有所下降，由 2005 年的 7.0%下降到 2012 年的 6.08%，下降了 0.92 个百分点；饲用和工业消费比例快速上升，由 2005 年的 2.0%和 2.6%，分别上升到 2012 年的 18.15%和9.47%，分别上升了 16.15 个百分点和 6.87 个百分点。小麦口粮消费呈下降趋势主要是由于随着居民生活水平的不断提高，人均面粉消费量有所下降，而饲用消费显著增长不仅取决于畜牧业的快速发展，同时还受到小麦与玉米比价关系的影响，近年来国内玉米价格快速上涨，小麦与玉米价格出现倒挂，小麦替代玉米用作饲料的消费总量显著增加。

工业消费量增加主要受居民生活水平提高、科技进步和加工产品拓宽的影响，小麦淀粉、谷朊粉、酿酒、工业乙醇、调味品等产品的消费量不断增长。

# 三、未来小麦产业发展趋势分析

## （一）小麦生产中长期趋势

中国小麦消费主要包括口粮、工业用粮、饲料用粮、种子用粮及其他损耗用粮。根据预测，未来人均口粮消费将保持稳定，但随人口增长，口粮总需求将不断增加；工业用粮和饲料用粮将继续呈增加趋势。近年来，中国小麦总消费量的年增长率为 1%~2%，若未来按 1.5% 的年增长率计算，到 2020 年和 2030 年，小麦总消费量将分别达到 13 126 万 t 和 14 884 万 t。按人均消费量计算，2011 年中国小麦人均消费量为 87kg，未来按人均年消费小麦 90kg 计算，据中国人口信息研究中心预测，到 2020 年和 2030 年中国人口将分别达到 14.72 亿人和 15.25 亿人，届时全国小麦总消费量分别为 13 248 万 t 和 13 725 万 t。综合考虑人口总量增加、消费结构升级、农业功能拓展、国际市场影响等因素，预计 2020~2030 年中国小麦总产量需求为 13 000 万~14 000 万 t，比 2011 年总产量增加 1260 万~2260 万 t，也即在现行产量基础上未来平均每年需增产 110 万~140 万 t。

1997~2011 年 14 年间中国小麦单产年均增长率为 1.28%，2003~2011 年 8 年恢复性增长期间中国小麦单产年均增长率为 2.88%，但是随着生产水平的提高，未来小麦单产增加的幅度将逐步下降。2011~2020 年仍按每年平均增长 1.28% 计算，预计 2020 年小麦单产将达到 5400kg/hm²，如果面积稳定在 24 133×10³hm² 左右，总产将达 13 032 万 t。2020~2030 年按年平均增长率为 1.0% 计算，2030 年小麦单产将达到 5940kg/hm²，如果面积稳定在 23 666×10³hm² 左右，预计总产将达到 14 000 万 t，供需基本平衡。

## （二）小麦消费预测

### 1. 产量经历了"上升—下降—再上升"的过程

从产量的变动趋势看，1992~1997 年国内小麦产量总体保持上升态势，1997 年总产量达到顶峰，较 1992 年合计增加 2170 万 t；之后，小麦产量持续下降，由 1997 年的 12 329 万 t 下降到 2003 年的 8649 万 t。从 2004 年开始，在一系列强农惠农政策的支持下，小麦产量逐年提高，到 2012 年达到 12 058 万 t，较 2003 年增加 3409 万 t。

### 2. 消费量呈先上升后下降再上升的趋势

与产量的较大波动相比，小麦消费量各年间变动较小，呈现出先上升后下降再上升的趋势，最高年份出现在 2011 年，总消费量约为 12 819 万 t。小麦直接消费呈现下降趋势，饲用消费和工业消费呈上升态势，种用消费和损耗总体变化不大。仅从用于口粮用途的小麦消费来看，其消费量从 1992 年的 9000 万 t 增长到 1998 年的 9500 万 t，达到最高，随后开始缓慢下降，到 2009 年为 8050 万 t，2010 年后又有所上涨，2012 年为 8400 万 t。

### 3. 供求缺口先增大后逐年收窄直至盈余

1992~1995 年，供求基本平衡略有缺口。在消费量平稳增长的同时，产量在 1994 年出现下滑，供求从 1993 年的略有盈余转为略有缺口，随后虽然产量有所恢复，但仍不能满足消费，产需不足 531 万 t，较 1993 年减少 124 万 t。

1996~1999 年，供给较为充足略有盈余。随着产量的增长，1999 年达到创纪录的 12 329 万 t，小麦供求由略有缺口转为略有盈余，且盈余量由 287 万 t 增加到 1364 万 t，之后有所减少，但供给总量仍然保持较充足的水平。

2000~2003 年，供求形势趋紧且缺口加剧。2000 年之后，中国小麦产量不断减少，从 9964 万 t 下降至 8649 万 t，下降幅度达 13%，尽管消费量也呈下降态势，从 10 920 万 t 减少至 10 416 万 t，下降幅度为 4.6%，但仍存在供需缺口，且缺口逐年扩大，从 956 万 t 增加至 1767 万 t。

2004~2010 年，供求缺口逐步收窄直至盈余。2004 年之后，国家出台一系列强农惠农政策，中国小麦种植面积有所恢复，产量实现连年增长，供求形势也随之好转，供求缺口逐步缩小，并在 2006 年实现 823 万 t 的盈余，2006~2010 年连续 5 年保持盈余，2008 年盈余达到 1008 万 t。

2010 年以来，供求基本平衡略有缺口。2010 年以来，中国玉米由于需求旺盛导致价格快速上涨，一度超高的小麦价格致使小麦玉米比价倒挂，小麦替代玉米直接作为饲用的消费量显著增加，小麦消费量也从 2009 年的 10 609 万 t 增至 2011 年的 12 819 万 t，消费量 84%的增加量来自饲用消费的增加。饲用消费的快速增长使得小麦市场在 2011 年出现供需缺口，为 1079 万 t，打破了保持 5 年平衡有余的供求形势。2012 年小麦供给仍然存在缺口，但由于饲用消费减弱，带动小麦消费量较 2011 年减少，同时产量保持增长，供求缺口较 2011 年缩小 467 万 t。

综合中国小麦生产和需求情况可以看出，国内小麦市场存在供给缺口的年份多于供过于求的年份，分别在 1996~1999 年和 2006~2010 年出现了供给盈余。特别是 2000 年以后由于中国小麦生产持续减少，供给缺口不断加剧，到 2003 年缺口高达 1767 万 t，占国内总需求的 17%，2003 年之后由于产量的上升和需求的下降，供给缺口逐年收窄直至盈余。2010 年以来，消费快速增长导致小麦市场由供求平衡有余转为基本平衡略有缺口。

### 4. 2020 年和 2030 年小麦总消费量预测

中国小麦消费主要包括口粮、工业用粮、饲料用粮、种子用粮及其他损耗用粮。根据预测，未来人均口粮消费将保持稳定，但随人口增长，口粮总需求将不断增加；工业用粮和饲料用粮将继续呈增加趋势。近年来，中国小麦总消费量的年增长率为1%~2%，若未来按1.5%的年增长率计算，到2020年和2030年，小麦总消费量将分别达到13 126万t和14 884万t。按人均消费量计算，2011年中国小麦人均消费量为87kg，未来按人均年消费小麦90kg计算，据中国人口信息研究中心预测，到2020年和2030年中国人口将分别达到14.72亿人和15.25亿人，届时全国小麦总消费量分别为13 248万t和13 725万t。综合考虑人口总量增加、消费结构升级、农业功能拓展、国际市场影响等因素，预计2020~2030年中国小麦总产量需求为13 000万~14 000万t，比2011年总产量增加1260万~2260万t，也即在现行产量基础上未来平均每年需增产110万~140万t。

1997~2011年14年间中国小麦单产年均增长率为1.28%，2003~2011年8年恢复性增长期间中国小麦单产年均增长率为2.88%，但是随着生产水平的提高，未来小麦单产增加的幅度将逐步下降。2011~2020年仍按每年平均增长1.28%计算，预计2020年小麦单产将达到5400kg/hm$^2$，如果面积稳定在24 133×10$^3$hm$^2$左右，总产将达13 032万t。2020~2030年按年均增长率1.0%计算，2030年小麦单产将达到5940kg/hm$^2$，如果面积稳定在23 666×10$^3$hm$^2$左右，预计总产将达到14 000万t，供需基本平衡。

## （三）小麦供求变化特点

### 1. 产量波动较大，对供求变化的影响更为直接

小麦生产是社会再生产和自然再生产的有机结合，其生产能力受自然、技术、经济和政策等多种因素的影响。从长期来看，技术、经济和政策因素对中国小麦产量的连年增加起到至关重要的作用，但自然因素特别是气候变化对小麦生产的影响更加直接，从而加剧了小麦产量波动。20世纪90年代以来的供需缺口大多发生在产量出现下降的年份，而盈余较多的也大多发生在产量增加的年份。产量的稳定增长对确保供求平衡发挥了重要作用。

### 2. 消费变化较平稳，结构显著不同

小麦消费变化是关乎小麦市场稳定、国家粮食安全的重要因素之一。与生产的波动性相比，中国小麦消费变化较为平稳，年份间差异不大。随着消费结构发生显著变化，用于口粮的直接消费呈现下降趋势，饲料、工业等间接消费呈较快增长，特别是2011年以来饲料消费的快速增长拉动小麦消费量显著增加，导致中国在小麦产量连年增长的背景下供求形势转为基本平衡略有缺口。

### 3. 对外贸易依赖度较低，实现基本自给

除了库存之外，小麦的进出口量在平衡中国供需缺口时也起到了较大的作用，但主

要表现在 1998 年之前，加入世界贸易组织后中国小麦进出口的波动较大。加入世界贸易组织后的前几年，中国小麦对外贸易的依存度稳中有升，由 2000 年的 0.84%上升到 2004 年的 7.22%；2005 年以后，对外贸易依存度指标趋于回落，约占产量的 3%。总体来看，尽管加入世界贸易组织后中国小麦的进口总体上大于出口的数量，一直处于净进口地位；但从自给率角度考虑，中国绝大部分小麦消费源于国内，只有低于 5%源于进口，基本上保持了 95%的小麦自给率。

## （四）小麦供求趋势展望

消费方面，随着人口增长、收入水平提高和农村剩余劳动力转移，中国小麦的口粮消费虽然会继续下降，但下降的速度将会逐渐趋缓。随着动物食品消费需求的刚性增长和养殖业的结构调整，未来饲料用粮供需缺口将进一步扩大，小麦作为饲料的需求量将取决于小麦和玉米等能量饲料的比价关系，在生物质能源及玉米深加工产业发展加快的背景下，未来小麦玉米的比价可能会维持在低位，小麦作为能量饲料的价格优势将逐渐凸显，小麦作为饲料的需求量未来 10 年可能会处于快速上升期。考虑到未来相当长时期内，中国主要粮食品种的供求关系仍将处于紧平衡状态，预计小麦工业消费的增长速度将难以保持高速增长。综合来看，未来小麦消费量将呈现稳中有降趋势，饲料消费量和工业消费量的变动将对小麦消费量产生重要影响。

生产方面，资源约束和气候变化等因素将为小麦生产带来前所未有的挑战。目前中国农业生产已经出现了资源紧张的窘境，随着人口的不断增加及城镇化的稳步推进，资源环境的约束将进一步加大。气候变化对长期以来形成的生产技术、培育的优良品种构成严重威胁，并使技术效用降低、品种退化减产的风险增加。未来中国小麦生产面积将呈减少趋势，小麦增产将主要依靠单产提高，而单产的提高一方面依赖生产条件的改善，另一方面要依靠科技进步。中国现有中低产田占耕地面积的 2/3，到 2020 年如能有一半获得改造，小麦单产就可以有较大幅度的提高。近年来，中国小麦在高产、优质、高效技术研究方面取得很大进步，一批实用技术得到推广，科技进步在小麦增产中的贡献份额占 50%以上。未来随着旱地地膜覆盖、规范化播种、节水栽培、强筋与弱筋小麦优质栽培等技术的推广，中国小麦生产将能够增产增效。

从生产和消费两方面看，1992 年以来中国小麦产量年均增长率为 0.86%，消费量年均增长率为 1.03%，产量的增长低于消费量的增长。从长期来看，中国人口数量仍呈增加趋势，消费结构逐步升级，小麦饲用消费等间接消费量仍将增加，今后保持小麦供求平衡的压力仍然较大。

到 2020 年，全国小麦种植面积稳定在 2400 万 hm$^2$ 以上，平均亩产 380kg 以上，总产达到 13 500 万 t 左右；2030 年种植面积稳定在 2333.33 万 hm$^2$ 以上，平均亩产 400kg 以上，总产达到 14 000 万 t 左右。小麦质量得到显著改善，基本解决结构需求矛盾；生产效率、资源利用率和生产效益显著提高。

# 四、国际小麦供需发展趋势及其对我国的影响

## （一）世界小麦供求发展

### 1. 世界小麦供求变化

随着播种面积和单产水平的提高，世界小麦总产有了较大幅度的增长。据 FAO 的统计数据，世界小麦总产量从 1961 年的 2.22 亿 t 增加到 2012 年的 6.61 亿 t，平均每年递增 2.16%，其中 2011 年的小麦总产量达到历史最高水平 7.04 亿 t。但是小麦总产的增长速度逐渐下降，1961~1970 年小麦总产年均增长速度为 3.79%，1971~1980 年下降为 3.54%，1981~1990 年继续下降为 3.01%，1991~2012 年小麦生产的增长更加缓慢，年均增长 0.91%。

随着世界人口的增长，世界小麦消费量也呈现刚性增长。1961~2012 年，全球小麦消费量从 2.24 亿 t 增加到 6.88 亿 t，平均每年递增 2.23%，其中 1961~1991 年增长速度较快，以每 10 年 1 亿 t 以上的水平持续增长，1961 年全球小麦消费总量约为 2.24 亿 t，1991 年达到 5.46 亿 t，1991 年以后世界小麦消费量的增速有所减缓，到 2012 年增加到 6.88 亿 t。小麦消费量的年均增长速度也呈现逐渐降低趋势，1961~1970 年的年均增长速度为 4.43%，2001~2012 年下降为 1.46%。

世界小麦的总产量和总消费量均呈上升趋势，其中 50% 的时间总需求大于总供给，50% 的时间总供给大于总需求。从库存变化量可以看出，1966~1985 年、1995~2000 年、2006~2007 年、2010~2012 年，世界小麦产不足需，库存下降；1986~1995 年、2001~2005 年、2008~2009 年，世界小麦产大于需，库存增加。

### 2. 世界小麦贸易变化

理论上世界小麦的进口量应该等于世界小麦的出口量，但由于存在转口贸易及统计上的误差，这两者往往存在一定差距。考虑到 20 世纪 80 年代以后世界小麦市场基本属于一种买方市场，并且这种趋势还将日益明显，从统计的角度来看，进口国的进口统计数据相对要准确一些，更加接近世界小麦贸易的真实情况，因此，这里采用进口量占总产量的比例来分析世界小麦贸易量的变化情况。

1961~2012 年，世界小麦进口量呈现出波动中不断上升的趋势，从 0.4 亿 t 增加到 1.35 亿 t。世界小麦进口量占世界小麦总产量的比例整体呈现平稳态势，其变化区间为 14%~22%。1961 年世界小麦进口量和总产量分别为 0.4 亿 t 和 2.2 万 t，前者占后者的比例约为 18%；2012 年世界小麦进口量和总产量分别为 1.35 亿 t 和 6.62 亿 t，进口量占总产量的比例为 20.39%，较 1961 年略有增加。

### 3. 饲料用量

畜牧业是世界农业的重要组成部分之一。与种植业并列为农业生产的两大支柱。畜牧业的发展水平，一般能反映一个国家农业整体发达程度和居民生活水平。不少发达国家都是农牧并重。第二次世界大战后，一些发展中国家的畜牧业也快速发展，一般占农业总产值的比例在 20%以上。畜牧业发展促使饲料用粮快速增加。近年来，世界饲料用粮占粮食总产量的比例增长很快，2011 年为 34%，而 1969~1971 年平均仅占 15%。小麦作为饲料用粮的数量逐年增加，从 1961 年的 1966.2 万 t 增加到 2012 年的 1.36 亿 t，年均增长 3.87%；饲料用小麦占小麦消费量的比例也在增长，1961~1965 年为 11.27%，2006~2012 年增长到 18.59%。

### 4. 期末库存及库存消费比

世界小麦年末库存量波动较大。1961~2012 年的 51 年中，期末库存最高为 2.06 亿 t，最低为 0.61 亿 t，最高库存与最低库存相差两倍多。

库存消费比是指期末库存量占消费量的比例，是衡量农产品储备安全水平的一项重要指标。联合国粮食及农业组织（FAO）提出的农产品库存消费比的最低安全水平为：全部谷物为 18%，其中小麦为 26%左右。1971~2012 年，世界小麦的平均库存率基本保持在 25%左右，略低于最低安全水平。其中，1987 年的世界小麦库存率最高，为 34.16%；1996 年最低，为 18.61%。由于 2008 年、2009 年世界小麦大幅增产，从而使这两年的小麦库存消费比结束继续下降的局面，分别达到 27.3%、30.9%的水平。2010 年俄罗斯、乌克兰等主要小麦生产国遭遇严重干旱导致世界小麦产量减少，库存消费比下降至 27.7%；2011 年实现恢复性增产，产量除满足消费外还略有盈余，2011 年库存消费比为 27.5%，2012 年为 24%，但仍然高于粮食危机时 22.1%的水平。

小麦库存变化的影响因素主要包括：①小麦年度生产变化。小麦年度总产量的变化直接导致国家库存的变化。如果某年小麦产量较低，产不足需，导致价格上涨，当价格上涨到市场难以承受的程度时，国家会抛出储备以平抑价格，库存就会减少；反之，如果小麦丰收，导致小麦价格下降，当价格下降到伤害麦农利益时，国家会以保护价收购，吸纳储备，增加库存。②季节差价。合理的季节差价能够保证企业库存的稳定。季节差价使企业在扣除正常经营费用后还能保留适当利润，企业会自行保持适当的商业周转储备，以解决小麦常年消费与集中收获的矛盾。如果政府不适当的价格政策和补贴政策使季节差价出现扭曲，就会诱发企业的囤积或抛售，使企业库存出现大幅度波动。③对价格的心理预期。如果预期未来小麦价格会提高，小麦种植者会产生惜售心理，导致库存增加，如果预期价格下降，会减少库存。

## （二）世界小麦供求特点

### 1. 生产高度集中，消费相对分散

世界种植小麦的国家很多，但主要集中在中国、印度、美国、俄罗斯、加拿大、澳大利亚和阿根廷等国家，这 7 个国家小麦产量占世界总产量的 50% 以上。在这 7 个国家中，中国是唯一总产量超过 1 亿 t 的国家，位居世界第一，其次是印度、美国和俄罗斯。

从各大洲的分布看，小麦生产主要集中在亚洲，面积约占世界小麦面积的 45%；其次是欧洲，占 25%；北美洲占 15%；非洲、大洋洲和南美洲各占 5% 左右。亚洲和欧洲既是生产大洲，也是消费大洲，但亚洲产不足需，需要大量进口；中北美洲和大洋洲虽然产量不是很高，但消费比例较低，大部分用于出口；非洲产量最低，但消费量相对较高，需要大量进口；南美洲生产和消费总量基本持平。因此，小麦的消费是全球性的，全世界约有 40% 的人以小麦为主食。小麦的供需结构决定了世界小麦贸易的特点，即交易范围广、交易量大、参与国家多。

### 2. 供给呈恢复性增长，需求呈刚性增长

根据联合国粮食及农业组织数据库统计，世界小麦常年产量为 5.8 亿 t 左右，占谷物总产量的 28%。但 1997 年以后，由于世界小麦种植面积减少，总产量呈下降趋势。根据联合国粮食及农业组织数据库统计，2003 年小麦产量为 5.59 亿 t，比 1997 年前下降了 5400 万 t，产量下降的主要原因是主产国小麦减产及播种面积减少。2007 年以来，由于国际小麦价格持续上涨，促进了世界范围内小麦产量的增长，2008 年除亚洲外其他地区均实现增产。2008 年世界小麦产量达到 6.85 亿 t，同比增长 9.42%，约占世界谷物总产量的 30%；2009 年略降至 6.84 亿 t，2010 年由于极端天气影响产量降至 6.55 亿 t；2011 年恢复至 6.99 亿 t，由于俄罗斯等国家受干旱影响，2012 年产量减少至 6.61 亿 t。世界小麦消费总量呈刚性增长趋势，2010 年全球小麦消费量为 6.63 亿 t，由于饲料消费增长迅速，2011 年消费量增至 6.98 亿 t，同比增长 5.28%；2012 年消费量回落至 6.88 亿 t，近年来世界小麦消费基本保持稳中略增的态势。全球小麦的期末库存量随着产量变化而波动，2010 年世界小麦库存量为 1.93 亿 t，同比增加 3.21%；2011 年库存量为 1.89 亿 t，同比下降 2.12%；2012 年进一步降至 1.67 亿 t，而 2007 年世界小麦库存量仅为 1.43 亿 t，是近年来的最低水平。

### 3. 不同类型国家消费水平和消费结构差异较大

2012 年世界小麦人均食用消费量为 67kg，比 1991 年减少 4kg，年均下降 0.4%。若以国家而言，美国是小麦生产大国和消费大国，人均年消耗小麦 110kg 左右。俄罗斯人

均年消费小麦 240kg，远远高于世界平均水平。中国小麦人均消费为 80kg，高于世界平均水平，欠发达国家人均年消耗小麦 30kg 左右，远低于世界平均水平。

从消费结构看，发达国家小麦的食用比例只有 50%左右，低于世界平均水平（71%）；而作为饲料的比例较高，约占 1/3，高出世界平均水平（16%）近 1 倍。这说明随着人们生活水平的提高，人均小麦消费数量将增加，但食用比例将降低，饲用比例将提高。

### 4. 出口国比较集中，进口国比较分散，贸易量相对稳定

世界小麦贸易量自 1981 年超过 1 亿 t 以后，近十几年相对比较稳定，一直在 1.1 亿~1.5 亿 t 徘徊。这主要是因为一些传统的小麦进口国提高了自给率，从而降低了进口量，使世界小麦贸易量的增长受到制约。

全球小麦出口国主要集中在美国、加拿大、澳大利亚和法国 4 个国家。4 个国家常年出口量为 7200 万 t 左右，占世界小麦贸易量的 50%以上。其中，美国是全球最大的小麦出口国，年均出口量在 2500 万~2800 万 t；加拿大、法国、澳大利亚也是传统的小麦出口国，出口量一直稳定在 1500 万~1600 万 t，其中法国还是欧洲最大的小麦出口国。另外，这 4 个国家小麦出口量均超过其国内生产总量的 50%，澳大利亚和加拿大出口比例接近 80%，属于典型的小麦贸易出口国。

进口国主要集中在亚洲和非洲，南美洲和部分欧洲国家也有一些进口。仅亚洲进口小麦的国家就达 20 多个，年均进口量超过 100 万 t 的国家就有 12 个。根据进口数量划分，意大利、巴西、日本和埃及小麦进口量都在 600 万 t 左右，韩国进口量近几年保持在 400 万 t 左右，菲律宾、印度尼西亚、巴基斯坦进口量在 300 万 t 左右，是世界主要的小麦进口国。中国曾经是世界第一大小麦进口国，常年进口量在 1000 万 t 左右，自 1998 年开始锐减，近两年进口量均在 100 万 t 左右。

## （三）世界小麦供求趋势

### 1. 小麦供求平衡的短期分析

#### （1）世界谷物库存量与利用量之比

预计 2013 年世界谷物季末库存消费比为 23.3%，比上年度降低 2 个百分点，说明供需形势趋紧。在主要谷物品种中，其中稻谷库存消费比有所提高，预计 2013 年为 35.3%，比上年度提高 1.5 个百分点；粗粮库存消费比也有所提高，预计 2013 年为 17.1%，比上年度提高 2.9 个百分点；预计小麦库存消费比为 24.5%，较上年度提高 0.8 个百分点，供应形势趋紧。

#### （2）主要出口国库存量与其总消耗量之比

预计 2013 年小麦的主要出口国库存消费比为 15.5%，较上年提高 1.3 个百分点，主

要原因是 2012 年世界小麦产量增加。

### （3）世界谷物产量年度变化

预计 2013 年世界谷物产量将增长 6.5%，主要原因是小麦和玉米均增产。预计 2013 年世界小麦产量将达到 7.02 亿 t，比上年增长 6.5%，创历史新高。

### （4）部分小麦价格指数年度变化

小麦产量出现下滑，且受饲料消费减弱影响消费量也有所下降，尽管存在供需缺口，2013 年产量前景向好的预期也将在一定程度上抑制价格上涨，国际小麦价格仍将维持高位震荡格局。预计 2013 年世界小麦产量约达到 6.9 亿 t，较 2012 年增长 4.3%。产量增加主要来自欧洲，由于 2012 年国际市场价格高涨导致 2013 年欧洲小麦种植面积增加，另外俄罗斯等主产国小麦单产水平有望回升。2012 年美国小麦（2 号硬红冬麦）从 1 月的每吨 298 美元上涨到 12 月的每吨 360 美元，涨幅为 21%，而 2011 年平均价格则较上年下跌了 5%。

## 2. 小麦供求平衡的长期分析

消费方面，随着经济的增长和人民生活水平的提高，小麦的消费需求呈刚性增长。根据《经合组织—粮农组织农业展望（2013—2022）》研究报告，预计到 2022 年，全球小麦的消费量将达到 7.82 亿 t，比 2012 年的 6.62 亿 t 增加了 18.13%，年均增长 1.37%。其中，食用消费量为 5.3 亿 t，比例占到 68%；饲用消费量将达到 1.62 亿 t，增长速度有所放缓，但仍然占到消费总量的 20.71%；用作生物燃料原料的消费量占消费总量的比例达到 1.29%，较 2010~2012 年的 1% 增加了 0.29 个百分点。

生产方面，据《经合组织—粮农组织农业展望（2013—2022）》研究报告预测，预计 2013~2022 年世界小麦单产仍可以保持 0.9% 的年均增长速度，按照这样的发展趋势，预计到 2022 年世界小麦产量将达到 7.85 亿 t，年均增长 1.32%。

从生产和消费两方面看，小麦未来 10 年的产量年均增长速度略小于消费的年均增长速度，但 10 年中的多数年份产量仍略高于需求量。从全世界范围来看，小麦可能出现供大于求的局面，但对于个别国家仍然存在产不足需的状况。

## ▎（四）未来国际小麦产业变动趋势及其对中国的影响

小麦是国际上最重要的粮食贸易品种，常年进出口额占粮食总进出口额的比例一直保持在 50% 以上。中国是传统的小麦进口国，小麦进口占粮食总进口的比例较高，有些年份甚至达到 90% 以上。

### 1. 加入世界贸易组织后中国小麦贸易在世界小麦贸易中所占份额较小

中国长期以来是小麦的净进口国，小麦出口量比较少。1996~2000 年的 5 年间，中国年平均小麦出口量甚至不足 0.5 万 t，有的年份甚至没有小麦出口；即使 2007 年出口量最大达到 307.2 万 t，中国小麦出口量在世界小麦市场的份额也仅为 2.8%，其余年份都在 0.9%~1.7%。因此仅就出口量而言，中国在世界小麦市场上的地位是微不足道的。小麦进口方面，中国所占的比例呈逐年降低的趋势，2001~2003 年基本维持在 1.5%左右，远低于 20 世纪 90 年代中期 10%的水平。这主要是由于随着中国经济快速发展，人们的消费结构发生重要变化，肉、蛋、奶所占的比例越来越大，而作为直接食用的小麦消费量逐年减少。2004 年和 2005 年中国小麦进口大幅增加，分别达到 725.87 万 t 和 354.41 万 t，之后进口量逐年减少，2008 年仅为 4.31 万 t，2009 年、2010 年和 2011 年分别恢复至 90.41 万 t、123.07 万 t 和 125.81 万 t，2012 年进一步增加至 370.1 万 t，但中国小麦进口在国际市场上所占的比例仍比较小。

### 2. 小麦在中国粮食贸易中占据重要地位

小麦在中国粮食贸易中占据至关重要的地位，中国是传统的小麦进口大国，由于长期以来存在缺口，小麦一直是粮食进口中的主要品种。1983~1993 年的 11 年间，多数年份小麦进口量占中国粮食进口量的比例都在 80%以上，其中有 6 个年份进口量占 90%以上，特别是 1984 年、1988 年分别高达 95.74%和 94.91%。1994 年之后，中国小麦连续几年增产，小麦进口量减少，占粮食进口量的比例从 1994 年的 79.23%下降到 1998 年的 21.85%。1999~2003 年，小麦进口量占粮食进口的比例维持在 10%以内，并且波动下降，从 1999 年的 6.54%下降到 2003 年的 1.96%。小麦进口占粮食进口比例的急速下降，一方面是由于小麦进口量减少，另一方面是由于加入世界贸易组织以后，中国大豆产需缺口加大，进口量大增，导致粮食进口量快速增长。2004 年由于中国加大了小麦进口量，小麦进口量占粮食进口量的比例再度上升到 24.21%。之后几年随着国家重视粮食生产，小麦产量逐步恢复，缺口缩小，进口量逐年减少，而粮食进口量继续增加，小麦进口量占粮食进口量的比例也迅速下降，2005 年占 10.78%，2006 年占 2.07%，2007 年仅占 0.31%，2008 年继续减少到 0.11%，2009 年恢复至 1.98%，2010 年和 2011 年分别为 2.03% 和 2.17%，2012 年增至 5.11%。

### 3. 小麦贸易伙伴变化

中国从世界 20 个左右国家进口小麦原粮和小麦粉，但主要来源于加拿大、美国和澳大利亚，多数年份从上述三国进口量合计都占小麦进口总量的 90%以上，其他国家还包括法国、英国、俄罗斯等。近几年从澳大利亚进口小麦的数量有所上升，2011 年达到 64.11 万 t，2012 年进一步增加至 243.01 万 t，占进口总量的 65.66%。中国也向全球 30 多个国家出口小麦及制粉，但主要集中在周边及亚洲其他国家，出口的国家和地区主要是韩国、印度尼西亚、菲律宾、越南、朝鲜、泰国、马来西亚及中国香港等，2004 年以前出口小麦主要是陈化小麦及饲用小麦，近几年以小麦粉为主。

### 4. 小麦贸易品种变化

从中国小麦进口品种结构来看，1996 年以前，进口小麦主要是为了弥补国内供给不足，进口品种多为价格便宜的软质小麦。1996 年之后，随着国内小麦生产恢复和产量增加，基本能够满足需求，进口品种主要为国内生产不足的高质量小麦，主要有加拿大硬质红春麦、澳大利亚硬质白麦、美国硬红冬麦和美国软红冬麦等。另外，20 世纪 90 年代中期以后，国内加大了农业结构调整力度，小麦主产区大力发展优质专用小麦，使得优质小麦短缺状况得到明显改观，并开始替代进口小麦。但从总体上看，国产小麦在品质上还是与进口小麦存在一定差距。进口小麦的质量较为稳定，这与国产优质小麦形成鲜明对比。某一进口小麦品种只要在第一次使用前作一次指标测定，随后即可以按照固定配方长期生产，而不必担心面粉质量会发生变化，从这一点看当前国产优质小麦对进口小麦的替代能力仍不足。例如，1998 年之后连续 5 年中国小麦进口数量逐年锐减，使得国内多数以进口小麦为重要配麦原料的面粉加工企业逐渐加大了国产优质小麦的替代比例，结果使得国产高等级面粉和专用面粉的质量水平受到影响。因此，在优质麦使用的选择上，多数企业仍倾向于用进口小麦。

## ◢（五）世界各国（地区）确保小麦产业健康发展的主要做法

从世界范围来看，无论是发达国家还是发展中国家，都对粮食及小麦产业发展制定相应的扶持政策，其中包括生产支持政策、贸易政策、科技政策等，这些政策的实施对于保护本国粮食及小麦生产能力、促进产业健康发展起到了至关重要的作用。因此，系统总结发达国家小麦产业保护措施和经验，对于完善中国小麦产业保护体系、保障国家粮食安全具有非常重要的意义。

### 1. 生产支持政策

根据对贸易和市场的扭曲程度，WTO 乌拉圭回合谈判达成的《农业协议》将农业生产支持政策分为"绿箱""黄箱""蓝箱"三类。"绿箱"政策是扭曲较轻的补贴政策，包括：政府一般性服务，如农业科研、病虫害控制、培训、推广咨询服务、检验服务、农产品市场促销服务、农业基础设施建设、其他一般性服务等；农产品安全储备补贴；农产品援助补贴；与生产部挂钩的收入补贴（收入稳定计划）；收入保险计划；自然灾害救济补贴；农业生产者退休补贴；农业资源储备补贴；农业结构调整投资补贴；农业环境保护补贴；区域援助计划（扶贫支出）等。"黄箱"政策是扭曲贸易的补贴政策，包括：价格支持；营销贷款；面积补贴；种子、肥料、灌溉等投入补贴；某些有补贴的贷款计划等。"蓝箱"政策是一种过渡性政策，主要在欧盟国家使用。

#### （1）美国的小麦产业政策

美国是世界上农业最发达的国家，粮食总产量和出口量均居世界前列，是世界粮食出口大国。因此，促进本国粮食生产和出口、增加农民收入成为美国粮食生产支持政策的核心目标。围绕政策目标，美国除了通过科技研发、资源保护等支持粮食生产外，还采取了直接支付政策、价格支持政策、农业保险制度等措施。

直接支付政策。主要包括：生产直接补贴、营销援助贷款和贷款差价支付，以及反周期补贴三项。

平均作物收入选择方案（ACRE）。当某个州的农场主单位面积实际收入低于该州确定的年度收入保障线时，农场主可获得相应补贴。

农作物保险。由有经营资格的私营保险公司承担，但保险费率和合同条款由美国农作物保险公司（FCIC）统一设定，并受到美国农业部风险管理机构（RMA）的监管，保险费和交付费用由美国政府补贴。

补充的农业灾害援助项目（SADA）。为生产者提供灾害援助支付，包括与灾害县毗邻的县，以及任何损失超过正常生产年份50%以上的农场。

农地保护措施。美国的土地保护计划最初是为了解决粮食生产过剩、通过休耕限产而产生的，但是随着时间的推移，这种休耕政策的初衷也由单一的解决过剩问题变为集调控粮食产量与保护土地资源为一体的综合性措施。

### （2）欧盟的小麦产业政策

欧盟由20世纪50年代的农产品净进口地区转变为世界农产品出口地区，其共同农业政策发挥了巨大作用。经过多年发展，欧盟在粮食生产支持方面制定了一套行之有效的政策措施，主要包括价格支持政策、直接补贴、休耕补贴、环保补贴等。

价格支持政策。主要工具是目标价格、门槛价格和干预价格。

直接补贴。主要内容包括：大幅度降低干预价格水平，并对降低价格造成的损失进行补贴；控制生产规模，实施耕地面积削减计划，冻结15%的粮食种植面积，对冻结的土地实行补贴，补贴标准与面积补贴基本相同；进行收入支持，对冻结了耕地面积的生产者，以不同地区平均单位面积产量为基础，根据种植面积给予补贴，补贴标准为54欧元/t。

休耕补贴。欧盟规定不同国家、不同生产区每公顷休耕土地的休耕补贴额应与当地每公顷作物面积补贴金额相当。

环保补贴。鼓励农民进行粗放式经营，以促进环境改善。

其他补贴。包括基础设施建设补贴（规定成员国进行土地改良、兴修水利等基础设施建设时，欧盟将给予建设总费用25%的补贴）、税收优惠（包括减少农业税种、降低税率）、信贷支持（提供低息短、中、长期贷款）等各种支持政策，对保护粮食生产能力及促进农业发展起到了有效的支持作用。

### （3）日本的小麦产业政策

由于土地资源匮乏，国内农业生产者规模小，竞争力弱，日本对其粮食生产，特别是稻谷生产采取了高度保护的政策，主要包括旱田作物补贴、水田活用补贴、附加补贴和集落营农（即农村经营组织）法人化支援等，2011年总计为8003亿日元（约合人民币622亿元）。

旱田作物补贴。对那些种植麦类、大豆、淀粉原料用马铃薯、荞麦和油菜籽等战略作物且达到一定产量目标的农户，政府发放相当于标准生产成本与标准销售价格之间差额的直接补贴。

水田活用补贴。鼓励在原来种植稻谷的水田上种植麦类、大豆、饲料用稻谷等战略作物，政府向这些农户支付补贴以确保他们获得与种植食用稻谷相同的收入。

附加补贴。即对品种品质、经营规模、扩大再生产、利用绿肥轮作等四方面行为给予额外的鼓励性补贴，2011年为150亿日元（约合人民币12亿元）。

集落营农（即农业经营组织）法人化支援。为了进一步发挥这些组织在提高麦类和大豆自给率、促进地区农业可持续发展等方面的作用，对于这些组织法人化后所需要的办公费和经理培育经费，政府给予每个法人40万日元（约合人民币3万元）的补贴，该项计划2011年为116亿日元（约合人民币9亿元）。

### （4）印度的小麦产业政策

印度是一个人口众多的农业大国，同中国非常相似。多年来，印度通过一系列措施促进小麦产业发展，目前其已成为总产量仅次于中国的世界第二大小麦生产国。其产业支持政策主要包括以下几方面。

最低支持价格政策。对早春作物和秋季作物分别实施最低支持价格政策，其中春小麦的价格支持是由印度食品公司实施，在指定邦以分散模式运作，这确保了这些邦将收购的小麦一部分保留在邦库，剩余部分上缴中央邦；其他邦则仍沿用邦级代理、印度食品公司全权负责的模式。

粮食公共分配系统。这是一种为了实现粮食安全目标而对粮食等基本消费品实行的分配制度，具体做法是中央政府将小麦、稻谷，以及其他基本农产品，以配额方式，按照政府确定的补贴价格销售给消费者。其目的是保证生产者在出售其产品时能获得政府的补贴，而消费者尤其是贫困居民可以在全国范围内以能接受的价格购得必需的粮食。

对小麦生产投入品进行补贴。主要包括对肥料、电力和灌溉进行补贴。

信贷政策。致力于营造出一种良好的金融环境。

### （5）俄罗斯的小麦产业政策

小麦生产补贴。主要目的是保证本国粮食安全、维护农产品价格稳定和保障农民收入。

税收优惠政策。获得免征所得税、财产税、社会税单、增值税等优惠。

价格和收入支持政策。以粮食市场价格干预政策实现对农产品流通市场的调控。

财政支持。进一步加大对农业的资金投入，加快农业经济发展速度。

### （6）加拿大的小麦产业政策

加拿大农业和农业食品业是加拿大第三大就业部门，农业从业人口占总人口的14%，产值占整个GDP的比例约为9%。鉴于这一行业的重要性和特殊性，加拿大联邦和各省政府制订了许多政策、措施，每年投入大量资金以保证农民的正常收入，促进农业的稳定发展。

依靠保险稳定收入。加拿大农业收入稳定项目（CAIS）是目前加拿大农业最主要的收入安全和商业风险管理（BRM）项目，目的是尽可能在不影响生产和贸易的情况下稳定农民收入而不是单纯地向其提供补贴。

小麦收购。小麦局对小麦的收购价格实行"两次结算"制度，即农民在交付谷物的同时就会获得首期付款，该款项由政府担保，相当于小麦局预估的市场平均价格的75%，然后该局根据市场情况再次向农民支付调整价格，从而保证农民享有及时、合理、稳定的收入。

食物安全。加拿大已建立起较完善的粮食质量管理体系，拥有世界一流的食品检测系统，其检测手段和水平居世界领先地位。

### 2. 国际经验借鉴

总体来看，发达国家的小麦产业发展之所以明显强于发展中国家，主要得益于其完善的产业支持保护体系，这对中国粮食及小麦产业发展具有以下重要借鉴意义。

第一，发达国家小麦产业政策支撑体系系统完善，投入力度大，操作性强，政策效果明显。欧盟、美国、日本等发达国家和地区均采取价格支持、直接补贴、作物保险、科技研发、灾害援助、关税保护等多种措施促进粮食产业发展，建立比较完备的政策支持保护体系，而且投入和支持力度非常大。例如，欧盟对小麦生产者的直接补贴为66欧元/t（608元/t），并且对传统产区硬粒小麦还有285欧元/hm²（2625元/hm²）的特殊补贴，合计补贴额约合人民币5910元/hm²，远远高于中国麦农每公顷150元的直接补贴水平。日本小麦生产者直接补贴标准更高，约为4370日元/are*（公亩）（33 960元/hm²），此外日本进口小麦及其产品不仅有25%的关税，而且在进入国内市场前还必须支付860美元/t（5495元/t）的政府提价，远远高于中国小麦及其产品的关税保护水平。

第二，发达国家小麦产业政策的首要目标是保证生产者收入水平，而且直接支付与价格政策、贸易保护等政策措施相互衔接紧密，有效地保护了国内产业发展及生产者的积极性。

第三，发达国家在利用国际贸易规则方面具有丰富的经验，逐步将越来越受限制的生产补贴和价格支持政策调整为隐蔽性更强的直接支付政策，并大幅度增加科技研发和资源保护等"绿箱"支持政策投入。

第四，从中长期看，受资源限制和消费习惯等因素的影响，中国粮食及小麦产业发展的方向更可能要走日本的发展道路，国内粮食及小麦价格将会明显高于国际价格，在未来的市场开放进程中一定要确保现有产业的关税保护政策空间。

第五，无论是小麦还是其他粮食作物，未来中国生产面积增加难度将越来越大，增产将更加依赖单产水平的提高，因此要不断加大科技投入，创新科技研发体制机制，要进一步强化各部门、各产业环节、各产业主体之间的联动，共同推进小麦产业发展。

# 五、小麦产业可持续发展战略构想研究

改革开放以来，中国小麦产业快速发展，国家对小麦产业的宏观政策引导、科技投入的增加和生产条件的改善起到重要作用，特别是小麦单产水平的提高主要依靠科技进

---

* 1are=0.15亩，1亩≈666.7m²。

步，未来中国小麦仍有一定的增产潜力，这对确保国家粮食安全具有十分重要的意义。当前中国已进入工业化、城镇化、信息化及农业现代化同步推进的关键时期，我们要在充分认识新环境、新挑战、新任务及新要求的前提下，科学定位未来中国小麦产业的发展战略、目标和重点，并积极采取相应的保障措施。

## ▌（一）总体思路

小麦是中国主要粮食作物之一，种植面积占粮食作物总面积的 22% 左右，产量占粮食总产的 20% 以上，是中国主要的商品粮和战略储备粮品种，在粮食生产、流通和消费中具有重要地位，发展小麦生产对国民经济发展和人民生活具有重要意义。小麦在中国已有 5000 多年的栽培历史，目前是仅次于稻谷和玉米的第三大粮食作物。小麦在中国分布广泛，北从黑龙江，南到广东，西起天山脚下，东至沿海各地及台湾省，都有小麦种植。目前除海南省外，全国各省（区）都有不同规模的小麦生产，主产省主要包括河南、山东、河北、安徽、江苏、四川、陕西、湖北、甘肃、山西、新疆等，约占全国小麦总面积的 90%。其总产约占全国总产的 93%。单产较高的依次为西藏、河南、山东、新疆、河北、安徽、江苏、天津等省（区、市），高于全国平均水平。中国幅员辽阔，既能种植冬小麦，又能种植春小麦，以冬小麦（秋、冬播）为主，常年种植面积和产量均占小麦总面积和总产的 85% 以上，栽培春小麦的省（区）主要有内蒙古、甘肃、黑龙江、新疆、宁夏、青海、辽宁、西藏、吉林等，其中以内蒙古、甘肃两省（区）面积最大，新疆单产最高。小麦产业发展对于主产省农业发展、农民收入和农村经济起到至关重要的作用。面对新问题和新挑战，未来对小麦产业发展提出了更高的战略要求。

### 1. 确保粮食安全的任务日趋艰巨，需要依靠科技提高小麦生产能力

近 10 年中国粮食综合生产能力达到了 5000 亿 kg 以上，但年际波动较大，稳定性较低。今后中国粮食总需求量还将继续增长。根据《国家粮食安全中长期规划纲要（2008—2020 年）》预测，2020 年中国粮食需求总量将达到 5725 亿 kg。同时粮食消费结构不断升级。口粮消费减少，2020 年中国居民口粮消费总量为 2475 亿 kg，占粮食消费需求总量的 43%；而饲料用粮显著增加，2020 年饲料用粮需求总量为 2355 亿 kg，占粮食消费需求总量的 41%。在保持粮食播种面积基本稳定和国内粮食自给率 95% 的条件下，2020 年中国粮食综合生产能力要达到 5400 亿 kg 以上。面对未来人口增加、耕地减少、水资源短缺及保护环境的压力，依靠现有常规技术实现稳定持续增产的难度不断加大，确保国家粮食安全的任务将更加艰巨。因此必须大力促进小麦稳产高产技术研发，进一步提高小麦单产水平，保障小麦生产能力稳步提高。

### 2. 资源约束性日益增强，需要增强小麦产业可持续发展能力

农业生产高度依赖资源条件和自然环境。随着工业化、城市化步伐加快，工农业在耕地资源、水资源、劳动力资源等方面的竞争日益明显，加之生态环境的恶化和气候不

确定性的增加，小麦生产面临的资源环境约束越来越突出：一是耕地数量减少、质量下降。二是水资源短缺、分布不均。三是农村青壮年劳动力转移较多，从事农业的劳动力素质呈结构性下降。四是生态环境脆弱、污染增加。

### 3. 建设现代农业的步伐不断加快，需要促进小麦产业升级

随着中国现代农业规模化、产业化进程不断加快，农业产业功能将进一步向多元化发展，产业领域进一步拓展，产业链进一步延伸，农业科技需求正在发生深刻变化，迫切需要在生物技术、信息技术等高新技术领域取得突破，占领国际农业高新技术制高点，带动农业技术升级。尤其是小麦产业的产业化进程相对较慢，更需要促进产业结构优化，推动小麦产业化发展，建立与现代农业产业体系相适应的技术支撑体系。

### 4. 极端天气频繁，需要增强小麦产业的适应能力

受全球气候变暖影响，近年来中国气候变化起伏大、差异大，不仅导致突发性极端天气多发频发，而且增加了灾害发生的不确定性，加大了农业防灾减灾、灾后恢复生产的难度和压力。2004 年因自然灾害损失粮食 3050 万 t，2005 年为 3450 万 t，2006 年为 4470 万 t，2007 年为 5395 万 t，2008 年为 4925 万 t，2009 年和 2010 年均在 5000 万 t 以上，粮食因灾损失总体呈逐年加重趋势。同时，病虫害发生也呈加重趋势。据中国气象研究院的相关数据显示，最近 100 年全球平均地表温度上升了 0.74℃ 左右，同期中国平均地表温度上升了 1.1℃，高于全球平均水平。由于气候变暖，与 20 世纪 80 年代相比，小麦条锈病越夏区的海拔高度升高了 100m 以上，发生流行时间提早半个月左右。全球气候变化、温室气体排放与农业密切关联，又直接影响农业发展及粮食生产，且存在诸多的不确定性，尤其是干旱、洪涝、高温等自然灾害更加频繁，对小麦生产的危害逐步加大。必须趋利避害，加强重大气象灾害防控技术及农林生态系统固碳与减排关键技术研究，提高小麦生产的适应能力，降低全球气候变化的不利影响。

### 5. 经济全球化的影响日益显著，需要增强小麦产业抵御风险的能力

随着经济全球化进程加快，农业与国际市场的联系更加紧密，价格传导渠道增多，产业关联度增强，影响越来越大。一是国际农产品进口冲击增大。大豆的对外依存度达 70%。国外油菜籽和食用植物油的价格优势也很明显。目前，除稻谷外，国际粮油产品价格均明显低于国内价格，国际农产品的冲击依然很大。二是外资进入农业隐忧增大。目前，已有 35 家外资企业在华设立了种子企业，部分蔬菜、瓜果、向日葵、甜菜等种子逐步受控于境外资本。同时，ADM、邦基、嘉吉、路易达孚等四大跨国粮商，在控制国际大豆市场、国内油脂加工及食用植物油零售市场后，正逐步向大宗粮食作物的加工、仓储、运输等领域渗透，对保障国家粮食安全构成隐患。三是部分投入品对外依存度高。中国钾肥由于资源匮乏，约 50% 从国外进口；磷肥生产原料所需硫磺的 70% 需要进口。加之石油、天然气等化肥生产原料短缺，国内供给缺口较大，进口依存度逐步提

高。经济全球化将进一步加剧小麦的国际贸易竞争。全球能源紧缺与粮食安全的矛盾日益突出，粮食供求将长期处于趋紧态势，对中国小麦等大宗农产品贸易造成更大难度。必须未雨绸缪，加强应对途径研究，不断提高应对全球经济风险的能力。

## （二）基本原则

在新时期新形势下，针对存在的新问题、新挑战，为了顺利完成中国小麦产业可持续发展的战略任务，我们要科学定位发展战略，理清发展思路，明确战略目标，确定战略重点，制订保障措施。

以科学发展观为指导，坚持立足国内基本自给的方针，按照"四化同步"的战略部署，围绕《国家粮食安全中长期规划纲要（2008—2020年）》的要求，强化政策扶持，依靠科技进步，改善生产条件，加强宏观调控，稳定播种面积，着力提高单产，优化品种结构，提升生产能力，完善储备体系，健全调控机制，保障国家小麦安全。未来中国小麦产业可持续发展要坚持因地制宜、规模发展的原则，以市场为导向，以科技为支撑，以生产力的持续提高为基础，以产业化开发为带动，主攻单产，增加总产，提高品质，节本增效，突出重点区域，加快实施区域化布局、规模化种植、标准化生产、产业化经营，着力解决单产水平不均、品种品质不高、产品质量不稳、生产成本过高等问题，实现小麦高产、优质、高效、生态、安全生产，全面提升小麦的综合生产能力和质量竞争能力，实现小麦生产、经济、生态持续性相统一的集约化发展模式。

通过努力，实现 2020~2030 年小麦种植面积稳定在 2366.6 万~2413.3 万 $hm^2$，优质小麦（包括优质强筋专用小麦、优质中筋专用小麦、优质弱筋专用小麦）种植面积保持在 60%以上。平均单产达到 5400~5940kg/$hm^2$，总产量力争达到 1.3 亿~1.4 亿 t，小麦自给率稳定在 95%以上。基本建立适合中国国情的小麦产业政策体系，特别是小麦科技创新体系，要突破一批重大关键技术，显著增强科技自主创新能力，显著提高科技成果转化能力，提升国际竞争能力明显。

## （三）重大工程

按照小麦产业可持续发展的思路，立足于中国小麦产业的发展现状，要从小麦产业的生产、流通、加工、贸易及组织模式等各环节入手，实现中国小麦产业长期、持续、健康、稳定发展。

### 1. 培育优质高产新品种

优良品种是实现小麦高产稳产的内在因素，是一项投资少、收效快的增产措施。即使在其他生产条件一时难以显著改善的情况下，通过遗传改良，也可以有效地增强作物对逆境胁迫的适应能力，达到增产增收的目的。据联合国粮食及农业组织（FAO）

统计，在近 20 年里，粮食单产水平的提高，良种的作用占 20%~30%。同时，对小麦生产而言，通过优良品种的繁育推广，可以有效改善其理化品质和商品性状，进一步提高市场竞争力。良种是一定经济、自然、生产、栽培条件下优良品种的生态类型，因而具有很强的地区性、时间性，品种的优劣因地区、时间和条件而异，不同生态区要求不同的生态类型品种，同一地区也会因经济和生产栽培条件的变化，对品种提出新的要求。这就要求不仅要按生态区选育优良品种，而且要随着生产、生态条件变化更换优良品种，以满足生产需要。

根据小麦产业发展的长远需要，必须加强小麦新品种的选育，优质、高产、高效并重，注重专用型品种的选育，同时积极引进国外优良品种，多管齐下，尽快提高优良品种的普及率，增加良种储备。品种改良应根据所在区域的生态特点有所侧重，北方冬麦区应注意选育早熟、高产、优质强筋小麦品种和早熟、广适、节水、高产中筋小麦品种；长江中下游冬麦区应注意选育高产、优质、抗逆性强的弱筋和中筋品种，特别注意选育抗赤霉病、白粉病和穗发芽品种；西南冬麦区应注意选育高产、优质、抗条锈病强的中筋小麦品种；新疆冬、春麦区应注意选择早熟、抗寒、抗雪腐、抗雪霉病的冬小麦品种和抗旱、抗早熟、抗病的春小麦品种；春麦区应注意选育高产优质、抗旱节水、抗逆性强的中筋或强筋小麦品种。同时与专业化生产基地相结合，恢复和加强小麦良种繁育体系，有计划有步骤地建立稳固的繁育基地，组建优质小麦品种繁育推广网络，实现育、繁、推一体化，加快小麦优良品种选育、繁殖和推广进程，形成统一供种的生产格局，使其尽快应用于生产，转化为现实生产力。

## 2. 应用科学的耕作栽培技术

土壤耕作具有调节耕层土壤的松紧度、调节耕层的表面状态、调节耕层内部土壤的位置等作用，从而达到调节耕层土壤的水、肥、气、热状态，为作物创造适宜的土壤环境。而保护性耕作不仅是节水抗旱、保护环境、节本增效的一项农业可持续发展技术，其集秸秆还田、松土、施肥、播种于一体，减少了作业环节，具有降低投入、加快作业进度、抗灾减灾等优势，而且是扩大秸秆还田面积、实现秸秆禁烧的有效途径。因此，要加强基础研究，针对不同地区不同的种植模式，设计出适合的保护性耕作技术模式进行示范推广，从而降低生产成本，提高生产效率。

从目前小麦生产情况来看，高产创建田技术到位率高，每个高产创建田都建立了严格的技术规程，各项技术措施包括从优良品种的选择、种子质量把关、种子药剂处理或包衣、整地质量、配方施肥、适时灌水、合理追肥、病虫草害的及时防除等各个环节都有技术人员督促认真落实，有效地保证了高产创建产量目标的实现，而一般麦田上述各个技术环节的到位程度明显不足。因此，提高小麦主产区一般麦田的技术到位率，使现有的适合不同生态区的各项高产栽培技术措施落实到位，即可有效缩小一般田与高产创建田的差异，大幅度提高小麦产量。因此在小麦栽培上，应依据小麦品种特性，以及在不同时期对养分、水分、光温的需求，研究出与小麦品种相适宜的配套栽培技术与应变管理技术，以充分发挥当地的光、温、水资源优势和小麦优良品种的增产潜力。

### 3. 科学有效抗灾减损

为有效减轻灾害损失，必须加强抗逆减灾减损技术的研究与应用，特别要做好：抗（耐）逆品种的选育与合理布局；栽培调控措施的集成运用；排湿、抗旱等工程技术措施配套；完善下场初级处理技术，减少产后损失；应对气候变化，加强减灾预警；加强"一喷三防"作业队伍组建和农机具装备。在隐性灾害防控技术研发、预警预报平台建设的基础上，做到"灾前预防、灾中防控、灾后补救"，最大限度地减轻各类灾害对小麦产量、品质和产业造成的危害。

技术研发重点包括：①低温冷害和冻害，深入研究当前气候变化条件下低温冷害和冻害的发生规律与特点；研究冷害或冻害发生后的补救措施；根据小麦品种的春化特性，合理安排适合当地生态条件的春化类型品种，控制品种跨区种植；北部冬麦区应种植冬性品种，限制或慎用半冬性品种。农技人员应做好品种的试种引种工作，切忌盲目引种，以减轻冷害或冻害的不良影响。②寡照，研究低温寡照和阴雨寡照的发生规律与特点，以及不同生育期低温寡照或阴雨寡照对小麦生长发育的直接和间接影响。研究不同生育期低温寡照和阴雨寡照的补救措施。③干热风，研究不同麦区干热风的发生规律和特点，研究不同程度的干热风对小麦生长生育的影响和产量的损失程度。研究有效预防或减轻干热风危害的技术措施。④干旱，研究小麦不同生育期干旱发生的规律和特点，研究不同时期干旱对小麦生长发育的影响和产量损失程度；研究应对小麦干旱的技术措施。⑤渍害，研究小麦不同生育期渍害发生的规律和特点，研究不同时期渍害对小麦生长发育的影响和损失程度。⑥穗发芽，研究培育和推广具有穗发芽抗性的小麦新品种。一般红粒品种比白粒品种的休眠性强，因此在常有收获前降雨的地区可推广红粒抗穗发芽品种。在传统白粒小麦地区，也要在新品种推广前测定品种的穗发芽抗性，以达到防灾减灾的效果。⑦洪涝灾害后的补救技术，小麦发生洪涝灾害频率较低，偶发在长江中下游冬麦区。小麦不同生育期遭遇洪涝灾害的损失不尽相同，一般苗期遭遇洪涝灾害，若淹水时间较短，迅速排水，小麦未死苗时，可适当追施氮、磷、钾复合肥或磷酸二铵，待麦田表层略干后，可进行搂麦松土，促进小麦尽快恢复生长。小麦生长后期耐淹能力减弱，若拔节后遇洪涝灾害，尽快排水后，应及时喷施磷酸二氢钾，随后在能追肥时再适当追施尿素。

### 4. 创新生产经营体制

生产经营组织创新是推进现代农业建设的核心和基础。要尊重和保障农户生产经营的主体地位，培育和壮大新型生产经营组织，充分激发农村生产要素潜能。

首先要稳定农村土地承包关系。抓紧研究现有土地承包关系保持稳定并长久不变的具体实现形式，完善相关法律制度；坚持依法自愿有偿原则，引导农村土地承包经营权有序流转，鼓励和支持承包土地向专业大户、家庭农场、农民合作社流转，发展多种形式的适度规模经营；结合农田基本建设，鼓励农民采取互利互换方式，解决承包地块细碎化问题；土地流转不得搞强迫命令，确保不损害农民权益、不改变土地用途、不破坏农业综合生产能力；探索建立严格的工商企业租赁农户承包耕地（林地、草原）准入和监管制度；规范土地流转程序，逐步健全县、乡、村三级服务网络，强化信息沟通、政策咨询、合同签订、价格评估等流转服务；加强农村土地承包经营纠纷调解仲裁体系建设；深化国有农垦管理体制改革，扩大国有农场办社会职能改革试点；稳步推进农村综合改革示范试点。

其次要努力提高农户集约经营水平。按照规模化、专业化、标准化发展要求，引导农户采用先进的适用技术和现代生产要素，加快转变农业生产经营方式。创造良好的政策和法律环境，采取奖励补助等多种办法，扶持联户经营、专业大户、家庭农场。大力培育新型农民和农村实用人才，着力加强农业职业教育和职业培训。充分利用各类培训资源，加大专业大户、家庭农场经营者的培训力度，提高他们的生产技能和经营管理水平。制订专门计划，对符合条件的中高等学校毕业生、退役军人、返乡农民工务农创业给予补助和贷款支持。

最后要推进产业化经营，提高加工增效能力。大力发展小麦加工业和产业化经营，不断提高小麦加工技术水平和装备水平，切实转变加工方式，加快实现初级加工向精深加工转变，由传统加工工艺向现代高新技术转变，提高加工质量、档次和附加值。突出抓好精深加工，大力发展科技含量高、加工程度深、产业链条长、增值水平高、出口能力强、符合综合利用和循环经济要求的小麦加工业。加快培育一批产业关联度高、带动力强、社会化协作紧密的重点企业，培育一批具有较大影响力，跨行业、跨产业、跨地区、跨所有制的大型龙头企业，在政策、资金等方面给予倾斜，促进产业化经营健康、有序、快速发展。

### 5. 提升政策激励效应

进一步完善粮食补贴和奖励政策。完善粮食直补、农资综合直补、良种补贴和农机具购置补贴政策，今后随着经济发展，在现有基础上中央财政要逐年较大幅度地增加对农民种粮的补贴规模。完善粮食最低收购价政策，逐步理顺粮食价格，使粮食价格保持在合理水平，使种粮农民能够获得较多收益。借鉴国际经验，探索研究目标价格补贴制度，建立符合市场化要求、适合中国国情的新型粮食价格支持体系，促进粮食生产长期稳定发展。继续实施中央对粮食主产县的奖励政策。完善农业政策性保险政策，加快建立大宗粮食作物风险规避、损失补偿机制和灾后农田恢复能力建设的应急补助机制。

增加小麦生产投入。强化农业基础，推动国民收入分配和国家财政支出重点向"三农"倾斜，大幅度增加对农业和农村的投入，努力增加农民收入。各级人民政府要按照存量适度调整、增量重点倾斜的原则，不断加大财政支农力度。优化政府支农投资结构，重点向提高粮食综合生产能力特别是小麦生产倾斜，切实加大对农田水利等基础设施建设、基本农田整理、土地复垦、农业气象灾害监测预警设施建设，农作物病虫害防治的投入。各类支持农业和粮油生产的投入，突出向小麦主产区、产粮大县和基本农田保护重点地区倾斜。积极扶持种粮大户和专业户发展小麦生产。

加强对粮食产销衔接的支持。建立健全粮食主销区对主产区的利益补偿机制，支持主产区发展粮食生产。铁路和交通部门要加强对跨区域粮食运输的组织、指导和协调，优先安排履行产销合作协议的粮食运输。粮食主销区要支持销区的粮食企业到产区建立粮食生产基地，参与产区粮食生产、收购并定向运往销区。鼓励产区粮食企业到销区建立粮食销售网络，保证销区粮食供应。主产区粮食企业在销区建立物流配送中心和仓储设施的，主销区地方人民政府要给予必要支持。

# 六、小麦产业可持续发展对策与措施研究

未来国际市场粮价波动日益频繁，通过国际市场平衡国内供给的风险也将越来越大，保障国家粮食安全的压力将越来越大，促进小麦产业持续、健康、稳定发展的任务更加艰巨，必须采取相应的保障措施着力解决这一长期性、战略性问题。

## （一）加强组织领导和宏观调控

小麦是弱势产业，但鉴于其对粮食安全的重要意义，地方各级人民政府和各有关部门要统一思想、提高认识、高度重视。要建立健全中央和地方分级责任制，全面落实省长负责制。省级人民政府全面负责本地区耕地和水资源保护、小麦生产、流通、储备和市场调控工作。主产区要进一步提高小麦生产能力，为全国提供主要商品粮源；主销区要稳定现有自给率；产销平衡区要继续确保本地区产需基本平衡，有条件的地方应逐步恢复和提高小麦生产能力。要将保护耕地和基本农田、稳定小麦播种面积、充实地方储备和落实粮食风险基金地方配套资金等任务落实到各省（区、市），并纳入省级人民政府绩效考核体系，建立有效的安全监督检查和绩效考核机制。各级政府要按照存量适度调整、增量重点倾斜的原则，不断加大财政支农力度，优化支农投资结构，重点向所辖区域主产区倾斜。国务院有关部门负责全国耕地和水资源保护、总量平衡，统一管理进出口，支持主产区发展小麦生产，建立和完善中央储备，调控全国市场和价格。要不断完善政策，进一步调动各地区、各部门和广大农民发展小麦生产的积极性。

## （二）加大小麦产业投入力度

目前中国农业已进入高投入、高成本、高风险的发展时期，必须更加自觉、更加坚定地加强对农业的支持保护。要在稳定、完善、强化行之有效政策的基础上，着力构建"三农"投入稳定增长的长效机制，确保总量持续增加、比例稳步提高。就小麦产业而言，要立足国情，实行个人、集体、国家三结合，多层次、多渠道筹措资金，重点从以下几方面加大对小麦产业的投入力度：一是充分利用国家各种优惠政策，积极争取各种财政扶持项目、农业贷款项目和科技成果转化项目等，推动小麦科学研究和生产的发展；二是优化投资环境，吸引和鼓励农民和企业家兴办小麦加工企业，以产业化提高经济效益，增强自我发展能力；三是增加对农业基础设施、农村道路和农田路网、人畜饮水和

农田水利、电网、电视、计算机网路、通信等基础设施建设；四是增加对小麦科技研发的投入力度，主要包括育种技术、栽培技术、新型化肥研制、新型农药研发、能源综合开发利用等方面的投入；五是加大对小麦加工企业的投入，在技术、设备、资金、人员培训等方面给予支持；六是加大物质投入水平，在化肥、农药、农机具购置及农田灌溉等方面给予一定优惠。

## （三）提升小麦科技研发能力

建议国家加快创新小麦科技研发体制机制，促进产学研深度融合，协同创新，有效组织全国优秀科研技术力量集中投入资金，加快研发一些突破性的先进生产技术、区域性的关键技术。首先，要加快优良品种选育和推广。筛选、更新、推广一批高产、优质、抗病、抗倒、抗逆性强的品种，推进原原种、原种、良种"三种田"建设，加强品种提纯复壮，为统一供种提供优质种源，充分发挥新品种增产潜力。其次，应集成推广优质高产栽培技术。整合农业科研、教学、推广技术力量，以新型农业经营主体为主要服务对象，开展产学研、农科教大协作，集成组装适合不同优势区域、不同栽培模式、不同品种类型的优质高产、节本增效的栽培技术体系，形成区域化、标准化增产技术模式；加快推广测土配方施肥、少（免）耕栽培、节水栽培、病虫害综合防治、机械化生产等先进实用技术；在各小麦优势区创建具有重大突破的关键技术，进一步挖掘技术增产潜力。最后，应加强开发快捷、高效、准确的病虫预报方法，注重研究与推广的结合，将新技术尽快应用于小麦生产，提高重大病虫害预警能力，为小麦重大病虫害防控提供科学依据；加大分子生物学技术在现代植物保护中的应用，揭示重大病虫害发生的分子机理，追踪世界学科前沿；力争在病虫害分子快速监测、抗病虫基因克隆、小麦与病虫害互作的分子机理方面有较大突破。

## （四）健全小麦科技服务体系

加强小麦种质资源保护、品种改良、良种繁育、质量检测等基础设施建设。大力推广良种良法，重点推广深耕深松、保护性耕作、精量半精量播种、测土配方施肥、平衡施肥、生物防治病虫害等适用技术。积极实施科技入户工程，以现代农业示范工程、规模化良种繁育基地、机械化生产示范基地和新型科技创新基地建设为载体，加快新品种、新技术、新模式、新装备、新器材的集成装配、推广与应用，提高劳动生产率和集约化水平。推进基层农技推广体系改革与建设，切实抓好资金、责任、人员、工作落实，推进体制机制创新，加强试验示范基地建设，充分发挥国家小麦产业技术体系6个功能研究室、51个综合试验站、86个科研团队和551个示范基地的作用，积极培育科技示范户，搞好农技人员培训，全力推进基层农技推广体系改革与建设工作。大力推进小麦产业化发展，提高生产组织化程度，引导和鼓励涉农企业、农民合作社开展技术创新和推广活动，积极为农民提供科技服务。加强病虫害防治设施建设，建立健全小麦有害生物预警与监控体系，提高植物保护水平。健全农业气象灾害预警监测服务体系，提高农业气象灾害预测和监测水平。强化良种推广、农作物病虫害防治、动物疫病防治及农业公共信息等公益性职能。大力发展农村职业教育，完善农民科技培训体系，调动农民学科学、用科技的积极性，提高农民科学种粮技能，同时加大对县、乡（镇）农业科技推广部门的政策和资金支持力度，通过培训等措施，全面提高基层农业科技推广人员的素质，

## （五）加强资源保护和基础建设

首先，应加强对小麦基本农田和水资源的保护。加强麦田质量建设，切实提高土壤肥力；有效保护和科学管理水资源，提高农业供水保证率，严格控制地下水开采；引导农户科学使用化肥、农药和农膜，大力推广使用有机肥料、生物肥料、生物农药、可降解农膜等，减少对麦田和水资源的污染。其次，大力加强麦田水利设施建设，稳步提高基础地力和产出能力。建议国家相关部门尽快制订切实有效的投入措施，进一步加强小麦主产区的农业生产基础设施建设，加快改造中低产田，建设一批高产稳产、旱涝保收、节水高效的规范化农田，促进中国小麦生产发展。特别是河南、山东、河北、江苏、安徽等小麦主产省，是小麦生产潜力开发优势显著的地区，应作为未来中国小麦生产的重点投入地区。最后，重点支持主产区中低产田改造和中型灌区节水改造，切实抓好以小型灌区节水改造、雨水集蓄利用为主的小型农田水利工程建设和管理，切实改善农业生产条件，建成一批高产稳产、旱涝保收的基本农田。引导农民在民主决策和科学管理的前提下，按自愿互利、注重实效、控制标准、严格规范的原则，对直接受益的小型农田水利设施建设投工投劳。

## （六）加快创新小麦产业组织模式

家庭承包经营制度是农村政策的基石，也是国家粮食安全的根基，必须长期坚持，动摇不得。同时，要在坚持家庭承包经营制度、维护农民土地承包权益的基础上，因地制宜地创新经营体制机制，充分利用和保护耕地资源，发展集约经营，大力发展社会化服务，加快发展麦农合作社、小麦产业化等多种形式的联合与合作。加快发展适度规模经营，创新产业组织模式，促进小麦生产经营方式转变。根据各地的资源禀赋、农业生产传统、农业劳动力和人口转移等条件，因地制宜地确定小麦生产经营规模，通过创新土地流转机制、完善社会化服务体系、培育规模经营管理人才、加强政策扶持等措施，积极引导小麦适度规模经营和健康发展，提升小麦产业的国际竞争力。

## （七）完善小麦产业可持续发展政策体系

一是进一步完善相关补贴政策，重点加大对小麦生产者和主产区的扶持力度。目前中国的各种农业补贴政策，包括粮食直补、农资综合补贴和良种补贴对提高农民种麦积

极性，以及促进农民增收起到了非常重要的作用，但在一些政策的执行过程中，还存在有待完善的空间。首先，在保留已有补贴对象和水平的前提下，建议将增量补贴全部向真正的小麦生产者倾斜，特别是要借用政策杠杆引导种麦大户发展规模经营。其次，对于小麦生产大县的农技推广部门应给予充足的工作经费，为现代科技下乡入户到田提供经费保障。最后，进一步提高农资综合补贴及良种补贴标准，以弥补因农业生产资料和种子价格上涨造成的生产成本上升。

二是建立全面的小麦价格支持体系。继续稳步提高小麦最低收购价水平，切实提高农民种麦的积极性；加快小麦全流程综合信息系统开发建设，加强小麦供求形势和价格监测预警分析工作，对国内外市场的生产、需求、库存、价格及市场动态实行实时监测；加大力度跟踪小麦期货市场发展状况及其影响因素，积极开发分析金融期货与小麦价格系统之间动态关系的工具。

三是针对当前小麦加工业要继续改进企业规模小、粗加工能力过剩、深加工产品少、技术装备相对落后等问题，以生产高质量、方便化主食食品为主，重点发展专用面粉、营养强化面粉、方便面制品、预配粉等，推进传统主食品生产工业化。在区域布局上，发挥主产区的资源优势，以现有骨干企业为依托，通过技术进步和结构调整，达到合理设定经济规模，在北方、黄淮海等小麦主产区，发展生产面包、面条、饼干等优质专用粉加工企业，形成优质小麦加工产业群。同时发挥主销区的市场优势，重点培育联动作用强、辐射区域广的大型加工企业。在大中城市和东部沿海等小麦主销区，结合产业结构调整，发展大型企业集团，建立适合城市特点的主食品加工基地，推进面制主食品工业化。通过重组、兼并等形式，在主产区和主销区，培育形成 20 家以上日处理小麦超过 1000t 的大型制粉企业。

四是做好多双边贸易谈判，为小麦产业保有必要的政策调控空间。未来 10 年中国小麦仍需进口，要在立足于国内生产、充分发挥本国生产能力的基础上，通过适度进口来弥补国内产需缺口。小麦是关系中国国计民生的重要农产品，在未来多双边农业贸易谈判中，要强化贸易规则制定的参与力度，对小麦产业实施重点保护，维护好有限的国内支持和贸易调控政策空间。在 WTO 多边谈判中，力争对小麦进口关税水平不作实质性削减。在自贸区谈判中，特别是与澳大利亚等具有比较优势国家的自贸区谈判中，按照互利互惠互补的原则，借鉴其他国家自贸区谈判农业处理的做法和经验，寻求对小麦产业特殊、灵活的解决办法。继续加强与主要国际农业机构的合作，广泛参与涉农国际谈判和协作，争取对我国小麦产业发展有利的国际规则。

# 玉米产业可持续发展战略研究[*]

## 一、玉米产业发展状况

### （一）玉米生产状况

1. 玉米已成为我国种植面积最大、总产量最高的作物，但单产水平相对较低

新中国成立以来，我国玉米生产逐年增大，尤其是改革开放以来，玉米生产经历了稳步增长（1978~1989 年）、快速增长（1990~1999 年）、调整稳定（2000~2003 年）和恢复增长（2004 年至今）4 个阶段（表 3.1）。在稳步增长阶段，我国玉米单产、总产均

**表 3.1　1949~2012 年我国玉米种植面积、单产、总产变化**

| 年份 | 总面积/万 hm² | 单产/（kg/hm²） | 总产/万 t | 年份 | 总面积/万 hm² | 单产/（kg/hm²） | 总产/万 t |
|---|---|---|---|---|---|---|---|
| 1949 | 1 291.5 | 961.5 | 1 241.8 | 1967 | 1 509.5 | 1 815.0 | 2 740.6 |
| 1950 | 1 295.3 | 1 073.0 | 1 389.4 | 1968 | 1 457.8 | 1 717.5 | 2 503.4 |
| 1951 | 1 245.5 | 1 108.6 | 1 380.7 | 1969 | 1 457.8 | 1 710.0 | 2 492.0 |
| 1952 | 1 256.6 | 1 350.0 | 1 685.0 | 1970 | 1 583.1 | 2 086.4 | 3 303.0 |
| 1953 | 1 313.4 | 1 275.0 | 1 669.0 | 1971 | 1 672.6 | 2 143.4 | 3 585.0 |
| 1954 | 1 317.1 | 1 305.0 | 1 714.0 | 1972 | 1 670.2 | 1 922.0 | 3 210.0 |
| 1955 | 1 463.9 | 1 395.0 | 2 032.0 | 1973 | 1 657.0 | 2 340.0 | 3 863.0 |
| 1956 | 1 766.3 | 1 305.0 | 2 307.0 | 1974 | 1 741.0 | 2 475.0 | 4 291.0 |
| 1957 | 1 494.3 | 1 440.0 | 2 144.0 | 1975 | 1 859.8 | 2 550.0 | 4 722.0 |
| 1958 | 1 631.9 | 1 417.5 | 2 313.0 | 1976 | 1 923.0 | 2 505.0 | 4 816.0 |
| 1959 | 1 300.2 | 1 279.5 | 1 664.5 | 1977 | 1 965.8 | 2 520.0 | 4 939.0 |
| 1960 | 1 409.0 | 1 137.0 | 1 603.0 | 1978 | 1 996.1 | 2 805.0 | 5 594.5 |
| 1961 | 1 360.2 | 1 138.5 | 1 548.8 | 1979 | 2 013.3 | 2 985.0 | 6 003.5 |
| 1962 | 1 281.7 | 1 275.0 | 1 626.0 | 1980 | 2 008.7 | 3 075.0 | 6 172.6 |
| 1963 | 1 537.6 | 1 335.0 | 2 057.5 | 1981 | 1 942.5 | 3 045.0 | 5 920.6 |
| 1964 | 1 536.3 | 1 485.0 | 2 269.0 | 1982 | 1 850.9 | 3 255.0 | 6 029.5 |
| 1965 | 1 567.0 | 1 515.0 | 2 366.0 | 1983 | 1 882.4 | 3 622.5 | 6 820.5 |
| 1966 | 1 600.8 | 1 776.0 | 2 842.5 | 1984 | 1 853.7 | 3 960.0 | 7 341.0 |

---

[*] 主笔人：李新海。

续表

| 年份 | 总面积/万 hm² | 单产/（kg/hm²） | 总产/万 t | 年份 | 总面积/万 hm² | 单产/（kg/hm²） | 总产/万 t |
|---|---|---|---|---|---|---|---|
| 1985 | 1 769.4 | 3 600.0 | 6 382.6 | 1999 | 2 590.4 | 4 945.0 | 12 808.6 |
| 1986 | 1 912.4 | 3 705.0 | 7 085.6 | 2000 | 2 293.0 | 4 598.0 | 10 600.2 |
| 1987 | 2 021.2 | 3 945.0 | 7 982.2 | 2001 | 2 428.2 | 4 698.0 | 11 409.0 |
| 1988 | 1 969.2 | 4 065.0 | 7 999.0 | 2002 | 2 463.4 | 4 925.0 | 12 131.0 |
| 1989 | 2 035.3 | 3 945.0 | 8 041.0 | 2003 | 2 406.8 | 4 812.6 | 11 583.0 |
| 1990 | 2 140.2 | 4 620.0 | 9 882.3 | 2004 | 2 544.6 | 5 120.1 | 13 028.7 |
| 1991 | 2 157.4 | 4 680.0 | 10 082.8 | 2005 | 2 635.8 | 5 287.3 | 13 936.5 |
| 1992 | 2 104.4 | 4 665.0 | 9 815.8 | 2006 | 2 697.1 | 5 394.0 | 14 548.2 |
| 1993 | 2 069.4 | 4 963.0 | 10 270.4 | 2007 | 2 947.8 | 5 166.7 | 15 230.0 |
| 1994 | 2 115.2 | 4 693.0 | 9 927.7 | 2008 | 2 986.4 | 5 555.7 | 16 591.4 |
| 1995 | 2 277.6 | 4 917.0 | 11 198.9 | 2009 | 3 118.3 | 5 258.5 | 16 397.4 |
| 1996 | 2 449.8 | 5 203.0 | 12 747.0 | 2010 | 3 250.0 | 5 453.7 | 17 724.5 |
| 1997 | 2 377.5 | 4 387.0 | 10 431.2 | 2011 | 3 354.2 | 5 747.5 | 19 278.1 |
| 1998 | 2 523.9 | 5 267.0 | 13 295.5 | 2012 | 3 525.2 | 5 898.1 | 20 792.0 |

注：数据来源于中国经济与社会发展统计数据库

有较大增幅，单产增幅为 40.64%，总产增幅为 43.73%，其主要原因在于联产承包责任制的实施调动了农民积极性。在快速增长阶段，我国玉米总产量快速增长，增幅为 29.61%，单产和种植面积增加是总量增长的基础，单产和面积分别增加 7.03% 和 21.04%，其主要拉动力为玉米产业发展需求增加、农业生产资料投入加大及品种改良水平提升。在调整稳定阶段，由于玉米相对过剩导致价格降低，农民积极性受到影响，致使玉米种植面积、单产和总产均变化不大。2004 年以后，我国玉米生产进入恢复增长阶段，国家出台了一系列支农惠农政策，市场需求刚性增长，价格持续高位，尤其是东北区玉米和大豆比价优势，玉米播种面积迅速扩大，面积增幅达到 38.54%，加之优良品种和栽培技术的推广，单产增幅达到 15.20%，因此总产增长显著，达到 59.59%。截至 2012 年，我国玉米播种面积达到 3525.2 万 hm²，总产约为 2.08 亿 t，总产首次超过稻谷成为我国种植面积和总产量均居第一位的粮食作物，玉米增产对粮食增产的贡献率高达 58.1%，玉米在我国农业生产中占据了重要地位。但从单产水平来看，最高年份（2012 年）单产仅为 5898.1kg/hm²，略高于世界平均水平 4890kg/hm²，但远低于美国玉米单产 7670kg/hm²。

## 2. 玉米品种不断更新，促进了玉米产量提高，但面临跨国种业的强力冲击，玉米品种选育亟待加强

我国玉米品种先后经历了优良地方品种筛选、品种间杂交种、双交种、单交种选育与应用 4 个时期。单交种选育与应用又经历了 6 次更新换代（表 3.2）。6 次更新换代主要源于我国杂交玉米科研与推广成效，促进了玉米产量的提高。据统计，在我国玉米综合增产措施中，推广单交种的贡献率占 40% 左右。随着种植制度的改革，玉米育种目标不断更新，育种家正在改变以往高秆、大穗的品种模式，将耐密性作为育种目标的重点，

育种理念进一步从株型选择拓展至高密性育种，而且适合全程机械化栽培的品种选育备受重视。但跨国种业的大量涌入及其在国内系统布局，我国玉米育种正面临严峻冲击，急需整合力量，加大公益性资源创新力度，促进民族种业的健康快速发展。

**表 3.2　玉米单交种实现 6 次更新换代**

| 时间 | 代表性品种 |
|---|---|
| 20 世纪 60 年代 | 新单 1 号、白单 1 号、丰收 101 和吉单 101 等 |
| 20 世纪 70 年代 | 丹玉 6 号、中单 2 号、豫农 704、郑单 2 号、京杂 6 号、龙单 11、京早 7 号、郧单 1 号、鲁玉 3 号和嫩单 1 号等 |
| 20 世纪 80 年代 | 丹玉 13、烟单 14、掖单 2 号和四单 8 号等 |
| 20 世纪 90 年代前中期 | 掖单 13、掖单 2 号、沈单 7 号、农大 60、吉单 131、本玉 9 号、四单 19、川单 9 号、成单 14、东农 248、龙单 13 和唐抗 5 号等 |
| 20 世纪 90 年代中后期至 21 世纪初 | 农大 108、豫玉 22、农大 3138、鲁单 50、郑单 14、吉单 180、雅玉 2 号、登海 1 号、西玉 3 号、沈单 10 号、四密 25、川单 13 等 |
| 21 世纪初至今 | 郑单 958、先玉 335、浚单 20、鲁单 981、登海 11 号、沈单 16、蠡玉 6 号和东单 60 等 |

### 3. 受气候、政策等多因素影响，玉米生产布局正发生变化

我国玉米生产主要分布在东北春玉米区、黄淮海夏玉米区、西南山地玉米区、南方丘陵玉米区、西北灌溉玉米区和青藏高原玉米区，其中主要以前三大区为主，占播种面积的 90%以上。但近年来东北春玉米区面积快速增长，尤其是早熟玉米种植面积剧增，仅黑龙江省玉米面积就由 2005 年的 266.67 万 hm² 扩大了 1 倍以上，2013 年超过 666.67 万 hm²。其增加的主要原因是全球气候变化导致活动积温增加，加之种植玉米比较效益高于大豆等因素的影响。另外，由于农村劳动力成本增加，种植杂粮、蔬菜等用工较多的作物不如种植机械化程度高、经济效益好的玉米。近年自然灾害频发，玉米对旱涝变化的适应性好，也是玉米面积增加的一个因素。据政府间气候变化专门委员会（IPCC）第四次评估报告显示，近百年全球平均气温升高了（0.74±0.18）℃，而近 50 年的线性趋势几乎是近 100 年的 2 倍。中国气象科学研究院利用 1971~2000 年气象资料对东北春玉米区品种熟型分布格局及气候生产潜力研究发现，气候变化将使东北玉米逐步向东北方向移动。

## （二）玉米消费状况

### 1. 玉米消费快速增长，主要为饲料和工业消费，食用和种子消费比率较小且基本稳定

我国是玉米消费大国，2012 年国内消费量为 19 100.6 万 t，位于世界玉米消费的第二位，仅次于美国。目前，我国玉米消费主要用于饲料、工业、食用和种子。20 世纪 80 年代以前，我国玉米饲料消费量较低，之后快速增长，2003 年消费量达到峰值，占

玉米消费总量的 76.6%。从 2004 年起在世界范围内出现寻求替代能源的热潮，刺激了我国玉米加工业的发展，玉米加工量年增长 20% 以上，年增加玉米消费量 300 万 t，2010年国内工业消费量占消费总量的 26.22%，导致饲料消费开始回落，饲料消费占总消费下降到 62.60%，但消费总量仍然呈现逐年上升势头，2012 年达到 12 040 万 t。玉米食用消费和种子消费多年变化不大，1999~2012 年年平均食用消费为 1061 万 t，占 7.48%，种子消费为 119 万 t，占 0.86%（表 3.3）。

表 3.3 我国玉米消费量及消费结构变化

| 年份 | 饲料消费量/万 t | 比率/% | 工业消费量/万 t | 比率/% | 食用消费量/万 t | 比率/% | 种子消费量/万 t | 比率/% | 损耗量/万 t | 比率/% | 国内消费量/万 t |
|---|---|---|---|---|---|---|---|---|---|---|---|
| 1999 | 8 440 | 74.87 | 1 050 | 9.31 | 1 216 | 10.8 | 120 | 1.06 | 447 | 3.97 | 11 273 |
| 2000 | 8 450 | 75.31 | 1 110 | 9.89 | 1 159 | 10.3 | 104 | 0.93 | 398 | 3.55 | 11 221 |
| 2001 | 8 720 | 75.91 | 1 250 | 10.88 | 1 041 | 9.06 | 108 | 0.94 | 369 | 3.21 | 11 488 |
| 2002 | 9 000 | 76.36 | 1 400 | 11.88 | 928 | 7.87 | 108 | 0.92 | 351 | 2.98 | 11 787 |
| 2003 | 9 100 | 76.60 | 1 650 | 13.89 | 715 | 6.02 | 105 | 0.88 | 310 | 2.61 | 11 880 |
| 2004 | 9 450 | 74.51 | 2 100 | 16.56 | 714 | 5.63 | 110 | 0.87 | 309 | 2.44 | 12 683 |
| 2005 | 9 450 | 68.78 | 3 150 | 22.93 | 710 | 5.17 | 115 | 0.84 | 315 | 2.29 | 13 740 |
| 2006 | 9 300 | 66.43 | 3 550 | 25.36 | 710 | 5.07 | 120 | 0.86 | 320 | 2.29 | 14 000 |
| 2007 | 9 600 | 66.21 | 3 750 | 25.86 | 700 | 4.83 | 130 | 0.90 | 320 | 2.21 | 14 500 |
| 2008 | 9 648 | 65.57 | 3 905 | 26.54 | 905 | 6.15 | 133 | 0.90 | 123 | 0.84 | 14 714 |
| 2009 | 10 557 | 63.18 | 4 278.8 | 25.61 | 1 463 | 8.76 | 121.9 | 0.73 | 287.0 | 1.72 | 16 709 |
| 2010 | 10 908 | 62.60 | 4 569.5 | 26.22 | 1 517 | 8.71 | 127.3 | 0.73 | 302.5 | 1.74 | 17 424.6 |
| 2011 | 11 804 | 63.62 | 4 750.7 | 25.61 | 1 532 | 8.26 | 132.9 | 0.72 | 333.3 | 1.80 | 18 553.5 |
| 2012 | 12 040 | 63.04 | 4 988.2 | 26.12 | 1 547 | 8.10 | 135.6 | 0.71 | 388.8 | 2.04 | 19 100.6 |

注：数据来源于国家粮油信息中心、艾格农业数据库和中国玉米网

### 2. 玉米消费在空间分布上呈现明显的地域差异

我国玉米消费在空间分布上呈现明显的地域差异性。目前玉米饲用消费的主要地区有广东、四川、山东、河南、河北等省份，是我国饲用玉米消费量最大的地区；其次是云南、广西、浙江、江苏、黑龙江、吉林、辽宁、内蒙古等地区。饲用玉米消费具有典型的全国分布特征，覆盖了产区和销区。玉米工业消费在全国的分布相对集中，主要分布在东北及华北黄淮产区，其中玉米工业消费量最大的是山东和吉林，其次是黑龙江、河北、河南、内蒙古、辽宁等地区。玉米消费与生产在空间分布上既有一致性又有差异性，导致全国范围内的玉米流通，存在明显的"北粮南运"局面。

### 3. 影响玉米消费的因素较多，但人口数量、消费结构和价格影响相对较大

影响玉米消费的因素有人口数量、收入水平、城市化和价格水平，以及工业发展

等多个方面。20 世纪 80 年代以前，由于我国饲料生产主要以手工作坊为主，产量较低，饲料玉米消费也较低，随着饲料业的快速发展，饲料玉米消费数量快速增长。近年随着全球能源需求增长，玉米被大量用于生物能源生产，导致工业消费比率快速增长。玉米食用消费与人口的相关性最大，人口增长将拉动国内对玉米的消费。收入上升与消费结构变动紧密相连，表现为直接粮食消费比例日趋下降，间接粮食消费比例日益上升，即粮食转化成的畜产品、水产品的消费比例增加。城市化对玉米消费也有影响，我国农村与城市食品消费类型之间有很大差别。2008 年，全国城镇居民人均肉、蛋、奶消费量为 194kg，而农村人均肉、蛋、奶消费量为 29kg，这些肉、蛋、奶主要由玉米转化而来。价格对玉米消费影响较大，由于玉米与一些农副产品之间存在着替代关系，当玉米与这些产品比价升高时，这些农副产品就替代一部分玉米做饲料原料；同时，由于玉米价格升高，还会抑制以玉米为主要原料的肉、蛋、奶等畜产品的消费，进一步减少对玉米的需求。反之亦然。

## （三）玉米物流发展状况

### 1. 我国玉米流通"北粮南运"的总体特征明显，但产区消费比例近年呈上升趋势

我国玉米主产区分布在东北地区和黄淮海地区，其中东北产区是国内第一大玉米主产区，尤其是黑龙江和吉林两省是我国玉米产出大省，玉米产业也是两省重要的支柱产业。华北地区（河南、河北）虽然产量较大，但消费数量也大，既是主产区也是主销区，基本处于产销平衡态势。两大主产区中的黑龙江、吉林、河南、山东、河北、内蒙古、辽宁 7 省（区）玉米产量就占到了全国玉米产量的 70% 以上。然而，南方经济发达地区是我国玉米主销区，产销区在地域分布上的错位，导致了我国玉米流通"北粮南运"的总体特征。

从国内玉米净流出量分布情况可以看出（表 3.4），净流出量超过 200 万 t 的省（区）包括吉林、黑龙江、辽宁、河南、河北、内蒙古及山西等，其中，吉林和黑龙江的净流出量分别为 703 万 t 和 610 万 t，为净出流量最大的两个省份。另外，陕西、甘肃、宁夏及新疆等省（区）的净流出量在 50 万 t 以下。从净流入情况来看，广东和四川是我国玉米的最大净流入省份，其中广东省玉米净流入量每年在 700 万 t 以上，四川省每年超过 300 万 t。其次，江苏、安徽、浙江、福建、江西、湖南、广西及天津等省（区、市），每年玉米的净调入量在 100 万~300 万 t。北京、山东、湖北、重庆、云南、贵州及海南、上海等地也是玉米净流入地区，每年净流入数量在 100 万 t 及以下。山东省是我国玉米主产省之一，一度曾是我国玉米的主要净流出地区。近年来随着山东省深加工企业的快速发展，玉米工业消费量大幅增加，加上山东省是我国的饲料生产大省，因而目前山东省玉米产量已不能满足自身的需求，从一个玉米净流出省转变为目前的净流入省。

表 3.4　国内玉米净流出量分布情况　　　　　　　（单位：万 t）

| 省份 | 净调出量 | 省份 | 净调出量 |
|---|---|---|---|
| 吉林 | 703 | 海南 | −45 |
| 黑龙江 | 610 | 重庆 | −58 |
| 辽宁 | 407 | 上海 | −75 |
| 河南 | 300 | 山东 | −100 |
| 河北 | 290 | 安徽 | −123 |
| 内蒙古 | 290 | 江西 | −130 |
| 山西 | 208 | 天津 | −125 |
| 甘肃 | 48 | 湖南 | −155 |
| 陕西 | 45 | 江苏 | −180 |
| 新疆 | 45 | 广西 | −218 |
| 宁夏 | 15 | 福建 | −260 |
| 云南 | −13 | 浙江 | −300 |
| 贵州 | −20 | 四川 | −355 |
| 北京 | −22 | 广东 | −723 |
| 湖北 | −45 | | |

注：引自张智先，2009

## 2. 流动商贩收购已成为农户销售玉米的主渠道，运输成本是物流成本的主体

尽管政府在 1990 年末就退出了对大多数农产品市场和价格的干预，但粮食市场化改革经历了多次反复。2001 年，政府开始在粮食销区取消国家定购和对市场价格的干预，然后在 2003~2004 年将改革范围逐步扩展到粮食主产区。到 2004 年，正式明确了粮食市场的完全市场化，在全国范围内实行"放开粮食购销、放开粮食市场、放开粮食价格"的"三放开"市场化改革。

我国玉米流通分为产销对接、间接运销和产销联合三种方式。产销对接是生产者将生产出来的玉米直接销售给消费者，县乡一级的玉米集散市场和地区内中小型玉米批发市场主要是按照这种方式进行的，其几乎没有中间环节，使得玉米流通交易成本最小化。间接运销是生产者把玉米卖给国有玉米企业或玉米贸易商，再由他们批发给玉米经营企业，通过逐层批发给零售企业，最后销售给消费者。这种方式流通环节多，逐级批发造成的交易费用巨大，经销商会根据市场行情采取一些投机行为，为玉米市场的稳定发展构成隐患。产销联合是玉米生产者与玉米经营企业组成产销联合体，以改变生产和流通脱节的状况，建立紧密型玉米购销关系，以减少流通环节。实际上，我国玉米主产区农户销售玉米的方式比较单一，销售比较被动，卖给流动商贩已成为农户销售玉米的主渠道。粮食主产区农户玉米销售渠道单一和销售方式被动与我国农户的小规模分散经营模式及市场外部环境密切相关。首先，农户销售玉米的渠道主要取决于外部环境，因此多数农户面对的销售渠道比较狭窄。只有附近有加工企业和养殖户等的农户才有更多的选

择来销售生产的玉米，而附近没有最终用户的地区，农户只能等待商贩上门收购。其次，大多数农户玉米生产规模较小，缺乏有效的玉米需求信息和销售所需的交通工具，组织运输和销售玉米的单位成本较高，因此坐等粮贩上门收购玉米成为一个最佳选择。调查数据显示，80%的农户都选择在自家门口销售玉米，其次是在村头或者村部销售玉米，其比例约占农户玉米销量的10%。不过，由于商贩的数量较多，商贩之间对粮源的竞争在很大程度上抵消了农户在市场定价中的劣势。

流动粮贩是玉米流通环节中的重要组成部分。粮贩的物质投入主要包括运输车辆折旧和维修费用，以及油耗，人力费用为粮贩收购和销售玉米时付出的劳动。物质投入中，运输油耗费用最高。但是，粮贩购销玉米属于劳动密集型工作，如果扣除他们自有劳动力的投入，粮贩每千克玉米的净收益较低。固定粮商的中间成本主要是运输成本，其他成本还包括贷款利息、招待费用、玉米损耗等，固定粮商劳动投入极少，平摊到每千克玉米上基本可以忽略。如果不考虑通过仓储跨时间赚取利润，仅是静态地看几天内的收购和销售情况，粮商平均净收益较低。

# 二、玉米产业可持续发展中存在的重大问题

我国粮食产业可持续发展正面临两难境地：一方面，随着国民经济的快速增长，人民生活水平的提高，人们的膳食结构发生了巨大变化，对肉、蛋、奶等高蛋白食品的需求不断增加。同时，人口逐年增长，畜产品需求总量增大，国际能源价格上涨导致以乙醇燃料为原料的玉米需求增加，由此引起粮食需求刚性增长。另一方面，粮食生产发展所依赖的耕地面积逐年减少，而且耕地的减少中，绝大多数是粮食播种面积，尤其是东南沿海地区，随着工业化和城市化的快速发展，非农建设占用农业耕地现象突出。更为严重的是我国作物种质资源匮乏、种子企业短期内难以成为创新主体，缺少突破性优良品种；联产承包责任制限制了土地规模化经营，土地耕层变浅，土壤有机质逐年下降，已经成为农业可持续发展的重大问题。如何解决粮食生产稳定发展与耕地资源紧缺、质量下降等矛盾已成为对粮食生产发展研究所关注的焦点。

## （一）自然资源分布不均、灾害频发、耕层浅及土壤肥力下降等严重制约玉米可持续发展

玉米生产要求与之相适应的自然资源条件。自然灾害发生程度及区域不同制约玉米生产能力，进一步对玉米产量和区域布局产生影响。

水土资源是人类赖以生产与生活的基本资料。水土资源短缺及其匹配错位是玉米生产进程中长期的、根本性的制约因素。随着我国工业化和城市化的快速发展，农业水土资源被挤占的势头仍难以逆转，必将影响到玉米区域布局、品种布局。水资源严重匮乏的地区不能种植稻谷，易采取水改旱的方法把水田改为旱田，增加旱田玉米等种植面积，

从而影响玉米的区域布局。我国玉米主要分布在干旱、半干旱区域，雨养种植面积约为65%，干旱是影响玉米高产稳产最主要的自然气候因素。大多数玉米产区农业基础设施差，特别是农田水利设施落后、农田土壤肥力不高、中低产田较多等极大地影响了玉米单产和品质的提高。根据农业部统计，高产田仅占耕地的30%，中产田占38%，低产田占32%。尤其是东北、内蒙古玉米种植区，灌溉设施薄弱且使用成本高、抗灾能力差，玉米单产年际波动较大。改革开放以来，实行联产承包责任制，土地规模变小，小型机械成为农业生产的主体，土壤耕层逐年变浅，犁底层不断加厚，在东北区仅为15~18cm。土壤耕层变浅导致无法进行秸秆还田，秸秆焚烧还造成环境污染，再加之绝大多数田块不施用有机肥进一步导致土壤肥力下降，对玉米生产的可持续性造成重大威胁。

不同玉米产区的光热资源存在较大差异，进而影响玉米生长发育和产量形成。全球气候变暖及异常气候条件已经严重影响作物和品种布局，以及可持续增产。气候因素包括光照、温度、降雨、异常气候等。气候变化对玉米最直接和最明显的影响是使传统种植区域发生变化，种植界限向北推移，喜温作物玉米的产量可能增加。黑龙江省玉米播种面积从21世纪初的3500万亩增加到2013年的1.0亿亩以上，其增加面积主要是早熟区域，其根本原因除了与大豆存在比较效益高外，另一个原因在于北部气温增加，导致无霜期变长，除个别年份外，霜期普遍推迟1~2周，≥10℃的积温增加11%~14%，玉米遭受低温冷害有所减轻，为籽粒灌浆增重延长了时间。此外，异常的气候条件和生态条件也影响玉米生产的可持续发展，如旱灾、涝灾、冷害、冻害、冰雹、光照不足、重金属污染等。

## （二）政策支持体系不完善、比较效益低和生物质能源无序发展严重影响玉米产业的可持续发展

在我国粮食生产发展过程中，政府构架实施了一系列政策来调整粮食生产，从过去的统购统销到现在的市场化发展，政府在粮食生产发展过程中发挥了积极作用。但现有支持力度不够，执行力不足，需进一步建立健全玉米生产发展的政策支撑体系，加强和完善现有强农惠农政策，出台一系列政策体系，激励农民种植玉米的积极性。需要从农业生产的各个制约环节给予政策支持，包括支持种质资源创新及突破性玉米品种选育与推广；制定土壤整地和培肥地力法律法规从而确保土地可持续利用；提高玉米等粮食作物收储能力及保护价政策；继续支持规范合作社，扩大土地适度规模经营，做到配方施肥，逐步实现玉米全程机械化；完善农业推广体系，进一步提高配套技术的入户率和到位率，突出科技创新、节本增效；积极开展玉米生产保险业务，解决农民生产后顾之忧；将加工业与种植基地紧密结合，实现产销结合等。

农业比较效益是指在市场经济体制条件下，农业与其他经济活动在投入产出、成本收益之间的相互比较，是体现农业生产利润率高低、衡量农业生产效益的重要标准。当前，我国农业比较效益普遍较低，根据发达国家的发展经验，提高农业比较效益是实现农业现代化和粮食产业化的一个根本支撑点，低效率产业的长期存在将会极大地拖累整

个产业市场竞争力的"后腿"。目前玉米种植效益虽然高于大豆和北方春小麦，但与稻谷、经济作物相比，比较效益明显偏低，如北方玉米每亩经济效益为 200~300 元，而北方稻谷为 600~800 元。因此，提高玉米比较效益，对于增加玉米种植农民的收入、提高产量、加快城乡统筹推进、保持经济社会健康可持续发展意义重大。

投机作为一种正常的市场经济行为，其适度发展有利于实现资源的优化配置，从而发挥出稳定市场的积极作用。玉米经营放开后，在保证国家对市场发挥主渠道宏观调控作用的前提下，合法、适度的投机活动具有调剂市场供求余缺、实现市场均衡、稳定粮食市场的积极作用。合法的粮食投机不是粮价涨落的原因，故投机不会引起粮食市场动荡。相反，由于粮食投机是以营利为目的，可根据粮价涨落进行大量买卖，投机供求具有较大的价格弹性，从而使整个玉米市场的供求变得对价格能作出迅速反应，富有弹性，市场价格对市场供求能及时进行微调，使周期之间的供求趋于均衡，价格趋于平稳。这就可以在一定程度上减小玉米产量与价格之间的波动幅度，客观上有利于玉米市场的稳定。这种投机活动能起到调剂市场供求余缺、稳定玉米市场的作用。

生物质能源的发展虽然可以替代部分石化能源，有利于保护环境和实现可持续发展，缓解能源危机。但在目前主要的生物质能源以玉米等粮食作物为基础，而且大多使用本来用于粮食生产的土地和水源的地方，容易出现生物质能源与人争粮、与粮争地的局面。根据目前的技术水平，液体生物质能源的迅速扩展明显消耗了玉米等粮食作物，导致了自 2007 年以来全球粮食价格的上涨。此外，美国、巴西等生物质能源主要生产国也是世界粮食的出口大国，这些国家目前优先发展生物质能源的政策倾斜也将导致全球粮食出口下降，减少国际市场上的粮食供给，进而引起粮食产品和畜牧产品的价格上涨，威胁包括我国在内的玉米进口国的粮食安全。因此我国应慎重发展生物质能源，尤其是不能用有限的粮食加工能源。

## （三）人口城镇化和膳食结构改善，需要大力发展玉米

虽然我国粮食综合生产能力稳步提高，已实现"十连增"，其主要贡献作物为玉米和稻谷，食物供给日益丰富，基本可以满足人们生产和生活的需要。但随着工业化、城镇化加快、人口增长和人民生活水平提高，粮食消费需求呈刚性增长趋势，而耕地减少、水土资源短缺、气候变化等对粮食生产的约束日益突出，粮食供需总量将长期处于紧平衡状态，粮食浪费和短缺现象同时存在属于全球性的问题。在我国，粮食消费领域的浪费现象主要存在于三个环节：一是商业餐饮环节，按照相关统计，饭桌上的剩菜比例一般为 1/4~1/3；二是集体食堂环节，在机关、学校、企事业单位等集体食堂，粮食浪费现象也十分严重；三是家庭饮食环节，因为物质丰富后，人们不再精打细算。

人口增长因素对粮食安全的影响主要表现在对粮食需求的变化上，人口增长会使粮食的直接消费持续增长。随着人口增长和消费扩张，我国未来人口的耕地规模和人均耕地面积会进一步下降，人均粮食消费水平和粮食需求总量也将进一步提高。按目前的

14 亿人口，18.3 亿耕地，人均只有 1.3 亩耕地，按平均亩产 350kg 计算，人均占有粮食 455kg。如果人口继续增长，耕地继续减少，人均粮食占有量将继续减少，为保证粮食的基本供应，必须扩大玉米等高产作物的种植面积，提高作物单位面积产量。即使按 2020 年人均粮食 420~435kg，基于 18 亿亩耕地资源保证的粮食生产能力可以基本满足 14.36 亿人口的粮食需求；在人均 450kg 的消费水平上，我国未来耕地资源的粮食生产能力足以支持人口高峰时期 14.73 亿人的粮食需求，但受 18 亿亩耕地资源约束，人均粮食占有水平很难有进一步提高。

20 世纪 80 年代以后，随着改革开放政策的实施，促进了农村经济腾飞，农村剩余劳动力大量转移，城镇化速度加快。由于城镇化步伐不断加快，城镇人口的粮食消费总量不断增加，2000~2011 年，全国城镇人口年均增加 1608 万，城镇粮食消费总量年均增加 63.44 万 t。但在城镇化过程中，由于农村剩余劳动力向城镇转移，农村居民粮食需求减少量大于城镇居民粮食需求的增加量。可以预见，未来几年我国城乡居民粮食需求还将呈现这种波动上升趋势。另外，农村劳动人口逐年减少且老龄化严重，既带来了劳动力成本的增加，又给我国农业可持续性提出了新的挑战，急需知识结构明显提高的新型农民加入农业生产一线。

20 世纪相当长的时期内，我国粮食生产的主要目标是解决人民的温饱问题。随着经济的不断发展，我国居民的食物消费已由温饱型向小康型转变，居民的食物消费结构也发生了较大变化。人们对肉、蛋、奶的消费需求日趋旺盛，这些消费偏好的改变导致现阶段和将来一定时期内食物消费结构的变化。由于肉、蛋、奶等产品需要消耗更多的玉米等粮食作物才能转化出来，因此会显著增加玉米消费总量，进而也会导致玉米种植面积的波动。

# 三、未来玉米安全发展趋势分析

## （一）玉米生产中长期趋势变化及情景预测

### 1. 扩大玉米面积的空间越来越小，单产和总产将会呈现缓慢增长趋势

过去 20 多年，我国玉米总产量逐年提高，其核心在于玉米种植面积的增加。最近 4 年来，种植面积平均增速为 4.01%，但今后继续扩大玉米种植面积的空间越来越小，最多可能达到 3666.69 万 $hm^2$。随着玉米育种、栽培技术创新及中低产田改造，未来 10~20 年我国玉米在单产和总产上将会呈现缓慢增长趋势。对 2000~2012 年我国玉米单产和种植面积进行线性拟合（模型拟合的 $R^2$ 值分别为 0.88 和 0.97）（图 3.1，图 3.2）。根据此模型预测我国 2020 年玉米总产量将达到 24 442 万 t，2030 年达到 27 992 万 t（种植面积达到 3666.69 万 $hm^2$ 为极限）。但提高单产将是我国玉米再次增长的核心动力。

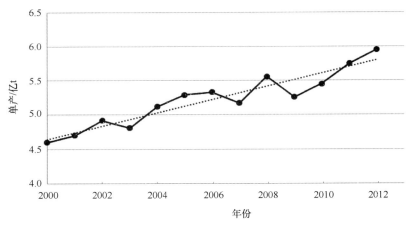

图 3.1　2000~2012 年我国玉米单产水平

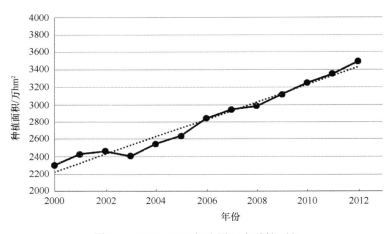

图 3.2　2000~2012 年我国玉米种植面积

## 2. 东华北玉米品种将逐步向适合全程机械化转变

随着农业劳动力的减少，农业生产将通过合作社、家庭农场、专业大户等向规模化、现代化发展方式转变。尤其在东华北和黄淮海玉米主产区对品种提出了更高的需求，不仅要高产、优质、抗逆，更重要的应耐密、抗倒，适合机械化收获果穗，进一步将要求早熟、在适宜收获期机械收获籽粒并实现秸秆还田，在秋季完成整地，达到待播状态，甚至当土壤耕层达到适宜深度时，将实现平播。

## （二）玉米消费峰值预测及变化趋势

### 1. 玉米消费将继续呈刚性增长

2001 年以来，随着深加工业的快速发展，国内玉米需求增速开始加快，2012 年国内玉米消费量达到 18 575 万 t，逐渐由供需宽松向供需偏紧发展。对 2001~2012 年我国玉米消费进行线性拟合（模型拟合的 $R^2$ 值分别为 0.99）（图 3.3）。根据此模型预测我国玉米消费量将呈现刚性增长，2020 年消费量将达到 24 540 万 t，2030 年将达到 31 810 万 t，供需矛盾逐步加剧。

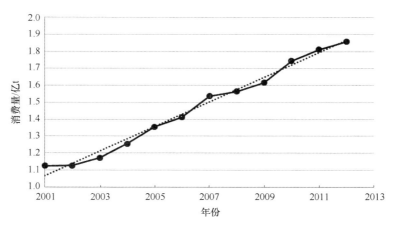

图 3.3　我国玉米消费量（2001~2012 年）

### 2. 饲料消费将继续增长，工业消费短期内将增加但长期增速缓慢，其他消费比例小且变化不大

我国玉米消费用途主要为饲用、工业加工、种用和食用等。玉米饲用消费占据绝对份额，其所占比例在 2001/2002 年达到峰值。随后由于玉米深加工业的快速发展，占比开始逐渐回落。2012 年饲用消费占总消费约 60%，但其绝对数量仍在增长。随着我国经济社会发展和人口增长，人们对畜产品及水产品的需求将不断增加，玉米饲用消费量仍将保持刚性增长态势。玉米工业消费所占比例近年不断提升，2012 年达到 31%。经济的发展对国内玉米加工业的拉动作用越来越明显，特别是对淀粉工业发展起到了较大的推动作用。受玉米资源约束的影响，近年来国家加大了对玉米深加工发展的调控，消费增长速度出现了下降，预计未来玉米工业消费总量将继续增加，但后期增速会下降。玉米其他消费主要包括口粮消费和种子消费等，其消费总量相对较小。随着城镇化水平的提高，国内口粮消费将会保持一个稳中趋降的走势，种子消费也会随着单粒播种技术的应用趋于下降，但变化不明显。

## （三）供求平衡态势及其趋势

### 1. 2020 年国内玉米产量与消费量仍能维持基本平衡状态

近年来，我国玉米产量和消费需求逐年增长，玉米产量总体上能够满足国内玉米消费需求，但呈现偏紧的趋势，需通过进口来调剂国内余缺。在 2008/2009 年剩余

1146.79 万 t，但 2009/2010 年、2010/2011 年出现短缺或偏紧（表 3.5）。2011/2012 年进口玉米 523 万 t，达到历史最高水平，年度剩余 1073.57 万 t，与往期基本持平。

表 3.5　我国玉米供需状况　　　　　　　　（单位：万 t）

| 项目 | 2008/2009 | 2009/2010 | 2010/2011 | 2011/2012 |
| --- | --- | --- | --- | --- |
| 产量 | 15 873.7 | 14 554.5 | 15 881.5 | 17 384.57 |
| 期初库存 | 2 976.64 | 4 123.43 | 2 933.53 | 3 106.93 |
| 进口量 | 4.81 | 129.64 | 97.95 | 523 |
| 总供给量 | 18 855.15 | 18 807.57 | 18 912.98 | 21 014.5 |
| 饲用消费 | 9 648 | 10 281 | 10 276 | 11 200 |
| 工业消费 | 3 905 | 4 395 | 4 325 | 4 215 |
| 种用及食用消费 | 1 038 | 1 036 | 1 065 | 1 120 |
| 损耗量 | 123 | 147 | 129 | 290 |
| 国内使用量 | 14 714 | 15 859 | 15 795 | 16 825 |
| 出口量 | 17.72 | 15.04 | 11.05 | 9 |
| 总需求 | 14 731.72 | 15 874.04 | 15 806.05 | 16 834 |
| 年度剩余 | 1 146.79 | ~1 189.9 | 173.4 | 1 073.57 |
| 年度库存 | 4 123.43 | 2 933.53 | 3 106.93 | 4 180.5 |

注：表中数据均已折算为新国标三等。
数据来自中国玉米网

　　未来受国内玉米播种面积及单产增长潜力的限制，在正常年份及现有技术进步的前提下，预计 2020 年国内玉米总产量将达到 24 442 万 t。而玉米消费量约为 24 540 万 t，则 2020 年国内玉米产量与消费量或仍能维持基本平衡状态。

　　2. "北粮南运"的格局将逐步微调，将形成"南进北出"的新格局

　　由于玉米市场这种消费分布不平衡的特点，我国玉米市场形成了以东北、华北玉米为供应主体，以南方沿海和内陆省（区）为消费主体的"北粮南运"的格局。随着玉米进口配额的增大和国内市场运力日趋紧张，"北粮南运"的格局将发生逐步的微调，长江流域以南地区会在国际市场价格较低时适量进口一定数量的玉米，同时，为维持国内供需平衡，北方继续保持一定数量的出口。我国玉米市场将在"北粮南运"的基础上，逐步形成"南进北出"的新格局。

# 四、国际玉米供需发展趋势及其对我国的影响

## （一）国际玉米安全状况及变化规律

　　过去 20 多年，全球玉米产量逐年提高，2003~2012 年产量平均增速为 3.5%，明显高于上一个 10 年 2.7%的增速。美国农业部 2013 年 11 月对 2013~2014 年全球玉米产量

预计为 9.63 亿 t，比上年度增加 1 亿 t，达到历史最高水平，强劲的需求和种植效益高是重要因素。20 世纪 90 年代以来，全球玉米需求急剧增加，美国农业部 2013 年 11 月对 2013/2014 年全球预计消费量为 9.33 亿 t，比上年度增加 7306 万 t。过去 10 年工业消费和饲用消费的增长推动了总体消费量的增加。2004 年以后，工业消费进入一个快速增加的阶段。过去 10 年饲用及其他用量平均增幅为 1.9%，低于上个 10 年的 2.7%。食用、种用及工业用量增幅为 6.3%，远高于上个 10 年的 1.8%。过去 10 年全球玉米库存消费比维持低位，均值为 16.5%，远低于上个 10 年的 27.7%。2012/2013 年全球玉米库存量为 1.17 亿 t，库存消费比为 13.4%。库存是过去 23 年的第三低位，库存消费比最低。

世界玉米产量最多的 10 个国家或地区分别是美国、中国、巴西、欧盟、阿根廷、墨西哥、印度、乌克兰、南非和加拿大，2012 年 10 个主产国玉米总产量约占世界的 76.6%。其中，美国和中国的玉米产量约占世界总产量的 56.5%。美国、墨西哥、欧盟的玉米产量比较平稳，乌克兰、中国、巴西、阿根廷的玉米产量保持较高的增速。目前，全球玉米贸易量超过 9000 万 t，全球玉米出口主要集中在美国、巴西、阿根廷、乌克兰，其中美国是出口量最多的国家，2012 年出口量占全球的 32.0%。巴西、阿根廷、乌克兰异军突起，出口量逐年增高，2012 年巴西、阿根廷、乌克兰出口量分别占 21.6%、18.0% 和 12.9%。全球进口玉米的国家主要集中在亚洲、非洲和中美洲，进口玉米较多的国家包括日本、中国、韩国、墨西哥、埃及，以及印度尼西亚、马来西亚、菲律宾等。

## （二）未来世界玉米安全的变动趋势及其对我国影响的分析

在未来 40 年里，世界粮食安全将受到一些发展因素的影响。全球人口预计将由 2010 年的 69 亿人增加至 2050 年的 92 亿人左右，且这种增长几乎全部来自欠发达地区，发展中国家的城市化和收入增长需要较高的肉类消费量，导致玉米需求大量增加。此外，玉米在生物燃料领域的使用也将继续增长。例如，目前美国用于生产燃料乙醇的玉米就占到其国内玉米消费的 35% 和世界玉米消费的 12%。这些需求变化将导致玉米生产需求大幅增加。在大多数发展中国家，扩大耕地面积的余地不大。因此，在 2015~2030 年，玉米增量将来自产量的增加和更高水平的集约化。然而玉米产量增长速率在下降，如最大的玉米生产国美国近 10 年的玉米产量波动较大，年均增速只有 0.7%，低于上个 10 年的 3.9%。最近三年，美国玉米在面积连续增加的情况下，更是出现了三年减产的局面。综合考虑未来的经济、人口和气候变化因素，国际食物政策研究所（IFPRI）估计，2010~2050 年，玉米的真实价格将增加 106%。

世界玉米的变动趋势将深刻影响我国。第一，我国玉米消费增加的趋势无法避免，进口将逐年上升。2011/2012 年，进口玉米 523.1 万 t，创历史纪录，导致对国际市场的依赖性增强。第二，燃料乙醇的发展影响玉米贸易。第三，生物质能源的发展在一定程度上拉动了玉米国际价格，在对世界市场日益依赖的情况下，我国玉米贸易安全面临新变化。

今后，我国进口玉米量将更多地受到进口成本的影响。因此，我国需要从以下几方面来应对这种挑战。调节国内供需结构，防止价格异常波动；充分发挥科技作用，保证国内玉米有效供给，保证农民增收；以更宽的视野探讨与周边邻国及世界主要玉米生产大国的合作模式，增加国家调控能力，增加储备及进口国多元化，在全球范围内解决我国玉米与食物平衡问题。

## （三）世界各国确保玉米安全的政策框架、主要做法及经验借鉴

近年来，全球玉米供求日益偏紧，玉米危机的隐患越来越大，确保玉米安全已经成为各国农业政策的首要目标。由于各国经济、社会基础不同，自然资源条件各异，玉米生产安全战略选择差别很大。但总体框架政策是保护农民的利益和积极性，进行玉米种植补贴，充分利用相应的法律法规保护本国玉米进出口流通，在生产、储备、销售和进出口方面采取各种措施，保障本国的粮食安全。

发达国家确保玉米安全的主要做法如下：一是价格政策。美国采用的是支持价格政策，目的是为农民提供一个最低保证价格，保护农民利益。欧盟采用的是干预价格政策，实质是一种支持价格或保护价格，农民出售粮食等农产品时的最低限价，也是政府所允许的欧盟内部市场价格波动的下限。二是补贴政策。美国采用的是 1973 年提出的差额补贴政策，目的是保证农民得到的实际价格不低于合理价格，2002 年新农业法中，差额补贴变成了目标价格与有效价格之差。此外，对农业给予灾害补贴。欧盟实行的是对农民的直接收入补贴政策，即对生产者主要实行面积补贴和休耕面积补贴。三是粮食储备制度。美国采取的是"委托代储"，执行机构是联邦政府的农产品信贷公司，委托那些技术设施、卫生条件较好的商业性储备企业来执行。德国对储备粮采取招标形式。四是耕地保护措施，美国实施的耕地保护计划是一个集调控粮食产量与保护土地资源为一体的保护计划，鼓励农民短期或长期休耕一部分土地，在水土流失严重地区，实施"土壤保护储备计划"，加大投入，增强对土壤的保护。五是建立粮食安全预警系统。美国玉米信息采集网络时刻监测全球玉米生产和贸易，收集各国玉米相关信息，及时反馈给农业部及相关部门。同时利用期货市场来发挥玉米安全系统的预警功能。六是合理调控。发挥国际贸易补充作用，欧盟采用进口限制，高质量的玉米进口关税是干预价格与进口价之间的差价，低质量的玉米采用的是配额管理。

# 五、玉米产业可持续发展战略构想研究

## （一）总体思路

按照在工业化、城镇化深入发展中同步推进农业现代化的要求，以保障国家粮食安全为目标，按照增产增效并重、良种良法配套、农机农艺结合、生产生态协调的基本要求，围绕种业发展、耕作栽培、病虫害防控、产品加工等产业链条，加强玉米产区布局，

优化产业结构，强化科技创新，注重生态建设，加快生产方式转变，推动技术集成化、生产过程机械化、生产经营信息化，促进玉米产业可持续发展。

## （二）基本原则

### 1. 确保粮食安全

随着居民膳食结构的变化、饲用及工业消费需求量的增加，对玉米依赖正不断加大。水土资源约束、干旱、洪涝等极端气候和病虫害加剧严重影响玉米产量提升。持续发展玉米产业是保障国家粮食安全的重要途径。

### 2. 优化区域布局

玉米产业的可持续发展应遵循因地制宜、优化布局的原则。对不同生态区域类型进行科学划分，整合优势资源，实现玉米新品种选育、良种良法配套、玉米深加工配套产业的协调发展。

### 3. 创新科学技术

未来玉米产业的可持续发展将建立在科学技术创新的基础上，包括品种创新、耕作栽培技术创新、植物保护技术、产品加工技术等诸多环节，其中生物技术和信息技术将大量催生新型生产技术，推动玉米产业的发展。

### 4. 促进生态高值

随着我国对食物需求增长的同时，农业增长速度明显放缓，农业用地、农业生态环境压力日益增加。因此，未来玉米产业发展必须以生态高值为基本原则，促进生产力提升，实现资源高效利用和产业可持续发展。

## （三）发展目标

未来 20 年，形成我国玉米产业可持续发展体系，有力提升玉米产业发展能力，国内玉米消费 90% 实现自给。

加强东华北春玉米区、黄淮海夏玉米区、西南玉米区等优势产区布局，促进"北出南进"玉米流通格局发展；优化饲料生产、工业加工、食用消费、种子使用等产业结构，深化产业结构调整和发展方式；强化玉米种业科技、丰产科技、植保科技、加工科技创新，提高优良品种选育能力和应用比例，新品种覆盖率保持在 96% 以上；推动玉米主产区逐步实现机械化作业，耕种收综合机械化水平达到 80% 以上；加强重大病虫害和自然灾害研究的基础设施建设、预测预报和防控关键技术研发，建立玉米重大灾害综合防控技术体系，使农作物病虫害损失率显著下降，粮食因灾损失率降至 8%以下；加强地力培肥，完善农田水利基础设施，强化 3 亿亩标准农田建设，进一步提高耕地产出能力；发展玉米深加工产业，形成高附加值产业链。

## （四）重大战略

### 1. 产业生态布局战略

调整完善玉米区域种植规划，进一步发挥不同生态区的产业优势。在不同生态区形成优势品种研发，农机与农艺生产，以及产业深加工有机结合，在充分保障该区域产业潜能的前提下确保生态高值，实现产业生态布局优化的目标。根据生态、生产与消费特征，协调和配置资源，发挥产业增产增效原则，促进发展形成适应产业效能提升的玉米贸易流通格局。

### 2. "科企"合作重大战略

目前我国玉米科教单位与企业形成相对竞争关系。这种关系抑制了玉米企业技术研发，同时也影响了科研单位的基础性和公益性创新能力。因此，为了确保玉米产业创新性、可持续性的发展，应发挥资源互补优势和市场化配置作用，进一步加强"科企"合作与分工，推进产业科技创新发展。

### 3. 土地可持续发展战略

目前我国玉米生产总体呈现掠夺式经营，农田耕层逐年变浅、有机质逐年下降，需要从国家战略解决这一影响我国玉米安全可持续发展的重大问题。

### 4. 信息农业和人才战略

农业信息化的快速发展，把品种研发、产品需求和深加工产业通过信息化融入市场。我国玉米产业是否能够健康持续地发展取决于玉米产前、产中和产后的一批科研工作者的能力和水平，实施人才战略对促进玉米产业可持续发展具有重要意义。

## （五）区域与品种布局

依据光、温、水等自然资源，以及玉米生产依托的科技、人才、设施力量分布，我国玉米产业发展主要集中于东华北春玉米区、黄淮海夏玉米区、西南山地玉米区和西北灌溉玉米区。

### 1. 东华北春玉米区

该区域包括黑龙江第一、第二、第三、第四积温带，吉林东部和北部，辽宁东北部，内蒙古兴安盟、通辽市、赤峰市、呼和浩特市等地区，是中国玉米主产区之一。该区域雨热同季，春季低温干旱，生育期活动积温低。从品种布局上看，主要需要早熟、高产、优质、抗逆性强（抗玉米丝黑穗病、大斑病、茎腐病，抗虫，耐低温，耐旱等）、籽粒灌浆、脱水速率快等适合机械化种植的品种。

### 2. 黄淮海夏玉米区

该区主要包括黄河、淮河、海河流域中下游的山东、河南、河北南部、陕西中部、山西省南部的晋中南地区和江苏、安徽两省北部的徐淮地区，是我国夏玉米最大的集中产区。该区域具有的播期温度异常、苗期干旱渍害、穗期阴雨寡照及粒期高温高湿等不利气候条件，成为制约该区玉米高产稳产的主要非生物胁迫因素。从品种布局上，该区域适合生育期适中、抗逆性强、高产优质的玉米品种，重视早熟、耐密抗倒、适宜机械化作业的新品种选育与推广。

### 3. 西南山地玉米区

秦岭以南的西南部地区，包括四川、云南、重庆、贵州、湖南、湖北、广西西部等，是我国玉米的主要产区之一。该区域水平和垂直气候明显，雨热不均，生态环境复杂，干旱、水涝频发，病虫害高发；玉米生长周期因不同地区差异较大，该区域品种布局应根据不同生态气候，因地制宜，选择适应该区域的不同玉米品种。例如，四川、重庆等地在品种布局上应考虑生育期适中、耐旱、抗倒伏品种；广西、云南等地应选择中早熟、抗病、耐旱和养分高效型品种。

### 4. 西北灌溉玉米区

以新疆维吾尔自治区和甘肃省一部分地区为主，种植面积约占全国的 3.5%，总产约占 3%。该区域土壤肥沃，灌溉条件好，气候适宜，水资源充足，已发展成为我国玉米制种的主要区域之一。该区域在品种布局上以中晚熟抗倒伏、抗病虫品种为主。

## （六）重大工程

### 1. 玉米种业保障工程

必要性：以分子育种、细胞工程、杂种优势利用等技术为支撑的种业科技已经成为国际玉米种业竞争的重点。我国玉米种业与跨国种业集团在技术力量、研发投入、市场营销和规模程度等方面尚存在巨大差距，难以有效支撑我国玉米种业的国际化发展。加快构筑现代玉米种业科技体系，突破生物育种关键技术，创制重大突破性新品种，创新种业发展模式，对加快提高种业创新能力与国际竞争力具有重要意义。

主要内容：深入构建以国家级科研单位为主导涵盖优势区省级科研单位、优势种业的玉米科技创新体系，使其成为长期稳定的国家玉米种业创新能力支撑。建设高水平规模化玉米重要性状表型鉴定设施群、自动化表型鉴定及信息采集系统、玉米抗灾害性天气智能化模拟测试系统，建设国家玉米育种科学基础设施；面向主产区，统筹建立玉米区域育种站、生态试验点、良种繁育基地等；开展重要性状新基因挖掘、分子育种、单倍体育种、杂种优势利用等现代生物技术育种与常规育种的集成研究，创制育种新材料；选育高产、优质、多抗、适宜机械化作业新品种，开展种子规模化繁育技术开发、生产加工与检验等，加强种业技术服务，推进新品种产业化，同步提升企业的育种能力和产业化水平。

产出目标：通过实施种质资源深度挖掘工程，精准评价国内外种质资源，挖掘优异新种质；通过实施分子育种工程，开展规模化表型性状和基因型鉴定，高效开发主要育种性状新基因和分子标记，研制分子标记辅助选择技术，完善分子与细胞工程技术与杂种优势利用、常规育种的组装集成，形成工程化育种技术体系，创制适合不同生态区的育种新材料和新品种；通过产、学、研有机结合，实现新品种产业化，促进种业快速发展，玉米新品种覆盖率在96%以上。

## 2. 玉米丰产工程

必要性：我国玉米供求关系已由供求基本平衡向供小于求转变，玉米生产正面临面积基本稳定、单产较低的局面，玉米生产所依赖的耕地质量逐步下降，劳动生产率、资源利用率和土地产出率偏低，全球气候变化引发极端气象灾害和病虫害频发，玉米生产发展受到严重威胁。突破玉米生产的关键制约因素，标准化栽培技术到位率低，急需通过实施玉米丰产科技工程促进玉米生产的可持续发展。

主要内容：重点研发良种和高产栽培技术，实现良种良法配套；推广机械化技术，加快玉米生产机械化进程；防控重大病虫害，减少灾害损失；强化农田土壤和水利建设，改善生产条件，系统构筑我国玉米丰产保障体系。推广增密技术、全膜双垄沟播、测土配方施肥、膜下滴灌等技术，加强技术指导，引导农民全过程规范化、标准化种植；加快推广深松整地、化肥深施等机械化技术，加强农机农艺结合，推进玉米生产机械化；加强重大病虫害和自然灾害研究的基础设施建设、预测预报和防控关键技术研发，建立玉米重大灾害综合防控技术体系；加强地力培肥，完善农田水利基础设施，强化高标准农田建设，改造中低产田，进一步提高耕地产出能力。

产出目标：面向主产区，建成事关玉米安全生产的标准粮田3亿亩；加强中低产田改造，使农田地力等级普遍提高，土壤生产力有较大幅度提升，中低产农田比例降至40%以下。加强重大病虫害和自然灾害研究的基础设施建设、预测预报和防控关键技术研发，建立玉米重大灾害综合防控技术体系，病虫害损失率显著下降，玉米因灾损失率降至8%

以下；全面提高玉米生产的规模化、集约化、机械化生产水平，耕种收综合机械化水平达到80%以上。依靠科技从栽培技术、植保技术、肥料技术、机械设备、精准农业等方面提升玉米综合生产能力，确保玉米生产的可持续发展。

### 3. 玉米深加工工程

必要性：随着人们对玉米消费需求量的进一步加大，以及工业淀粉、新型能源的需求增加，对玉米的依赖不断加大。在玉米产业可持续发展中实施玉米深加工研发工程，对促进玉米深加工产业发展具有重要意义。

主要内容：加强宏观调控，清理粗放型加工、资源综合利用率低下企业；统筹规划在不同生态区建立玉米深加工科技园区，加大对玉米深加工研发和企业扶持，逐步实现玉米新型深加工设备的自主研发。强化玉米加工科技创新，进一步拓展玉米深加工领域，加大开拓新产品，形成完整的玉米深加工产业链。

产出目标：通过联合、兼并和重组等形式，培育国内玉米深加工龙头企业，提高产业的集中度和国际竞争力。研发具备自主知识产权的玉米深加工设备，逐步摆脱依赖国外的局面。在不同的生态区形成具有区域优势的玉米深加工产业园和主导产品。

# 六、玉米产业可持续发展对策与措施研究

保障玉米安全供给事关国家经济社会发展大局，必须始终给予高度重视。结合我国实际，借鉴国外经验和做法，提出以下建议。

## （一）推进玉米科技创新体系建设

通过科技体制改革及各类计划管理的实施，有效推动我国玉米科技创新体系建设和发展，逐步形成具有中国特色的玉米科技创新体系格局。重点形成以国家级农业科研机构、涉农高等院校等为主体的玉米科技基础理论研究体系；以国家级、省级农业科研机构、涉农大学和涉农重点企业参与形成的关键技术与重大产品研究体系；以企业、省级农业科研机构为主体的技术集成与成果转化体系；推动建设与科技创新相适应的国家科技重大基础设施、国家和省部级重点实验室、工程技术中心和改良中心、野外科学观测试验站、种质资源圃等基地平台体系，为科技创新提供重要支撑。

## （二）加强玉米成果转化推广机制创新，充分发挥科技在玉米生产中的支撑作用

加大科技成果转化项目的实施，与地方、企业紧密结合，带动国家农业科技园区、

农业科技成果转化促进中心建设，逐步建立玉米有效供给的科技成果转化机制。

## （三）继续加大对农民的直接收入补贴和其他政策扶持

研究制定针对玉米生产的税收、信贷扶持政策，进一步提高生产的比较效益，既要保障玉米产量，又要促进农民增收。

## （四）深化农村土地产权制度改革，推进土地适度规模经营

通过政策和补贴等措施，逐步解决土壤耕层浅、有机质下降这一限制玉米可持续发展的难题。深化农村土地经营权改革，推进土地逐步向专业大户、专业合作社集中，促进适度规模经营，提高玉米生产效益。

分报告四

# 大豆产业可持续发展战略研究[*]

大豆是世界第一大植物蛋白来源、第二大油脂来源，也是国际贸易中货值最大的农产品。在我国，大豆不仅是饲用蛋白和植物油脂的首要来源，而且是重要的粮食和蔬菜。保证大豆稳定供给对保障粮食安全、促进经济发展和增进人民健康至关重要。目前，大豆是供需矛盾最为突出、进口依赖度最高、进口额最大的大宗农产品。在人口不断增加、经济持续发展、人民生活水平稳步改善、大豆需求继续增加的情况下，深入了解国内大豆供给、消费及供需平衡状况，合理研判未来一段时间我国大豆供给、消费及供需发展趋势，科学考量国际大豆产业走势对我国大豆的供需影响，提出发展对策，对于我国大豆产业持续、稳定发展，保障我国粮食安全具有重大意义。

# 一、大豆产业发展状况

## ◤ （一）大豆生产状况

在《诗经》中已有大豆的记载，我国栽培大豆的历史约有 5000 年。20 世纪前期，由于需求不断增加，我国大豆生产规模迅速扩大，到 20 世纪 30 年代中期，中国大豆种植面积突破 1000 万 $hm^2$（1931 年面积达到 1470 万 $hm^2$），同时产量也达 1000 万 t（1936 年大豆总产量为 1130 万 t），占世界大豆总产量的 90%以上。

在新中国成立以来的 60 多年里，我国大豆生产经历了一个复杂曲折的发展过程，总体上可分为改革开放前（1949~1976 年）和改革开放后（1977~2012 年）两大阶段。两个阶段总的趋势是，粮食总量供给充足时，大豆面积上升；粮食总量趋紧时，大豆面积下降。2012 年全国大豆播种面积为 717.17 万 $hm^2$，占农作物播种面积的比例为 4.0%，大豆在粮食总产量中的比例为 2.2%。

大豆在中国农区广泛分布，各省（区、市）均有种植。根据各地气候自然条件、耕作栽培制度和大豆品种类型等因素，可将我国大豆生产区域划分为三大区域，即北方春作大豆区、黄淮海流域夏作大豆区和南方多作大豆区。根据 1978~2011 年的数据分析，三大产区大豆播种面积占全国的比例发生了较大变化。北方春作大豆区大豆播种面积明显增加，占全国的比例由 39.3%上升到 55.7%；黄淮海地区大豆播种面积持续减少，比例从 43.9%下降到 29.7%；南方地区大豆播种面积略有下降，所占比例从 16.8%下降到

———————————
　* 主笔人：韩天富。

14.6%，但总体变化不大，基本维持在 15% 上下。

我国大豆生产规模的变化受粮食供给形势、国际贸易、政策导向、市场价格等多种因素的影响。改革开放以前，我国经济基本上处于封闭运行状态，在农业领域尤其如此。由于土地面积有限，当粮食供给紧张时，国家大力发展稻谷、小麦、玉米等高产作物，大豆面积迅速缩减。近 20 年来，我国逐步开放农产品市场，尤其是在加入世界贸易组织后，国外大豆大举进入中国市场，但由于中国大豆需求巨大，国产大豆面积在相当长时间内保持稳定甚至有所扩大。2010 年以来，由于粮食总量需求不断攀升，而国际市场大豆货源充足，价格平稳，国家优先保证高产禾谷类作物生产，大豆生产发展的宏观政策和市场环境相对恶化，面积迅速萎缩。

## （二）大豆消费状况

大豆作为粮食的重要组成部分，其消费随粮食供求状况和收入水平的变化而变化。

### 1. 消费总量

改革开放后，国产大豆生产能力增长近 1 倍，但消费需求增长了约 10 倍，由于国产能力的增速远低于消费增速，因此增加部分主要依靠进口来满足。2013 年全国大豆消费量达到 7530 万 t，其中 84% 是需要通过进口提供。

根据国家统计局和海关总署的数据计算，1978 年我国人均占有大豆 8.1kg，2013 年达到 55.4kg。1978 年人均占有豆油 0.6kg，2013 年达到 7.5kg。与此同时，大豆深加工产品不断增多。大豆压榨获得的巨量豆粕满足了畜牧业快速发展的需要。

### 2. 消费结构、品种结构和消费区域结构变动状况

国内大豆消费主要有食用、加工（压榨为主）、饲料和种子等 4 种形式。食用消费既包括炒、煮等直接消费，也包括豆芽、豆酱、豆浆、豆皮、腐竹、豆腐等传统豆制品消费；加工消费包括油脂加工、蛋白质加工和其他工业消费；饲料消费包括大豆直接用作饲料和豆粕消费。

榨油和食用是我国大豆的主要消费形式。1949~2011 年，二者占总消费量的比例由 80.9% 增长到 96.5%。1984~2011 年，压榨消费量从 168.3 万 t 增长到 5699 万 t，年均增加 204.8 万 t，成为中国最主要的大豆消费形式，占总消费的比例从 44.1% 增加到 83.1%。饲料消费（不包括豆粕消费）尽管在总消费中的比例不大，但绝对量呈现逐年增长趋势，1978~2011 年，消费量从 64.6 万 t 增加到 183.3 万 t，但在总消费中的比例则从 8.1% 下降为 2.7%。种子消费由于受播种面积波动的影响，消费量波动较大，但整体呈减少趋势，1949~2011 年，由 74.9 万 t 减少为 58.9 万 t。在总消费中的比例也从 19.1% 降为 0.9%。

我国用于豆制品加工的大豆，约占全国大豆原料总量（含进口大豆）的 12%；用于深加工的大豆消耗量较少，约占 1%。据中国大豆产业协会统计，目前约 80% 的国产大

豆被用于大豆食品加工。2008~2012 年，全国年销售额上亿元的豆制品企业不断增多，由 17 家增加到 38 家。

改革开放以来，尽管大豆食用消费量（不含豆油）迅速增长，但由于人口明显增加，我国大豆人均食用消费总量增加不大，而这一期间，豆油的人均消费量则快速增加。1992~2011 年，人均大豆食用消费和豆油消费分别从 4.01kg/（人·年）和 0.60kg/（人·年）增加到 6.80kg/（人·年）和 8.45kg/（人·年）。

### 3. 影响大豆消费的主要因素

近年来，随着我国经济的持续、快速、健康发展，人民收入和生活水平不断提高，人们对高营养豆、肉、奶制品的需求日益增加，对大豆的需求十分强劲。在国内供给无法满足迅速增长的市场需求的情况下，进口大豆便成为必然选择。此外，近年来我国大豆压榨加工企业投资扩张，行业整体加工能力达 7000 万 t 以上，受加工能力过剩而导致的"被动需求"影响，加工企业不得不竭力进口大豆以维持企业的正常生产。

大豆作为我国植物油的主要来源之一，其需求量还受其他油料作物供给状况的影响。当国际市场棕榈油、菜籽油供应充足、价格下降，国内油菜、花生产量提高时，对大豆油的需求会相对减小。可见，从油脂供给来说，大豆和其他油料作物具有相互替代性。但是，大豆饼粕是我国植物蛋白的主要来源，不仅品质优良（蛋白质含量高，氨基酸组成合理），而且消费量巨大（2013/2014 年大豆饼粕消费量为 5305.5 万 t，占植物饼粕总量的 71%），难以被其他饼粕或产品所替代。因此，拉动我国大豆需求的第一动力是饲料工业对植物蛋白的需求。这一需求在今后相当长的时间内仍将呈上升趋势。

## （三）大豆物流发展状况

20 世纪 90 年代以前，我国除东北地区外，其他省份生产的大豆基本自用，地区间的大豆流通规模较小。大豆种植也不分食用和油用品种，都是混种混收。20 世纪 90 年代中期以来，随着社会经济的发展，人们对植物油及肉类食品的需求不断增加，大豆压榨量快速上升，大豆进口量逐年攀升。除黑龙江省和内蒙古自治区外，其他各主要大豆压榨省份均存在较大供需缺口，其中缺口最大的省份是山东，其次为江苏和广东。绝大多数油用大豆靠从美国、巴西和阿根廷等国进口运至沿海省份，从而使我国大豆的贸易流通已基本形成了东北、华北地区和东南沿海向全国扩散的基本格局。裴育（2012）研究表明，大豆从哈尔滨由铁路运输到广州，每吨运费约为 386 元，而 2012 年初进口大豆平均运费折合人民币约为 320 元/t。由此可以看出，由于运费偏高，东北大豆的竞争力大大下降。

当前，我国大豆流通中的主要运输方式有公路、铁路和水路等。公路运输快速灵活，可以实现门到门的直接服务，在省内或省际大豆运输中起关键作用。铁路运输是我国内陆大宗农产品异地运输的主要渠道，黑龙江大豆省外销售主要靠铁路运输。受运输费用和进口大豆竞争的影响，国产油用大豆的运输范围是有限的，南运距离一般不超过江苏，食用大豆可运至全国各地。我国东南沿海地区的进口大豆都靠海运。

# 二、大豆产业可持续发展中存在的重大问题

与国内稻谷、小麦、玉米等高产粮食作物相比，我国大豆面积波动幅度大，单产增长慢，总产缺口大。与其他主产国相比，我国大豆生产虽然起步早，但发展速度慢，市场竞争力弱。究其原因，我国大豆产业在自然禀赋、经济条件、政策环境、科技支撑等方面均存在不足，持续发展的内在机制和物质基础均未完全建立。

## （一）自然因素

受种植效益影响，我国大豆大多种植在耕地质量较差或光热条件不足的地区和季节，好的地块、茬口和季节大多被用来种植玉米、稻谷等高产粮食作物和经济作物。在大豆种植较为集中的东北北部高寒地区，无霜期短，冷冻、干旱、冰雹等自然灾害频发，加之可替代作物少，轮作制度不规范，大豆土传病害较重，影响产量和品质。在黄淮海流域，大豆多在冬小麦收获后种植，播种质量差，缺苗断垄严重，且常受旱涝影响。在南方地区，大豆是间套体系中的次要作物，生长环境差。我国大豆单产水平低，近10年来平均亩产一直徘徊在120kg左右，较美国、巴西等主产国低40~50kg。

## （二）经济因素

我国大豆比较效益差。从各作物的种植收益看，大豆不仅低于经济作物，而且低于其他粮食作物。2004~2011年，我国大豆平均每亩收益为127元，明显低于稻谷的260元和玉米的177元，也低于小麦的132元。从农业和非农收益比较来看，种植大豆收益要远低于外出打工收益。2004~2011年，全国大豆种植亩效益以2008年为最高（186元），仅相当于普通农民工外出打工2天的收入。大豆种植收益持续偏低严重影响农民种植积极性，进而导致近年来我国大豆种植面积持续下降，2012年减至10 758万亩，2013年只有1亿亩左右，创21世纪以来最低点。

## （三）社会因素

随着我国人口的进一步增长、人民生活水平不断提高和消费观念的日益变化，我国对大豆的需求规模将进一步扩大，食用大豆的供求矛盾更加突出。由于我国大豆产量低，质量差，难以与进口大豆抗衡。最近，美国、巴西、加拿大等国竞相扩大非转基因食用大豆生产规模，未来我国在非转基因大豆方面也将面临进口大豆的竞争，使我国大豆产

业腹背受敌。如果不从农业生产组织方式上进行重大改革，我国大豆生产甚至整个农业生产将陷入严重困境。

### (四) 政策因素

我国在大豆产业发展目标、贸易保护、收储政策、技术途径、扶持政策等方面均存在对大豆生产发展不利的因素。第一，缺乏符合客观现实、具有前瞻性的大豆产业发展战略，大豆在农业生产中一直处于从属地位。第二，在大豆贸易中，缺乏有效的保护手段，从而使我国的大豆进口完全听凭国际大豆市场摆布。第三，大豆产业扶持政策未能根据市场变化进行及时调整。第四，对大豆的科技投入远少于三大粮食作物甚至棉花，使大豆科技进步速度明显低于高产禾本科作物和主要经济作物。第五，对大豆生产的补贴政策名存实亡。在东北地区实行的大豆良种补贴每亩仅为 10 元，并不能产生让农民真正愿意扩大大豆种植的经济效应。第六，政府对行业协会和合作经济组织的支持力度明显不够（包括政策、法规和资金等），生产经营方式的根本转变尚未实现，难以适应大规模加工和销售企业的要求。

值得注意的是，近 10 年来我国粮食总产的持续增加，在很大程度上依赖于大豆等低产作物面积的压缩和玉米等高产作物面积的扩大。未来在以提高粮食总产为目标的政策环境下，优质但低产的大豆仍将难以得到应有的重视。

### (五) 科技因素

长期以来，我国投入大豆研究中的科研经费大大低于其他主要作物，更远远低于其他进行大豆研究的先进国家。由于投入不足，大豆科研队伍人数偏少，学科不够齐全，研发力量偏弱。此外，我国在大豆科研领域与国外机构合作较少，未能有效动员国际科技资源。在技术导向上，我国与以转基因大豆为核心技术的现代生态农业技术革命失之交臂。我国固守依赖大量人工和物质投入的传统小农生产方式，使大豆生产成本高，产量水平低，产品质量差，市场竞争力差，陷入不可持续发展的恶性循环。

# 三、未来大豆生产发展趋势分析

## (一) 大豆生产中长期趋势变化及前景预测 (2020 年、2030 年)

未来 15 年，我国将确保稻谷、小麦等口粮作物的供给，大力提高玉米的生产能力，而扩大大豆面积的空间十分有限，但单产提高仍有较大潜力，实现总产稳中有升是可能的。

### 1. 种植面积预期在 666.67 万~866.67 万 hm² 波动

2010 年以来，我国大豆面积明显下滑，尤以东北地区为甚。2012 年全国大豆种植面积仅为 717.34 万 hm²，其中东北地区为 360 万 hm²。受玉米、稻谷供需趋紧和比较效益较高的影响，东北今后面积恢复到 500 万 hm² 以上的难度很大；黄淮海地区预期未来 10 年将保持在 200 万 hm² 左右；南方地区随着间套作发展和季节性空闲田的利用，大豆种植面积可望有所恢复，播种面积可达到 120 万~167 万 hm²；西北地区未来 10 年仍将维持在 36.67 万 hm² 左右，全国大豆总面积在 666.67 万~866.67 万 hm² 波动。

### 2. 亩产提高潜力较大

2012 年全国大豆平均亩产恢复到 121.3kg，接近 2002 年全国大豆历史最高亩产（126kg）水平。我国大豆最高亩产已达到 421.37kg，主产区也出现百亩连片 280kg 左右的高产典型，国家大豆品种区域试验的平均亩产也在 180kg 以上。因此，在 2020 年前后，全国大豆平均亩产将提高到 150kg；在 2030 年前后，可提高到 170~180kg，达到目前美洲大豆主产国的单产水平是完全可能的。

### 3. 总产稳中有升

2012 年，我国大豆总产为 1305 万 t，2013 年有所下降。按照常年大豆播种面积 1.2 亿亩测算，要确保大豆总产稳定在 1500 万 t，亩产需保持 125kg 水平。在面积相对稳定、单产不断提升的前提下，我国到 2020 年保证 1500 万 t、2030 年达到 1800 万 t 的大豆供给能力是完全可以做到的。

## （二）大豆消费峰值预测及变化趋势

《中国食物与营养发展纲要（2014—2020 年）》提出，到 2020 年，全国人均全年口粮消费 135kg、食用植物油 12kg、豆类 13kg、肉类 29kg、蛋类 16kg、奶类 36kg、水产品 18kg、蔬菜 140kg、水果 60kg。其中，食用植物油、豆类、肉蛋奶、水产品等均与大豆有直接关系。2013 年我国大豆总消费量约为 7500 万 t，预计到 2020 年，大豆及其产品的年消费量将提高到 9000 万 t 左右，其中大豆食用消费将达到 1300 万 t。2030 年，大豆总消费量将进一步提升到 1 亿 t 以上，食用消费达到 1500 万 t。

近 20 余年来，我国家庭人均植物油消费年均增速呈现波动性增长态势。考虑未来城市化水平提高因素，未来人均植物油消费量将保持增长态势。2013/2014 年，我国油脂消费量达到 3263 万 t，其中国产 2319 万 t（含用进口原料生产的油脂），进口 1014 万 t。预计 2020 年全国植物油消费总量达到 3600 万 t，2030 年达到 4000 万 t。鉴于近年来我国植物油供给能力总体稳定提升，2020 年和 2030 年国内植物油缺口比目前将分别增加 300 万 t 和 600 万 t，而同期新增大豆进口压榨和花生、油菜等油料作物产量的提高，可基本弥补新增缺口。

## （三）大豆供求平衡态势及其趋势

当前我国大豆供求的基本格局是国产大豆供给远远不能满足大豆需求，大豆进口成为主要的总量平衡手段。依照每年 7500 万 t 的需求总量和我国现有大豆单产水平（1.8t/hm²）来估算，满足我国大豆需求需要 4056 万 hm²（=6.08 亿亩）的大豆种植面积，相当于我国 2012 年农作物总播种面积的 25%。而自新中国成立以来，大豆占农作物总播种面积的比例从未超过 7%，目前更是低于 5%。可见，鉴于我国的水土资源条件、粮食安全压力和生态安全压力，我国需要依靠国内和国外两方面的供给，并且主要依靠国际供给来平衡国内大豆供求总量。

# 四、国际大豆供需发展趋势及其对我国的影响

## （一）国际大豆安全状况及变化规律

从第二次世界大战结束以来，世界大豆总产量持续上升，面积不断扩大，单产稳定提高，总产明显上升，产区逐渐向美洲集中，形成了以美国、巴西、阿根廷、印度、中国为主产国，中国、欧盟、日本等为主要进口国家和地区的基本产销格局。2012 年，世界大豆总面积为 1.07 亿 hm²，而美国、巴西、阿根廷、印度和中国等种植排前五名国家的种植面积之和就达 0.93 亿 hm²，占世界的 86.88%，种植集中度远远高于其他主要作物。

1996 年以后，我国大豆进口量猛增，带动了世界大豆生产加快发展。2013/2014 年，世界大豆总产量达到 2.84 亿 t，比 1996 年增加 1.54 亿 t，年均增长率达 4.69%，是大宗农产品中持续增长时间最长、增长速度最快的作物。全球贸易量（出口量）从 1996 年的不足 3000 万 t 增加到 2013/2014 年的 11 064.2 万 t。由于美洲特别是南美洲大豆生产迅速发展，近 30 年来国际大豆基本处于供给平衡状态。

## （二）未来世界大豆供给安全的变动趋势及其对中国影响的分析

在未来相当长的时间内，世界大豆需求还将呈现快速上升趋势。由于巴西等国家可开垦土地多，扩种大豆的潜力大，加之各国大豆单产潜力仍有一定空间，今后 20 年内世界大豆供给从总体上看呈宽松状态。值得注意的是，未来世界大豆出口将进一步向巴西、美国和阿根廷三国集中。2013/2014 年，三国原豆出口量占全球总出口总量的 87%，我国大豆进口的 90% 以上来自这三个国家。对少数国家的依赖，将导致我国依靠进口手

段保障大豆供给和稳定大豆及其相关产品价格的风险越来越大，对我国食物供应安全构成一定威胁。

## （三）世界各国（地区）确保粮食安全的政策框架、主要做法及经验借鉴

美国、巴西和阿根廷等大豆主产国，在生产补贴、农业信贷、农业保险、国际贸易、科学研究、运输体系、生物技术、市场开拓等方面的政策措施，非常值得我国借鉴。

### 1. 生产补贴

补贴政策是保障企业生产者利益的重要举措，也是世界大豆主产国（尤其是美国）提高本国大豆国际竞争力的主要政策措施。美国大豆补贴政策以定期公布的农业法案形式确立，补贴方式多样，包括商品贷款项目、直接补贴、以价格或收入为基础的反周期补贴和平均作物收入补贴等。据美国农业部（USDA）公布的数据显示，1995~2011年，美国累计对大豆补贴总额高达264亿美元，在这种巨额补贴措施下，美国豆农的种植积极性被充分调动，国内大豆生产得到快速发展，美国大豆的国际竞争力优势明显。

### 2. 农业信贷

在美国农村金融体系中，商业性贷款是农业贷款的最主要来源，约占农业贷款的64%，目前全美排名前20位的全国性大银行中有15家涉足农业信贷领域；由美国政府扶持与农场主合作相结合的支农信贷机构体系发放的贷款约占32%，主要由4家区域性农业信贷银行通过设在农业州的90家农业信贷服务社向农民提供信贷和代理保险业务，贷款规模为5亿~8亿美元；政府直接贷款约占4%，主要由美国农业部的农业服务局、州政府的融资局向最需要关注的弱势农场和新农户直接发放。

### 3. 农业保险

农业保险是应对农业风险的重要财务措施，在美国和巴西大豆产业发展过程中，农业保险都发挥了积极作用，与农业科技、农业金融一起被看作市场经济条件下支撑现代农业发展的三大支柱。作为WTO规则允许各国支持的一项"绿箱"政策，农业保险日益受到各国政府的重视。

### 4. 国际贸易

美国大豆出口支持政策主要涉及出口信用保证项目（export credit guarantee program）、外国市场发展项目（foreign market development program）和市场进入项目（market access program）。出口信用保证项目是美国政府向其他国家进口美国农产品提供的商业性财政

支持，允许向国外买方提供最高 98% 的政府贷款担保。外国市场发展项目和市场进入项目的职能是开发、开拓和保持美国农产品的海外市场。

巴西于 20 世纪 90 年代开始的经济改革大大降低了农用生产资料（肥料、农药、农机）进口壁垒，有些甚至被消除。贸易政策改革和汇率政策改革叠加在一起，使巴西现代农业生产资料不足的状况得到了迅速改观。进口壁垒消除或减少之后，磷肥和钾肥的进口和施用量增加，使巴西大豆生产中肥料不足的限制因素逐渐缓解。

### 5. 科学研究

美国大豆产业经久不衰和巴西、阿根廷大豆生产迅速发展，除与优越的地理和生产条件、强大的市场拉动有关外，还得益于其科技的不断进步。事实证明，科技是决定各国大豆产业竞争力的关键因素。

#### （1）美国

美国通过政府科研经费直接投放、政府科研经费配套投放、生产者组织自有经费投放、企业研究资金投入等多种途径筹措大豆科研经费。2011 财政年度，美国公益性大豆研究项目数为 532 项，仅次于小麦（700 项）和玉米（575 项目），位列第三位。在美国，企业不仅是大豆产品开发的主体，也是投入主体。美国种子企业研发投入平均为年营业收入的 5.5%，著名的生物技术企业孟山都公司达 12%，该公司每年用于科技开发的投入超过 10 亿美元，平均每天 200 多万美元。

在美国，从事农业技术研发的机构分属农业部农业研究局（USDA-ARS）、高等学校、科技公司和一些非营利科研机构。公益性、基础性研究和推广工作主要由农业部农业研究局和高等学校承担，其中，农业部农业研究局系统负责收集、保存种质资源，开展长线科研如非杂交作物的育种和公益性产品开发。不同研究主体分工明确，相互配合，合作紧密，使上、中、下游研究无缝对接，齐头并进，相得益彰。

#### （2）巴西

巴西的农业科研力量主要是公共资金支持的科研机构和高校，其中最为重要的是巴西农牧业研究公司（EMBRAPA）。为数众多的州立研究机构、高校和不断增加的私人企业及许多跨国公司，以及一些非营利性机构也进行农业研究。大豆作为巴西最重要的农作物，在科研方面得到了很大的支持。巴西农业 GDP 的 1.5%~1.8% 用于科研。1996年巴西农业科研人员年人均科研经费即达到 20.2 万美元。2008 年巴西政府宣布到 2010 年向农业科研领域增加大约 5.65 亿美元资金，其中向巴西农业研究公司增加大约 4 亿美元。

加强对外科研合作是巴西的重要科研政策之一。20 世纪 70 年代，巴西从美国南方引入营养生长期长的大豆品种，大幅度提高了热带亚热带大豆产量，逐步形成独具特色的热带大豆品种类型。1998 年，巴西与美国农业部农业研究局（USDA-ARS）共同设立合作研究项目，现已获得了许多成果。巴西已全套引进美国农业部大豆种质资源，并对我国大豆种质资源表现出浓厚兴趣。

### （3）阿根廷

2006 年阿根廷公立农业科研机构有 74 家，共有 3940 名全职研究人员。其中国家农业科技研究院（INTA）是阿根廷最主要的农业科研机构，共有 1910 名全职研究人员，几乎占全国农业科研人数的一半。目前，国家农业技术研究院由 15 个区域研究中心构成，并在全国设有 47 个农业试验站和 260 个农业推广组织。

目前，阿根廷政府每年通过农业部按本国总进口额（包括农业进口和非农业进口）的 0.35%，以及小份额的出口额计算经费并划拨给国家农业技术研究院（INTA）。除国家农业技术研究院（INTA）、大学等公立研究机构外，自由职业农艺师、私营公司和各类行业协会也在阿根廷农业技术推广中起到关键作用。

## 6. 运输体系

美国在大豆贸易中的优势地位与其发达的运输体系有关。美国大豆的国内、国外运输以水路为主，铁路、公路为辅，组成遍布全国的大豆流通网络体系。墨西哥湾沿岸地区是美国最大的出口地区，约 80% 出口的大豆从这里装船外运。水运具有成本低廉、耗能低等优越性，因此，对于运输时间性不是很强的大宗农产品十分有利。近年来，美国部分大豆经由陆路运往位于华盛顿州的塔科马港，然后船运至亚洲，可缩短供货时间。

巴西政府针对大豆产量和出口量增长迅猛，国内交通运输、仓储能力和港口装卸能力处于饱和状态的实际情况，近年加大了对大豆产区铁路、水路、公路和港口的基础设施建设。通过"公私合营"的新投资计划的实施，巴西政府正在推动全国公路网建设。南北公路建设项目已经开工，通过这个项目可以把公路网与港口连接起来，使大豆产区离港口更近，同时通过一些关键公路枢纽，会进一步提高物流效率，使圣路易斯和港口之间的运输成本每吨降低 30 美元。

阿根廷运输体系由公路、铁路和水路组成。全国现有 5 条铁路线，也有很好的出海口和港口，国内有多条大河与出海港口相通，其中主要是巴拉那（Parana）河和巴拉那-巴拉圭水道。从大豆运输的距离来看，阿根廷主要大豆产区离主要的海港口罗萨里奥（Rosario）和布宜诺斯艾利斯（Buenos Aires）的距离都在 300km 之内。这一运输特点大大优于美国和巴西。

## 7. 生物技术

美国、阿根廷于 1994 年开始实行转基因大豆商业化，并在很短时间内普及。巴西于 2003 年开始正式认可转基因大豆种植。2012 年，美国转基因大豆种植面积占总面积的 93%，其中主产区艾奥瓦州转基因大豆种植面积达到了 97%；巴西转基因大豆的采用率达到 88%；阿根廷是世界上接受转基因作物最迅速和最彻底的国家。2013 年，全世界转基因作物种植面积为 1.75 亿 $hm^2$，其中转基因大豆为 8450 万 $hm^2$，占全球转基因作物总面积的 48%，占全球大豆种植总面积的 79%。转基因大豆新品种的商业化种植及应用已成为全球化的发展趋势。

### 8. 市场开拓

美国农业部内设有经济研究局和国外农业局负责开展市场研究，高校和科研机构是其研究主力，这对于把握总体市场现状和未来发展趋势起到了关键作用。30多年前，美国就通过模拟、预测随着改革开放的深入和人民生活水平的提高，中国大豆需求量将迅速增加，成为世界大豆主要消费市场。因此，美国大豆协会早在20世纪80年代即开始在中国宣传大豆的利用方法，为打开中国市场做好了充分准备。

# 五、大豆产业可持续发展战略构想

## （一）总体思路

以满足我国食用大豆完全自给、保持油用大豆生产能力、发挥大豆在农业生态系统中的独特作用、传承和繁荣中华大豆饮食文化传统、保障国家植物蛋白供给安全、提高农业可持续发展水平为目标，按照产量品质兼顾、增产增效并重、良种良法配套、农机农艺结合、生产生态协调的基本要求，围绕种业发展、耕作栽培、产品加工等产业链条，优化产业布局，突出优势产区，调整品种结构，强化科技创新，注重生态建设，加快生产方式转变，以科技促进大豆产业的可持续发展。

## （二）基本原则

### 1. 明确国产大豆主粮地位，坚持稳定发展国内大豆生产

我国大规模进口大豆以来，国产大豆和进口大豆形成了明确的分工：国产大豆食用，进口大豆压榨制油和生产豆粕。目前，国产大豆80%以上用于制作大豆食品或直接食用，成为人民群众日常生活中不可替代的口粮。稳定和发展国内大豆生产，保证食用的完全自给，是我国农业生产和国民经济发展不可动摇的底线，必须坚持，绝不能放弃。

### 2. 推动粮豆统筹协调发展，增强持续均衡增产能力

古往今来，任何一个持续发展的农业文明均离不开豆科作物的参与。中华农业文明经久不衰，与大豆用地、养地作用的发挥有直接关系。未来在建设现代生态农业的过程中，要恢复大豆应有的地位，大力推广大豆与其他作物的轮作倒茬和间套复种，在挖掘大豆生产潜力的同时，促进粮、棉、油、糖、菜等作物均衡发展，提高我国农业的可持续发展能力。

### 3. 优化区域布局，稳定主产区大豆面积

充分利用优势产区资源潜力大、市场区位优、产业基础强的有利条件，合理配置生产要素，做大做强优势产区大豆产业。一是东北春大豆区。通过改善生产条件，大力推广旱作节水技术，发展玉米大豆轮作，适当增加种植面积，将面积稳定在 6500 万亩以上。二是黄淮海夏作大豆区。该区大豆面积保持在 3500 万亩以上，重点发展高蛋白优质食用大豆，满足当地和沿海地区食用大豆需求。三是南方多作大豆区。通过充分利用南方光热资源，大力发展大豆与玉米、甘蔗、木薯等高秆作物间作套种，提高复种指数，满足当地食用大豆需求，并建设菜用大豆生产和出口基地，巩固我国作为世界最大菜用大豆生产国和出口国的地位。该地区大豆种植面积应稳定在 2000 万亩以上。

### 4. 提升科技研究和应用水平，增强大豆综合生产能力

我国目前大豆单产仍处于较低水平，依靠科技提高单产的潜力较大。应加大科技投入，大力加强基础研究和应用技术及产品开发，积极推广高产优质品种和配套技术，建立可持续发展的耕作栽培制度，推动农机农艺结合，显著提高大豆生产的科技水平。

### 5. 制定和落实激励政策，调动农民生产积极性

制定扶持大豆生产发展的政策，调整不合理的比价关系，提高农民种植大豆的效益，调动农民的生产积极性。一是扩大大豆良种补贴范围，将良种补贴扩大到东北以外的大豆产区；二是提高大豆良种补贴水平；三是提高包括大豆在内的种粮直接补贴水平；四是出台大豆轮作间作套种补贴政策，鼓励和引导生产者对大豆进行合理轮作和间作套种；四是增加"绿箱"补贴的种类，对大豆生产过程中的科研、植保、区域结构调整进行有效的支持；五是积极发展大豆生产专业合作组织，引导龙头企业在主产区建立生产基地，推动土地流转工作，推进适度规模经营和产业化，提高生产的组织化水平。

### 6. 用好国外资源和市场，拓宽进口大豆原料来源，推动大豆技术出口

第一，要采取技术支持、优惠贷款等措施，鼓励扶助大型农业企业到南美洲、东南亚、非洲、俄罗斯、乌克兰等地投资大豆种植，利用国外丰富的耕地资源，通过购买或者租赁的形式，建立海外大豆生产基地，使我国大豆供应渠道多元化；第二，在进口大豆来源国建立港口等物流设施，将境外生产和直接采购的大豆运回国内，形成稳定的大豆供货渠道，打破少数跨国粮商垄断我国大豆进口货源的格局。第三，鼓励大豆种业走出去，到南美洲、非洲等大豆生产区培育、销售我国大豆品种，通过品种权、基因专利权获得效益，以技术换粮食。

## （三）发展目标

到 2020 年，我国大豆面积稳定在 800 万 hm² 以上，亩产提高到 150kg，总产达到 1800 万 t，国产大豆自给率稳定在 20%左右，确保食用大豆的完全自给。在具体目标上，一是稳定面积。适当扩大东北大豆轮作面积；通过增加间套种，扩大黄淮海、南方、西北大豆种植面积。二是提高单产。通过推广新品种、新技术，单产水平提高到 150kg 以上。三是改善品质。针对我国大豆主要供食用的新情况，大力发展高蛋白食用大豆生产，同时，保持油用大豆的生产能力。四是提升能力。我国大豆主要分布在光热条件较差的季节和地区，生产条件较差，技术进步缓慢。要通过加大扶持力度，推动技术创新，提升集约化生产水平，提高市场竞争能力。

## （四）重大战略

### 1. 优势区域发展战略

（1）加强东北优质食用大豆和高油大豆生产基地建设。在东北中北部地区大力发展优质食用大豆，并保持一定的高油大豆生产能力。在东北中南部，发展高蛋白大豆，满足当地人民对优质食用大豆的需要。

（2）发挥黄淮海地区高蛋白大豆生产优势。一是选育和推广高蛋白、多抗、早中熟品种；二是推广麦茬免少耕和机械化生产技术，重点解决保苗和除草问题，降低生产成本；三是推广大豆优质高产标准化生产技术。

（3）大力发展南方高蛋白及菜用大豆生产。一是扩大优质菜用大豆生产规模，提高菜用豆商品品质；二是提高生产水平；三是加强优质食用大豆、菜用大豆新品种的选育及配套栽培技术研究；四是发展菜用大豆保护地栽培，使菜用大豆提早上市；五是提高南方大豆机械化种植、收获水平，进一步减轻劳动强度、减少用工量。

### 2. 基因资源保护和创新战略

要加强大豆种质资源的全方位表型和基因型鉴定，大力开发基因资源，将我国大豆种质资源优势变成大豆基因资源优势，进而变成基因知识产权优势。为支持我国企业参与国家竞争和开展国际合作，可适当调整资源管理和交换政策，在保护我国利益的前提下，推进与相关国家和实体的资源和信息共享。

### 3. 生物技术育种战略

纵观各国生物技术决策上的经验、教训及作物产业化发展的整体态势可知，生物技术是现代农业发展的必由之路。我国应从广大农民和普通消费者的利益出发，积极应对，及时决策，抓住时机，加强农业生物技术研究，加快转基因生物新品种的产业化进程，使我国农民和美国、巴西、阿根廷等国家的农民一起，分享世界新技术革命的成果，并建设具有国际竞争力的现代种业。抗除草剂转基因大豆是世界普遍接受的生物技术产品，我国已发放安全证书和进口许可，该产品相关专利将于 2014 年到期，可作为我国转基因大豆产业化的首选产品。

### 4. 用地养地持续发展战略

大豆具有独特的营养和栽培特点，在轮作体系中发挥着不可替代的养地作用，是生态农业的必要成员。21 世纪以来，我国农业面临人口增加、劳动力转移、城市化加快、耕地减少、水资源约束等重大难题，保障粮食、环境、能源和健康安全的压力越来越大，建设可持续发展的现代农业成为我国农业发展的必由之路。在发展现代生态农业的过程中，要协调大豆与高产作物的关系，集成轮作、免耕、秸秆还田、配方施肥、病虫害综合防治等单项实用技术，建立可持续发展的现代生态农业技术体系。

### 5. 组织化、规模化发展战略

大豆生产是土地和技术密集型产业，必须形成一定的生产规模，才能实现机械化，保证技术到位，提高种植效益。近年来，一些地区在发展大豆生产的过程中，探索出一些新的组织方式，如在土地流转基础上连片种植，统种分管，建立农机股份合作制企业、农业科技合作社、农技推广协会等，实现土地、资金、技术、劳动力等农业生产要素优化组合，解决了大豆生产规模小、组织化和产业化程度低、技术推广难度大、产品质量难以保证、市场竞争力弱等问题，同时也带动了地方政府、企业和农民发展大豆产业的积极性，促进农业人口向二三产业转移，加快了农村城镇化步伐，农民收入获得快速提高。

### 6. 走出去发展战略

第一，在国外购买或租用土地、兴办农场是我国大豆产业走出去、增加进口大豆来源的可行途径。第二，应鼓励我国大豆加工和流通企业到大豆主产国自建、参股或租用大豆仓库、港口、码头和运输系统，建立完善的海外大豆产业链。第三，要开拓与巴西、阿根廷、乌拉圭等大豆出口国的直接贸易渠道，规避政治和外交风险。第四，要积极支持中国种子企业率先走向南美等大豆主产区，通过经营种子，获得品种权和基因知识产权收益，以技术换粮食。

## （五）重大工程

### 1. 粮豆轮作倒茬均衡增产工程

东北中南部地区近年玉米发展过快，大豆面积大幅度减少，而北部高寒地区大豆仍存在连作问题。黄淮海地区长期形成的冬小麦/大豆一年两熟制部分被小麦/玉米替代，影响农业的可持续发展。南方和西北地区轻简化间套作面积不断扩大，但种植模式仍有待优化。建议在东北北部地区实行大豆-玉米隔年轮作；东北中南部地区每种植 2 年或 3 年玉米轮作一次大豆；黄淮海小麦产区每年或隔年种植一季夏大豆；在南方和西北地区，推广大豆与禾本科粮食作物、经济作物间作，隔年实行微区轮作。

### 2. 大豆单产提升工程

我国大豆最高亩产已达 421.37kg，区域试验平均亩产在 180kg 以上，黑龙江农垦系统大豆常年平均亩产达到 170kg 以上，各地均涌现出一批大面积高产典型，但全国大豆平均亩产仅为 120kg 上下，故单产还有很大的提升空间。我国大豆多种植在条件较差的地区和季节，土壤瘠薄、水分不足是重要的限制因素。因此，提高我国大豆单产，应以提高土壤肥力和蓄水保墒为中心，加强中低产田改造，增强土地生产力。近期应抓好大豆主产区的农田基本建设，增强土壤肥力和蓄水保墒能力，改善灌水排涝条件，建立以养地、保水为核心的耕作栽培制度，同时，要大力提高机械化水平，推进规模化种植，提高技术到位率。

### 3. 大豆种业科技工程

良种是大豆生产发展的技术载体和物质基础，世界各国每一次大豆产业升级都与新型品种的育成和推广密不可分。近 20 年来，美洲大豆产业的迅速发展得益于转基因大豆品种的应用、配套技术的推广和 "育繁推" 一体化现代种业的发展。与美国、巴西、阿根廷等大豆主产国显著不同的是，我国大豆生产以小农户为主要单位，农民无力直接支持科研，种子企业也难以从大豆种子经营中获得足够效益，来增加育种经费投入和扩大种子经营规模。上述特点决定了我国大豆种业有相当强的公益性，应由国家大力扶持。鉴于此，需要从国家层面进行顶层设计，构建由公立机构和企业二位一体的大豆种业"育繁推"体系，打造传统育种和现代生物技术、信息技术相结合的工程化综合育种平台，针对国内外市场需要，选育和推广综合性状优良的优质高产品种，建设良种繁育、营销和展示、示范网络。

### 4. 大豆加工现代化工程

要加强对大豆和油脂加工业的政策引导，适当控制初级加工规模，扶持大豆食品和蛋白质产品生产企业的发展，鼓励通过联合、兼并和重组等形式，培育国内大豆深加工龙头企业，提高产业的集中度和国际竞争力。按照标准化、现代化、规模化、专用化的要求，鼓励研发具有自主知识产权的大豆深加工设备，提升传统豆制品工艺化水平，开发新型大豆食品，推进大豆制品生产现代化，逐步摆脱依赖国外的局面。在不同生态区形成具有区域优势的大豆深加工产业园和主导产品，支持和鼓励大豆食品行业走向国际市场，参与全球竞争。

# 六、大豆产业可持续发展对策与措施研究

## （一）明确食用大豆的主粮地位，落实国家扶持粮食生产的各项优惠政策

目前，我国大豆年食用量达到 1100 万 t 左右，主要由国产大豆供给，占全国大豆总产量的 80% 以上。国产大豆和稻谷、小麦一样，已成为名副其实的口粮作物。要充分认识大豆对保障我国粮食安全和增进人民健康的独特作用，切实落实国家扶持粮食生产特别是确保口粮完全自给的各项优惠政策，促进国内大豆生产的稳定和发展，保证食用大豆的完全自给。

大豆是国家最早实行良种补贴的作物。2002 年在东北地区实行的高油大豆良种补贴，对普及良种和配套技术、促进大豆生产发展发挥了积极作用。但由于补贴面积小，覆盖面窄，对带动全国大豆生产发展的作用有限。应进一步扩大良种补贴规模，使其覆盖全国大豆产区，在稳定东北地区大豆生产规模的同时，促进黄淮海和南方地区的大豆生产；提高补贴标准，由目前的每亩 10 元提高到 30 元；在黑龙江、内蒙古、安徽、河南选择 50 个大豆主产县开展免费供种试点，统一招标采购，统一供种到户；改进补贴发放办法，确保资金真正惠及种豆农民。

2014 年 5 月 18 日，国家发展和改革委员会联合财政部、农业部发布通知，宣布启动东北和内蒙古大豆目标价格改革试点，提出了每吨 4800 元的目标价格。当市场价格低于目标价格时，国家根据目标价格与市场价格的差价和种植面积、产量或销售量等因素，对试点地区生产者给予补贴。大豆目标价格补贴政策有助于实现大豆价格市场化，扶持国内大豆生产。今后，应根据市场变化，提高目标价格水平。建议将大豆与玉米的单价平衡点调控在 2.5：1 的水平，通过合理的收益比率来提高豆农生产积极性。

为调动地方政府发展粮食生产的积极性，国家对粮食生产大县进行较大数额的补贴。但是，在计算各县粮食产出时，以粮食总产为指标，导致东北和黄淮海南部传统大豆主产县为片面增加粮食总产，大幅度压缩大豆面积，发展玉米、稻谷等高产作物，破坏了长期建立的粮豆轮作体系。建议调整产粮大县奖励政策资金测算办法，按照 1kg 大豆折算成 3kg 谷物的办法计算粮食产量，发放奖补资金。或设立大豆生产大县单独奖补项目，对象是种植面积在 10 万亩以上的大豆生产大县。

## （二）改善生产条件，大力提高综合生产能力

一要建设规模化商品大豆生产基地，加强农田基础设施建设，兴修水利，培肥农田，改造中低产田，提高土壤蓄水保墒、排灌、抗灾减灾能力；二要提高大豆生产机械化水

平，增加对大型农机具购置的补贴，扶持农户购买大型、先进、实用的大豆农机装备，改善农田农业机械通行条件，提高机械化水平，以节省劳力、缩短农时、节约成本、提高技术到位率；三要改善交通条件，建设储运设施，降低大豆由农户到附近交易市场的运输成本；四要通过实施种子工程、植保工程和重大科技项目，增加科技服务设施的投入，如重大病虫害和自然灾害预测预报设施和重大灾害综合防控技术体系建设，确保大豆生产安全。

## （三）积极推行粮豆轮作，提升农业可持续发展水平

大豆与禾本科作物轮作倒茬是培肥地力、用养结合、合理利用土壤营养、控制病虫草害、改善作物品质、实现作物均衡增产和农业可持续发展的基本农作制度。要鼓励和引导东北地区实行玉米大豆合理轮作，在黄淮海地区实行小麦大豆一年两熟制，在南方光照资源充足地区实行间作套种和微区轮作，通过轮作与间作套种，变大豆与玉米等高产作物的竞争关系为互利共赢关系，建立粮豆均衡持续增产的农业生产体系。在当前物价水平下，可在大豆种植年份（季节）向农民每亩补贴 100 元，弥补大豆与玉米等高产作物的效益差距。

## （四）加强大豆科学研究，提高科技支撑能力

针对我国大豆科研经费长期严重短缺的问题，应大幅度增加对大豆科技的投入，稳定和壮大研究队伍，改善科研条件，促进资源共享和协同攻关。为保证大豆科研和技术推广应用的资金投入，建议国家对进口大豆按货值征收 0.5% 的大豆科技发展基金，用于国内大豆科研、技术示范和国际大豆科技合作。

结合科技体制改革，加强大豆科研队伍建设，构建层次分明、分工协作、特色明显的大豆科研体系，建设辐射、带动能力强的开发、示范基地。以现有国家大豆产业技术体系、国家大豆改良中心与分中心、国家级和主产省相关的科研院所、高等院校为依托，培养创新能力强，学科分布合理的大豆科研队伍；改善大豆遗传育种、生理生化、植物病理、生物技术等学科的研究条件；建立覆盖全国大豆产区的大豆科研成果展示、示范基地，提高科技成果转化能力；加强农业技术推广体系建设，建立科技成果从专家到农户的便捷通道，完善新品种、新技术的展示、示范网络，加快科技成果推广速度。

## （五）抓好技术示范推广，提升生产技术水平

建立大豆重大技术推广补贴政策，对大豆生产关键环节、关键技术进行补贴，提高技术的入户率和到位率。在东北大豆主产区实施秋整地补贴，由农机合作社统一组织实施，中央财政每亩补助 30 元。在黄淮海地区，实施免耕精量播种补贴，每亩补助 30 元。

在南方间套作大豆每亩补助 30 元。加大大豆高产创建力度，大力推广主导品种、主推技术的示范推广。通过实施基层农技推广体系改革与建设示范县项目，强化农业技术推广体系建设，明确其公益性质，充分发挥和调动农技推广人员的积极性。农业技术推广的内容要紧密围绕农村专业合作经济组织、龙头企业和农民的科技需求，采用灵活多样的方式，通过集中培训、分户指导、田间课堂、技术比武、高产竞赛等方式，实现科技入户，提高技术到位率，调动农民学科学、用科学的积极性，提高农民的生产技术水平和市场应对能力。

## （六）提升组织化程度，加快生产方式转变

积极引导主产区建立大豆产业专业合作组织，通过土地集中种植、统收统管、农机服务合作社等方式扩大大豆生产规模，提升机械作业化、栽培模式化、服务规范化水平，实现产业化经营、标准化生产、优质化推进、市场化运作。要发挥大豆产业协会的行业组织和引导作用，由大豆产业协会负责引导大豆的生产、储运、加工、销售等相关环节，降低运作成本，提供产销信息服务，提高大豆及相关产品的附加值。

## （七）加强宏观调控，改善市场环境，规避市场风险

为促进国内大豆生产发展，稳定国际大豆货源，保障大豆市场供给，国家应加大宏观调控力度，加强对大豆产业的监测预警，建立大豆产业信息报告和发布制度；建议采取同步谈判采购策略，协调大豆进口数量、节奏和价格；择机适当增加大豆及豆油储备规模，加强市场调控。要进一步完善大连商品交易所等机构的交易机制和组织制度，出台更多涉及农产品远期交易和套期保值的期货品种，在加强监控的前提下，加快对外开放的步伐，吸引更多的国际大企业，尤其是南美大豆供应商入场交易，增强我国在国际大豆市场上的定价话语权。在信息服务体系构建方面，可以借鉴美国农业部信息搜集、发布的做法和经验，增强我国大豆等农产品相关信息发布的连续性、权威性，定期向全行业发布，为我国大豆加工企业提供可靠的市场信息，降低价格风险。

## （八）大力发展大豆食品加工业，提高产业整体效益

目前，我国已成为世界上最大的大豆加工中心，也是大豆食品生产、消费最集中的国家。要大力发展大豆食品加工业，改造传统豆制品工艺，强化大豆精深加工研究，开发新型大豆食品和高附加值深加工产品，提升大豆制品生产的现代化水平。要鼓励大豆加工企业延伸产业链条，搞大豆种植、加工一体化经营，支持有条件的大豆加工企业流转土地、承包农场，通过规模化、标准化、集约化经营，实现国产大豆自产、自收、加工一体化运作，向市场提供高质量的大豆产品。同时，推动我国大豆食品和精深加工产

品走向国际市场。

## （九）积极开发海外资源，主动参与国际竞争

我国是世界上进口大豆最多的国家，进口量相当于国际大豆贸易量的 60%。随着我国经济和科技实力的不断增强，我国在海外建立生产基地的条件不断成熟。政府可采取技术支持、优惠贷款等措施，鼓励大型农业企业通过购买或者租赁国外土地资源的形式，到境外投资种植大豆，建立海外大豆生产基地，使大豆供应渠道多元化。要建立跨国大豆贸易实体，直接参与大豆采购、储运、销售环节，打破国际粮商对大豆的货源垄断，提高我国大豆进口安全和贸易自主选择程度。

我国在大豆育种方面有良好的基础，近年来大豆基础研究实力迅速增强，在大豆生物技术育种方面取得了阶段性成果。在我国尚未开放转基因大豆种植的情况下，我国可与南美国家合作，共同开展转基因大豆品种选育和种子营销，通过品种权和基因知识产权获得利益，实现以技术换粮食的目标。

## （十）做好科普宣传，引导科学消费

我国是大豆原产地和大豆食品发源地，仅豆腐的加工历史就长达 2000 年。丰富多彩的豆制品是中华饮食文化的精华，对我国人民的生命健康和人类文明进步发挥了巨大作用。然而，近 20 年来，我国以豆制品为代表的植物性饮食文化逐步被以多肉类、高脂肪、高能量为特征的西方饮食文化所取代，不仅导致巨大的食物资源浪费、过多的物质能量消耗和严重的环境污染，而且使糖尿病、高血压、高血糖等营养性疾病快速增加。因此，要加强对居民食物与营养科学知识的宣传，灌输正确的营养和健康知识，鼓励人们以植物性膳食为主，培养科学的饮食习惯，追求健康的生活方式，减少油脂和肉类消费，降低油用大豆需求量，减少食物转化的中间环节，减轻对环境的人为压力，保障我国经济真正步入健康、可持续发展轨道，不断增强人民的健康水平和国家的综合实力。

# 参 考 文 献

蔡承智, 陈阜. 2004. 中国粮食安全预测及对策. 农业经济问题, 4: 16-20

蔡丹纯, 吴晓兰. 2009. 以市场化为取向 追求效率 兼顾公平——用渐进主义分析 1998 年国家粮食流通体制改革. 中国集体经济, 6: 50-51

蔡昉. 2007. 中国劳动力市场发育与就业变化. 经济研究, 7: 4-14

曹宝明, 李广泗, 徐建玲. 2011. 中国粮食安全的现状、挑战与对策研究. 北京: 中国农业出版社: 15-39

曹阳. 2014. 依靠科技创新减少粮食产后损失. 中国农村科技, 7: 41

陈国发. 2014. 浅谈我国的粮食安全, 中国市场, (18): 93-95

陈敏. 2011. 中国知识型失业基本原因分析. 广西师范学院学报(哲学社会科学版), 2: 136-140

陈锡康, 郭菊娥. 1996. 中国粮食生产发展预测及其保证程度分析. 自然资源学报, (3): 197-202

陈锡文. 2010. 我看当前的粮食安全问题. 学习月刊, 10: 17-18

陈晓华. 2013 加强农业资源环境保护 促进农业可持续发展. 行政管理改革, 3: 10-15

陈印军, 肖碧林, 卢布. 2008. 我国谷物发展态势与未来展望. 中国农业资源与区划, 5: 1-7

陈永福. 2004. 中国食物供求与预测. 北京: 中国农业出版社: 17

陈永福. 2005. 中国粮食供求预测与对策探讨. 农业经济问题, 4: 8-13

程国强. 2010. 粮价异常波动亟须综合调控. 发展, 6: 5

丁声俊, 彭松森. 2004. "国家粮食安全"为"国家综合化食物安全". 调研世界, 12: 9-11

丁声俊. 2005. 中国粮食供求平衡与市场价格分析. 农业展望, 3: 3-7

段应碧. 2011. 推进"三化"的着力点是加快农业的现代化. 农村工作通讯, 17: 16-17

冯小健. 2006. 2006 年国内稻米市场分析. 粮食科技与经济, 5: 21-23

付锦凝. 2013. 粮食和农业植物遗传资源在我国的法律保护问题研究. 北京: 首都经济贸易大学: 25-36

高环. 2009. 全球高粮价背景下中国粮食安全及进出口贸易战略研究. 青岛: 中国海洋大学: 36-45

国家粮食安全中长期规划纲要(2008-2020 年). http://www.gov.cn/test/2008-11/14/content_1148698.htm [2008-11-14]

国家粮食安全中长期规划纲要(2008-2020 年)[ EB/OL]. http://politics.people.com.cn/GB/8338354. htm.l

韩长赋. 2012. 玉米论略. 农家参谋, 6: 6-8

何蒲明, 黎东升. 2009. 基于粮食安全的粮食产量和价格波动实证研究. 农业技术经济, 2: 85-92

胡军华, 陈佳怡. 2014. 中国粮食价格成世界"高地". 第一财经日报[2014-07-29]

黄季焜, 杨军. 2009. 本轮粮食价格的大起大落: 主要原因及未来走势. 管理世界, 1: 72-78

黄季焜. 2004. 中国的食物安全问题. 中国农村经济, 10: 4-10

黄佩民, 俞家宝. 1997. 2000-2030 年中国粮食供需平衡及其对策研究. 农业经济问题, (3): 9-14

黄祖辉, 俞宁. 2010. 新型农业经营主体: 现状、约束与发展思路——以浙江省为例的分析. 中国农村经济, 10: 16-56

姜长云. 2005. 关于我国粮食安全的若干思考. 农业经济问题, 2: 44-48

姜长云. 2006. 2020 年前我国粮食供求平衡状况展望. 科学决策, (1): 22-23

蒋乃华, 张雪梅. 1998. 中国粮食生产稳定与波动成因的经济分析. 农业技术经济, 6: 40-44

降蕴彰. 2013. 粮价危机还未远离. 农产品市场周刊, 2: 28-29

康敏. 2012. 粮食价格上升对农民增收的影响分析. 中国物价, 12: 3-6, 10

康晓光. 1998. 地球村时代的粮食供给策略——中国的粮食国际贸易与粮食安全. 天津: 天津人民出版社: 96-98

柯炳生. 2005. 我国粮食的安全问题与对策思路. 中国农垦, 1: 15-18

柯炳生. 2007. 加快推进现代农业建设的若干思考. 农村经营管理, 3: 15-17

李成贵. 2009. 掘金农业——粮食之外有文章. 金融博览, 9: 18-19

李福君. 2012. 我国农户储粮小型粮仓和装具研发应用现状及展望. 粮油食品科技, 3: 50-52

李连英, 郭锦墉, 汪兴东, 彭卫彪. 2015. 江西省粮食综合生产潜能及对策研究. 农林经济管理学报, 1: 62-67

李先德, 王士海. 2009. 国际粮食市场波动对中国的影响及政策思考. 农业经济问题, 9: 9-15

刘斌, 王秀东. 2013. 我国粮食"九连增"主要因素贡献浅析. 中国农业资源与区划, 4: 5-10

刘奇. 2012. 让社会多一点"粮心". 中国发展观察. 7: 35-40

刘瑞民. 2010. 国际粮价对我国粮食市场的影响不容忽视. 农业发展与金融, 11: 80-81

刘星, 郑贵廷. 2013. 东北地区粮食安全影响因素和保障措施分析. 长春师范学院学报, 5: 11-15

刘旭. 2011. 依靠科技自主创新 提升国家粮食安全保障能力. 科学与社会, 3: 8-16

刘旭. 2013. 新时期我国粮食安全战略研究的思考. 中国农业科技导报, 1: 1-6

刘颖. 2006. 市场化形势下我国粮食流通体制改革研究. 武汉: 华中农业大学: 55-75

龙文军, 李娜. 2004. 国外农业流通补贴的做法及其改革取向. 世界农业, 12: 21-24

卢彦超. 2010. 对我国粮食流通体制改革历程的简要回顾与思考. 河南工业大学学报(社会科学版), 2: 1-5

陆文聪, 黄祖辉. 2004. 中国粮食供求变化趋势预测-基于区域化市场均衡模型. 经济研究, 8: 94-104

罗良国, 李宁辉, 杨建仓. 2005. 中国粮食供求状况分析. 农业经济问题, 2: 49-52

马九杰, 张象枢. 2001. 顾海兵. 粮食安全衡量及预警指标体系研究. 管理世界, 1: 154-162

马晓春, 宋莉莉, 李贺明. 2013. 九连增背景下中国粮食生产展望. 农业展望, 8: 39-41, 47

马晓河, 黄汉权, 王为农, 蓝海涛, 方松海. 2011. "七连增"后我国粮食形势及政策建议. 宏观经济管理, 6: 11-13

马晓河, 蓝海涛. 2008. 中国粮食综合生产能力与粮食安全. 北京: 经济科学出版社: 5-20

梅方权. 1995. 中国粮食供需前景. 中国农村经济, (8): 3-9

梅方权. 2009. 2020 年中国粮食的发展目标分析. 中国食物与营养, 2: 4-8

梅旭荣. 2012. 实施粮食安全水资源保障重大技术策略. 中国水利报[2012-03-22]

穆中杰. 2007. 共和国粮食收购政策的演变及其启示. 经济研究导刊, 20: 12-14

聂凤英, 朱增勇. 2013. 我国粮食生产"八连增"的影响因素分析——基于主产省农户视角. 中国农业信息, 2: 5-8

潘岩. 2009. 关于确保国家粮食安全的政策思考. 农业经济问题, 1: 25-28

裴育. 2012. 我国大豆定价权研究. 南京: 南京财经大学硕士学位论文

钱克明. 2010. 进一步加强和完善农产品价格调控体系. 中国经贸导刊, 10: 9-10

孙洁. 2014. 粮食安全 丰年危言. 中国农村科技. 2: 24-29

谭筱. 2007. 《粮食现代物流发展规划》出台. 市场周刊(新物流), 9: 11

唐华俊, 李哲敏. 2012. 基于中国居民平衡膳食模式的人均粮食需求量研究. 中国农业科学, 11: 2315-2327

万宝瑞. 2008. 深化对粮食安全问题的认识. 农业经济问题, 9: 4-8

王东阳. 2015. 从三方面着手加强粮食产能建设. 农经, 9: 90

王红茹, 郭芳, 李雪. 2013. 中国粮食地图: 从"南粮北运"到"北粮南运". 中国经济周刊, 25: 32-34

王济民, 肖红波. 2013. 我国粮食八年增产的性质与前景. 农业经济问题, 2: 22-31

王济民. 2014. 粮食安全的挑战与应对. 中国农村科技 2: 38-39

王双正. 2008. 粮食流通体制改革 30 年: 回顾与反思. 财贸经济, 11: 111-124, 127

王秀东, 王永春. 2008. 基于良种补贴政策的农户小麦新品种选择行为分析——以山东、河北、河南三省八县为例. 中国农村经济, 7: 24-31

王雅鹏, 叶慧. 2008. 中西部城镇化加速期粮食安全长效机制研究. 北京: 中国农业出版社: 36-59

王永春, 王秀东. 2013. 世界粮食安全及中国形势分析. 经济研究导刊, 31: 39-40

王永春，徐明，王秀东. 2015. 我国农业对外投资的特点、问题与对策. 经济纵横，10: 79-84

王永刚. 2008. 中国粮食产销、贸易格局变动及其对粮食物流体系的影响. 粮食流通技术，6: 1-4

王瑜. 2012. "十二五"时期我国农业对外投资战略研究. 黑龙江：黑龙江大学：26-32

魏方，纪飞峰. 2010. 我国粮食生产与消费中长期情景预测及政策建议. 中国科技论坛，2: 137-143

肖海峰，王姣等. 2007. 我国粮食综合生产能力及保护机制研究. 北京：中国农业出版社：20-21

闫晗，徐茂江. 2006. 浅谈稻米行业发展趋势. 垦殖与稻作，6: 69-74

闫琰，王志丹，刘卓. 2013. 我国粮食消费现状·影响因素及趋势预测. 安徽农业科学，35: 13775-13777

闫琰. 2014. "四化同步"背景下的我国粮食安全研究. 北京：中国农业科学院，79-98

杨东群，唐盛尧，李先德. 2011. 中国和亚洲国家粮食安全合作研究. 世界农业，8: 1-6

杨正周. 2010. 极端气候对我国粮食生产安全的影响及保障措施. 现代农业科技，21: 320-330

尹成杰. 2005. 关于提高粮食综合生产能力的思考. 农业经济问题，1: 5-10

尹成杰. 2011. 关于"三化同步"推进的理性思考与对策. 农业经济问题，11: 8-12

昝欣. 2010. 产业安全责任是企业社会责任的升华. 生产力研究，11: 1-3

赵明昭，张春敏. 2015. 中国与中亚地区农产品贸易的深化——以"一带一路"战略为背景. 人民论坛，36: 232-234

钟甫宁，朱晶，曹宝明. 2004. 粮食市场的改革与全球化. 北京：中国农业出版社，53-65

朱杰，聂振邦，马晓河. 1999. 21世纪中国粮食问题[M]. 北京：中国计划出版社：286-288

朱晶，李天祥，林大燕，钟甫宁. 2013. "九连增"后的思考：粮食内部结构调整的贡献及未来潜力分析. 农业经济问题，11: 36-43，110-111

朱希刚. 1997. 跨世纪的探索：中国粮食问题研究. 北京：中国农业出版社：36

邹凤羽. 2007. 国家粮食产业政策和法律法规体系建设初探. 河南工业大学学报(社会科学版)，3: 5-8

Chen G.Q., Jiang M.M. Chen B. 2006. Energy analysis of Chinese agriculture. Agriculture, Ecosystems and Environment, 115: 161-173

Chen J. 2006. Rapid urbanization in China: A real challenge to soil protection and food security. Catena, 69(1): 1-15

Chern W.S. Wang G. 1994. "The Engel Function and Complete Food Demand System for Chinese Urban Households." China Economic Review, 4(1): 35-57

Cooper A., Shine T., McCann T. 2006. An ecological basis for sustainable land use of Eastern Mauritanian wetlands . Biological conservation, 67(1): 116-141

Diao X., Fan S. Zhang X. 2003. China's WTO accession: impacts on regional agricultural income, a multi-region, general equilibrium analysis. Journal of Comparative Economics, 31(2): 332-351

Gorton M., Douarin E., Davidova S. Latruffe L. 2008. Attitudes to Agricultural policy and farming futures in the context of the 2003 CAP reform: A comparison of farmers in selected established and new Member States. Journal of Rural Studies, 24(3): 322-336

Horridge M. Wittwer G. SinoTERM. 2008. A multi-regional CGE model of China. China Economic Review, 19: 628-634

Murphy R. Johnson D. 2009. Education and development in China-Institutions, curriculum and society. International Journal of Educational Development, 29: 447-453

Patton M., Kostov P., McErlean S., Moss J. 2008. Assessing the influence of direct payments on the rental value of agricultural land. Food Policy, 32(5): 397-405

Young E. C., Mark G., Nelson F., Burfisher M. Mitchell L. 2001. Options for Reducing the Aggregate Measurement of Support (AMS) in OECD Countries. Agricultural Policy Reform in the WTO: The Road Ahead, Economic Research Service, U.S. Department of Agriculture. Agricultural Economic Report, 802: 70-79

Zhang B. Zhang Y. 2004. A quantitative evaluation system of soil productivity for intensive agriculture in China. Geoderma, 123: 319-331